HIDUPKU IMANKU I

"Aku mengasihi orang yang mengasihi aku; dan orang yang tekun mencari Aku akan mendapatkan Aku".
(Amsal 8:17)

HIDUPKU
IMANKU I

Dr. Jaerock Lee

 URIM BOOKS

HIDUPKU IMANKU: Bagian 1 oleh Dr. Jaerock Lee
Diterbitkan oleh Urim Books (Representatif: Seongnam Vin)
73, Yeouidaebang-ro 22-gil, Dongjak-gu, Seoul, Korea
www.urimbooks.com

Hak Cipta © 2011 oleh Dr. Jaerock Lee
ISBN: 978-89-7557-425-2, ISBN 978-89-7557-424-5(set)
Hak Cipta Terjemahan © 2010 oleh Dr. Esther K. Chung. Digunakan dengan izin.

Sebelumnya diterbitkan pada tahun 2006 ke dalam Bahasa Korea oleh The Christian Press, Seoul, Korea.

Edisi Pertama Juni 2011

Diedit oleh Eunmi Lee
Dirancang oleh Biro Editorial Urim Books
Untuk informasi lebih lanjut hubungi urimbook@hotmail.com

Aroma Rohani Mendalam

Dikatakan bahwa kita dapat memperoleh parfum bunga mawar berkualitas tinggi dari bunga-bunga mawar yang tumbuh di Pegunungan Balkan. Namun, kita tidak dapat mengambilnya dari sembarang bunga mawar Pegunungan Balkan. Untuk mendapatkan parfum berkualitas paling baik, kita harus mengambil sari dari bunga-bunga mawar yang dipetik pada jam 2 dini hari, yang merupakan saat paling dingin dan gelap.

'Hidupku, Imanku', riwayat hidup Dr. Jaerock Lee, juga memberikan aroma rohani paling harum kepada para pembacanya. Itu semua karena hidupnya disarikan dari kasih Allah setelah ia mengalami gelombang-gelombang gelap, kuk yang dingin dan keputusasaan paling mendalam.

Mengapakah Dr. Lee tidak bisa mengalami waktu, seperti halnya orang-orang muda lainnya, bermimpi akan sebuah kehidupan indah dan cemerlang? Ada saat di mana dia berjuang untuk suatu hari bisa lulus dari perguruan tinggi yang baik, belajar di luar negeri, dan menjadi seorang besar dan mapan. Namun, tidak seperti impiannya, hidupnya mulai menurun sampai ke lembah keputusasaan. Tubuhnya terbalut luka-luka karena penyakit. Bukannya mendapatkan ketenaran, dia malah ditinggalkan dan dihina oleh orang-orang terdekatnya. Dia sungguh menyadari sepenuhnya betapa tidak berartinya kasih yang berasal dari dunia ini. Dia menyadari arti kemiskinan dan betapa memilukan hati menjadi seorang kepala keluarga yang tidak berdaya. Dia bahkan pernah dua kali berusaha mengakhiri hidupnya dengan cara bunuh diri.

Saat-saat berada dalam lembah kelam keputusasaan di mana dia bahkan tidak bisa bernafas, dia bertemu Allah. Sebelumnya, dia berjuang seorang diri dalam kehidupannya yang melelahkan. Tetapi Allah Yang Mahakuasa dan penuh kasih datang kepadanya, menemuinya dan mulai berjalan bersamanya. Allah membebaskan dia dari keputusasaan dan menjadikannya penuh dengan pengharapan akan Kerajaan Surga. 'Bagaimana aku bisa membalas rahmat Allah yang menakjubkan ini?' Pertanyaan ini menjadi bagian dari kehidupan Dr. Lee. Dia melakukan seperti yang Allah perintahkan, "Lakukanlah." Ia tidak melakukan apa yang dilarang oleh Allah. Dia pergi jika Allah berkata, 'Pergilah.' Dia menjadi tumpuan kasih Allah yang begitu besar dan agung, dan tujuan utama dalam hidupnya adalah menjadi orang yang berkenan di hadapan Allah Bapa.

Pengakuan akan kasih yang begitu mendalam dari Rasul Paulus juga menjadi pengakuan Dr. Lee. *"Siapa yang akan memisahkan kita dari kasih Kristus? Penindasan, atau kesesakan, atau penganiayaan, atau kelaparan, atau ketelanjangan, atau bahaya, atau pedang? Seperti tertulis, 'Demi kamu kami disiksa sepanjang hari; kami dianggap bagaikan domba yang mau disembelih.' Tetapi dalam menghadapi semua ini kami sanggup mengalahkannya melalui Dia yang mengasihi kami. Karena aku yakin, kematian, kehidupan, para malaikat, para penguasa, hal-hal sekarang, hal-hal yang akan datang, kekuasaan, ketinggian, kedalaman, segala ciptaan yang lain, tidak akan bisa memisahkan kita dari kasih Allah, yang ada dalam Kristus Yesus Tuhan kita".* (Roma 8:35-39).

Seperti dikatakan dalam Amsal 8:17, *"Aku mengasihi mereka yang mengasihi aku, dan mereka yang tekun mencari aku akan menemukan aku,"* jika ini adalah kehendak Allah, Dr. Lee menanggapinya hanya dengan 'Ya' dan 'Amin' dengan sepenuh hatinya dalam segala keadaan. Allah melingkupi dia dengan kuasaNya, dan meletakkan dia di atas dunia ini. Gerejanya, Manmin (*All Creation*) Joong-ang (*Central*) Church atau Gereja Pusat Segala Ciptaan mendoakan semua orang dari segala bangsa sesuai dengan arti kata 'Manmin'. Gereja tersebut mencapai satu per satu visi yang diberikan oleh Allah, dan telah menjadi pusat terjadinya banyak pekerjaan berapi-api dari Roh Kudus.

Karena Dr. Lee sendiri pernah mengalami penderitaan akibat berbagai macam penyakit, dia sangat mengerti penderitaan mereka yang sakit. Karena dia sendiri pernah mengalami dibenci dan dihina, dia sangat paham akan perasaan mereka yang hancur hatinya. Karena dia pernah mengalami kemiskinan yang amat sangat, dia sangat mengerti perasaan mereka yang menderita karena beban berat kemiskinan. Karena itulah ribuan anggota jemaatnya berkumpul di sekitarnya hanya untuk bisa bertatap muka dengan dia.

Kehidupan Dr. Lee merupakan salah satu keadaan paling dramatis di mana kehidupan seseorang dapat berubah sedemikian rupa sebelum dan setelah mengenal Allah. Seluruh hidupnya menunjukkan kepada kita bagaimana ketaatan dan pengabdian total kepada Allah dapat menghasilkan buah berlimpah baik secara rohani maupun materi.

Perjalanan hidupnya dengan tegas menceritakan kepada kita bahwa rahasia atas semua anugerah ini adalah membuat diri kita dikuduskan dan murni bagai kristal, seperti halnya Allah Bapa kudus adanya, kadang-kadang bagaikan singa mengaum, dan di waktu-waktu lain lemah lembut bagaikan tangan-tangan lembut seorang ibu.

Seperti kehidupan Dr. Lee menyebarkan wewangian yang harum, saya harap para pembaca buku ini juga akan mampu menyebarkan wewangian yang lebih semerbak dari parfum bunga mawar Pegunungan Balkan.

10 Desember 2006
Diaken Senior, Dr. Esther K. Chung

Mantan Presiden dari Seoul Women's University, Korea
Presiden Seminari Internasional Manmin, Seoul, Korea.
Profesor Kehormatan, Universidad Nacional de San Antonio Abad del Cusci, Peru

Pencobaan dan Kuasa Berapi-api

'Hidupku, Imanku' memberikan jawaban yang jelas atas pertanyaan, "Bagaimana kita harus menjalani kehidupan Kristiani?" Karenanya, ini adalah sebuah buku untuk semua orang yang menerima Yesus Kristus dan percaya akan kuasa darah-Nya dari Salib.

Sejujurnya, Dr. Jaerock Lee, Pendeta Senior dari Gereja Pusat Manmin, bukanlah orang yang saya kenal baik. Suatu hari seorang teman memberi saya buku *'Hidupku, Imanku'* tulisan Dr. Lee, dan sewaktu saya membacanya saya tidak dapat menahan untuk tidak menangis. Saya membuka buku ini sewaktu saya tidak bisa tidur pada larut malam, dan buku ini sungguh menawan saya sepenuhnya.

Saya tidak dapat menahan airmata ketika membaca tentang semua penderitaannya karena ditimpa berbagai macam penyakit, kemiskinan, dan masalah keluarga, yang hanya dapat dibandingkan dengan penderitaan-penderitaan Ayub. Juga terasa kesedihan yang unik dan khas Korea. Penyakitnya begitu parah sehingga dia rela minum cairan kotoran manusia, dan dia bahkan pernah dua kali pada kesempatan berbeda mencoba mengakhiri hidupnya. Saya juga pernah mengalami penderitaan dalam hidup saya, tetapi sangatlah menyakitkan untuk menahan diri agar tidak menangis.

Sebagian besar orang Korea yang pernah mengalami kesulitan di musim semi tahun antara tahun '50-an dan '60-an pasti pernah mengalami banyak penderitaan. Bahkan sampai sekarang masih ada orang-orang yang tidak mampu memakai alat pemanas di musim dingin, atau pun untuk makan tiga kali sehari. Banyak juga yang menderita berbagai penyakit namun tidak mampu untuk berobat ke rumah sakit. Ada juga orang-orang yang menderita di pengungsian setelah terkena banjir dan bencana-bencana lainnya. Kita, orang-orang Korea belumlah sepenuhnya terbebas dari kemiskinan dan penderitaan.

Tetapi, Pdt. Dr. Jaerock Lee menjalani hidup yang sungguh berbeda setelah berhasil mengatasi semua penderitaan dan penyakitnya, dan buku ini menggambarkan setiap langkahnya dengan cara yang sangat menyentuh hati. Namun, tidak berarti bahwa buku ini ditulis dengan kata-kata indah dan berbunga-bunga, dan dengan aroma sastra. Namun lebih dengan kalimat-kalimat sederhana yang tulus dan jujur dan menyentuh hati saya.

Haruskah saya mengatakan 'Aroma Kebenaran?' Pengakuannya tentang kebenaran penyelamatan Allah dan memberi kemuliaan hanya kepada Yesus Kristus dapat membuat pembaca merasakan rahmat yang sama dari Allah.

Mungkin, karena saya tidak bisa menemukan 'buku-buku yang sungguh-sungguh bagus,' tetapi, alasan mengapa buku ini sangat menyentuh saya adalah bahwa hidupnya yang penuh pertobatan atas dosa-dosanya setelah bertemu Yesus, ketaatannya pada panggilan Allah yang membawanya masuk ke seminari untuk menjadi pendeta, usahanya menyelamatkan 'walau hanya sebongkah briket batubara,' merupakan suatu tanda bagi kehidupan saya dan kehidupan para tetangga, anak-anak, mereka yang menjadi kepala keluarga, dan mereka yang sedang berjuang melawan ketidak mampuan badan mereka. Setelah membaca buku ini, saya harus melakukan perubahan besar akan arah kehidupan Kristiani saya.

Saya percaya kehidupan Pdt. Dr. Jaerock Lee dapat dijadikan sebuah buku teladan kehidupan Kristiani kita. Kita percaya bahwa kita dikuduskan saat kita mendengar khotbah di gereja, tetapi ketika kembali ke dunia kita berkompromi dan terus berbuat dosa lagi. Inilah lingkaran setan dalam kehidupan iman kita.

Jadi *'Hidupku, Imanku'* memberikan jawaban yang jelas atas pertanyaan, "Bagaimana kita harus menjalani kehidupan Kristiani kita?" Pdt. Dr. Jaerock Lee dalam bukunya menganjurkan kita untuk berseru-seru dalam doa. 'Berdoalah agar menjadi kudus dan berguna bagi rencana Allah,' 'Berdoalah untuk menerima kuasa Allah,' 'Berdoalah untuk menerima berbagai karunia Roh Kudus,' 'Berdoalah untuk gerejamu, pendetamu, dan hamba-hamba Allah yang lain,' 'Berdoalah untuk kerajaan dan kebenaran Allah,' dan 'Berdoalah untuk kasih ilahi,' Pengakuan dia akan imannya yang tumbuh dari pengalaman-pengalamannya menyentuh hidup kita.

Mukjizat-mukjizat yang terjadi setelah dia membuka gereja, termasuk banyaknya mukjizat penyembuhan, kebangkitan mereka yang sudah sekarat dan bahkan kebangkitan kembali mereka yang sudah mati dapat menimbulkan perasaan iri hati para pendeta yang lain. Dia belajar di seminari The Orthodox Holiness, dan ditahbiskan oleh mereka, tetapi mengapa denominasi itu mengucilkan dia? Tidak benarnya proses yang diikuti oleh denominasi tersebut juga diuraikan dengan rinci.

Kita dapat melihat wujud sesungguhnya ketika melihat buahnya. Sekarang, api Roh Kudus sedang bernyala-nyala setiap minggu di Gereja Manmin Pusat, dan begitu banyak orang dengan penyakit yang tidak dapat disembuhkan menerima kesembuhan. Banyak KKR – Kebaktian Kebangunan Rohani (*Crusade*) Besar diadakan di Amerika Serikat, Rusia, Afrika, Timur Tengah, Eropa dan Amerika Latin, dan banyak orang dari berbagai penjuru dunia melihat tanda-tanda dan keajaiban terjadi. Sekarang, Korea menjadi 'Pusat Misi' untuk dunia!.

Walaupun dia sudah memajukan Gereja Manmin Pusat sebagai salah satu gereja terbesar di dunia, dia tetap hidup sederhana dengan berdoa di bukit dan berdoa puasa. Bahkan pada saat anak-anaknya dalam situasi kritis yang mengancam jiwa mereka, dan bahkan dia sendiri pun sudah berada di ambang pintu kematian akibat dari pendarahan selama berhari-hari karena kelelahan yang menumpuk, dia mengatasi semua pencobaan ini hanya dengan imannya. Tidak pernah sekalipun dia membanggakan dirinya akan hal-hal tersebut. Imannyalah yang patut kita tiru.

Memang merupakan suatu misteri tersendiri saat Yesus mengubah air menjadi anggur pada perjamuan kawin di Kana, menyembuhkan orang yang mengalami pendarahan dan berpenyakit kusta, dan membangkitkan Lazarus yang telah mati. Lalu, mengapa ada orang yang mengkritik karya-karya penyembuhan dan kuasa Allah yang dinyatakan melalui Pdt. Dr. Jaerock Lee? Dapatkah kita berbicara tentang seratus tahun kehidupan Kristiani di Korea tanpa membicarakan mengenai karya-karya penyembuhan?

Korea mempunyai salib gereja terbanyak di dunia. Korea adalah suatu negara di mana kita dapat melihat orang berdoa bersama dengan suara lantang, tubuh mereka berguncang dalam doa dan bahkan menari saat mereka mengangkat puji-

pujian; penyakit kanker disembuhkan dalam acara doa *'Prayer Mountain'*, dan orang-orang sekarat dibangkitkan. Sampai hari ini, Korea telah mengutus sejumlah besar misionaris. Setelah membaca bukunya Pdt. Dr. Jaerock Lee, saya dapat sekali lagi merasakan bahwa Korea adalah negara yang diberkati.

Sekarang ini, Pdt. Dr. Jaerock Lee sedang berkhotbah tentang 'Surga,' dan kita tidak tahu kapan akan berakhirnya. Seandainya ada orang yang mau membahas tentang perkara ini, ia tidak akan mempunyai bahan lagi untuk dibicarakan setelah ia menyampaikan pesan ini untuk beberapa minggu. Tetapi, Pdt. Dr. Jaerock Lee membicarakannya dengan lebih hidup dan lebih rinci dari hari ke hari. Saya merasa bahwa itu karena dia sudah menerima karunia bernubuat dan banyak karunia lainnya sehingga seluruh khotbahnya keluar begitu saja dengan lancar bagai serat sutera yang keluar dari kepompong ulat sutera.

Seperti Raja Salomo mengatakan perumpamaan dalam Kitab Amsal, pesan-pesan dari Pdt. Dr. Jaerock Lee disampaikan dengan lembut dan mudah dimengerti, menubuatkan firman Tuhan yang bagaikan buah apel emas di pinggan perak. (Amsal 25:11). Dia mewujudkan kuasa mukjizat setelah mengalami berbagai pencobaan yang berat.

Februari 2007
Yoorim Han (Penulis TV)

Daftar Isi

Bab 1
Mengira Seorang Bayi Bisu Telah Lahir

Bab 2
Allah Sungguh Hidup

Bab 3
Panggilanku

Bab 4
Panggilan Allah

Daftar Isi

Bab 5
Awal Gereja

Bab 6
Pertumbuhan Gereja dan Ujian-ujian

Bab 7
Allah Memperluas Lingkup Pelayanan

Bab 1

Mengira Seorang Bayi Bisu Telah Lahir

Orangtuaku Mengajariku Kebaikan dan Kebenaran

"Ck .. ck. . . seorang bayi bisu telah lahir. Mengapa dia tidak bisa menangis?" Karena aku tidak menangis sewaktu dilahirkan, orangtuaku menjadi kuatir lalu memukul pantatku. Walau begitu, aku tetap tidak menangis tetapi malah tersenyum. Sanak keluargaku merasa sangat sedih karena mengira aku bisu.

Setelah mengalami kasih karunia Allah, aku pernah merasa heran mengapa aku tidak menangis sewaktu bayi. Mungkin karena rohku tahu bahwa aku akan menjalani kehidupan yang diberkati sebagai hamba Allah, menggiring banyak jiwa pada keselamatan. Pada tanggal 20 April 1943, (sesuai dengan Kalender Bulan) aku dilahirkan sebagai anak bungsu (dari tiga anak lelaki dan tiga anak perempuan) dari ayahku, Chaebeom Lee, dan ibuku, Gamjang Cho. Aku dilahirkan di sebuah desa kecil di propinsi Haeje Myeon, Muan Goon, Jeollanam-do. Ayahku seorang terpelajar dalam bidang Kebudayaan Cina Kuno, dan ia menyukai musik yang elegan. Selama masa pendudukan

Jepang atas Korea, ayah beberapa kali pergi ke Jepang untuk urusan bisnis, tetapi setelah Korea merdeka, ia menutup semua bisnisnya dan mencari tempat yang sunyi untuk menetap. Ketika aku berusia tiga tahun, keluargaku pindah ke Changsung, sebuah desa di Boon-hyang Ri, Nam Myeon, Changsung Goon. Sebuah desa yang terpencil. Kata orang, hanya keluarga 'Chun' yang mampu hidup di sana, tetapi ternyata keluargaku juga mampu hidup dan bertahan di sana dengan tidak terlalu banyak kesulitan.

Ayahku – sejauh yang dapat kuingat dari masa kanak-kanakku – adalah orang yang kehilangan hubungan dengan dunia luar, dan lebih banyak membaca buku di rumah. Walaupun demikian, aku ingat adanya beberapa tamu datang ke rumah kami. Kalau ayah kedatangan tamu, ia akan minum bersama mereka dan membacakan puisi-puisi lama, atau berlomba pengetahuan mereka tentang Sastra Klasik Cina.

Ayahku selalu menginginkan aku menjadi orang besar

Karena itu, ayah selalu berkata, "Jaerock, seorang laki-laki harus mempunyai kesetiaan. Suatu hari nanti, kamu harus menjadi orang besar di dunia ini." Semua orangtua pastinya menginginkan anak-anak mereka tumbuh dewasa dan berhasil dalam segala hal yang mereka lakukan. Tetapi aku ingat, saat aku bertumbuh ayahku sangat giat menanamkan dalam diriku nilai-nilai kebaikan, dan ibuku selalu berkorban untuk melayani keluarga.

Ayah mulai mengajariku "Seribu Tokoh Dongeng Cina"

saat aku baru berusia lima tahun. Selain itu, ayah juga banyak bercerita tentang pahlawan-pahlawan terkenal. Ketika aku mendengar kisah dari "Tiga Kerajaan" tentang Guan Yu, Zhang Fei, dan Zhao Yun, yang mengorbankan diri mereka dalam peperangan untuk melindungi tuan mereka Liu Bei, atau cerita tentang Zhu Ge Lian yang membuat angin berhembus, aku merasa amat terpesona sehingga tanganku basah karena keringat. Ayah sering menceritakan kepadaku tentang pengajaran orang-orang bijak seperti Konfusius dan Mencius, atau integritas dari orang-orang besar. Cerita tentang Mongju Jung yang bekerja untuk Dinasti Koryo (walau akhirnya ditakdirkan untuk hancur) hingga akhir hayatnya walau ia tahu akan dibunuh, dan cerita tentang Panglima Soonshin Lee yang menyelamatkan negara saat berada di jurang kehancuran, adalah cerita-cerita yang selalu menyentuh hatiku walau aku telah mendengarnya berkali-kali. Kisah-kisah tentang orang-orang besar yang tetap mempertahankan posisi dan kesetiaannya – bahkan dalam situasi-situasi yang mengancam kehidupan mereka – terukir di hati anak muda ini. Setelah mendengarkan kisah-kisah ini, aku selalu ingat bahwa aku harus menghormati orangtuaku, berjalan di jalan yang benar, dan membalas semua kebaikan yang aku terima selama hidupku tanpa berubah di tengah jalan.

Bermimpi Menjadi Anggota Kongres

Aku masuk sekolah dasar dengan impian akan menjadi anggota kongres, dan ayahku sering mengajakku menghadiri pidato-pidato kampanye. Kami berjalan sejauh sepuluh sampai lima belas kilometer menuju ke tempat kampanye. Ayah mengajakku ke rapat pemilihan kepala daerah, pemilihan umum dan pemilihan presiden. Ia ingin mendidik aku menjadi seorang politikus yang akan melakukan karya besar bagi negara.

Saat itu, *The Freedom Party* (Partai Kebebasan) sedang berkuasa, dan banyak orang menghadiri pidato kampanye tersebut. Bagiku, para pembicaranya sangat bagus dan tampak bahwa mereka sungguh orang-orang besar. Aku pernah berpikir, "Aku akan menjadi seperti salah satu dari mereka saat aku besar nanti ..." Sambil mendengar pidato-pidato para calon peserta kampanye, setiap hari aku mengimpikan untuk menjadi anggota kongres. Aku terus menyimpan impian ini sampai aku masuk SMP dan SMA. Aku akan pergi menghadiri pidato kampanye itu sendiri dan mendengarkan para kandidatnya.

Sebelum aku masuk sekolah dasar, aku sudah mempelajari tabel perkalian, dan Hangul (tulisan Korea) dari kakak-kakakku, sehingga sekolah menjadi tidak begitu menarik bagiku. Aku lebih suka bermain dengan teman-temanku setelah sekolah usai. Aku suka permainan yang agak kasar, misalnya bermain tentara-tentaraan, bergulat dan saling tendang. Dibandingkan dengan teman-teman sebayaku, aku relatif lebih kuat, dan aku selalu ingin menang dalam setiap permainan. Aku sangat keras kepala dan juga sombong. Aku selalu ingin meneruskan permainan sampai aku menang. Aku anak yang sehat. Walau dalam kesulitan keuangan, ibuku tetap memberi aku obat-obatan herbal untuk pertumbuhanku yang cukup mahal harganya. Sangatlah tidak lazim di desa tempat tinggalku pada saat itu untuk meminum obat semacam itu. Cinta ibuku kepada anak bungsunya sangat besar. Kalau aku berjalan bergandengan tangan dengan ibuku, orang-orang tua di desa suka mengatakan hal-hal seperti, "Anak ini tampak sangat cerdas ...Dia pasti akan jadi orang penting di masa depannya ... Saya dapat melihat dari wajahnya bahwa dia akan menjadi seorang besar dimasa depannya ... Jagalah dia baik-baik!" Ketika ibu mendengar pujian itu, aku dapat melihat dia sangat senang. Aku bertumbuh dengan melihat ibu kadang-kadang pergi ke kuil Buddha membawa beras sebagai persembahan dan berdoa untuk berkat bagi keluarga.

Ibuku Berdoa Dengan Sungguh-sungguh

Pada malam hari, ibu akan mandi, ganti pakaian dengan Hanbok putih (pakaian tradisional Korea), pergi keluar dan meletakkan semangkuk air bersih di toples, dan berdoa pada bintang-bintang. Karena aku anak bungsu, aku mencoba untuk tetap terjaga hingga ibu kembali. Pada malam-malam tertentu jika ibu pergi lebih lama dari biasanya, aku suka mengintipnya dari lubang kecil di jendela kertas kami sampai aku tertidur.

Aku pernah bertanya, "Bu, mengapa ibu membungkuk dan banyak sekali berdoa?" dan jawabnya, "Karena saat aku berdoa pada *Big Dipper* (Bintang Biduk), kakakmu kembali dengan selamat dari Perang Korea, dan kalian anak-anak sangat sehat dan tumbuh dengan baik karena aku berdoa dengan tekun." Tetapi selanjutnya dalam kehidupanku, saat aku jatuh sakit dan menderita selama beberapa tahun, ibu berdoa pada bintang-bintang untuk kesehatanku, tetapi doanya tidak manjur lagi. Tetapi, begitu ia mendegar bahwa aku telah sembuh total seketika karena kuasa Allah, ibu mulai pergi ke gereja sendiri. "Saya sudah menaikkan banyak doa-doa pada bintang-bintang dan juga kepada Buddha untuk waktu yang lama, tetapi Buddha dan Bintang Biduk tidak dapat menyembuhkan anak lelaki saya. Namun karena anak saya disembuhkan di gereja, maka saya akan ke gereja." Setelah mengatakan demikian ibu membuang semua berhalanya, dan menjadi orang percaya yang setia, melayani Allah saja.

Orangtuaku Sangat Memperhatikan Pendidikan

Karena aku anak bungsu, aku cenderung menjadi anak penurut, sehingga aku dicintai secara spesial oleh orangtuaku. Orangtuaku amat ketat dalam hal pendidikan dan displin dalam semua haluan kehidupan. Mereka mengajarkan aku dan saudara-saudaraku bukan saja dasar-dasar hubungan kemanusiaan, tetapi juga etika sehari-hari dan sopan santun, cara-cara yang benar bila berjalan, berbicara, berpakaian, duduk di meja makan, memegang sendok, tidur dan bangun tidur. Mereka juga menekankan bahwa saat kami berbicara kami tidak boleh meninggikan nada suara; tidak boleh mulai berbicara sebelum orang lain selesai berbicara; tidak menatap mata orang yang lebih tua saat mereka berbicara dengan kami; tidak mengganggu tetangga sewaktu berkunjung, dan tidak peduli betapa pun miskin keadaan kami jika ada seorang pengemis datang, kami tidak boleh membiarkannya pergi dengan tangan hampa, dll. Mereka juga mengajarkan kepada kami berbuat kebaikan dan kesabaran. Mungkin karena orangtuaku mendidik aku dengan cara seperti ini, walau aku belum mengenal Allah, aku sudah biasa bertindak sesuai dengan hati nuraniku dan orang-orang sering mengatakan aku adalah 'orang yang tidak memerlukan aturan dan hukum.' Setelah aku menerima Tuhan, aku merasa berterima kasih kepada orangtuaku yang telah mendidik aku dengan tegas dan disiplin sehingga aku dengan mudah bisa mengatakan "Amin" dan berbuat sesuai dengan perintah dan firman Allah.

Sebagai seorang ahli dalam Sastra Klasik Cina, ayahku juga belajar physiognomy, yaitu mengenali sifat dan karakter seseorang berdasarkan bentuk tubuh, dan bacaan telapak tangan. Ayah sering dengan tepat meramal hal-hal penting yang akan terjadi pada bangsa ini, dan bermacam-macam hal yang akan terjadi di pedesaan. Dia akan bilang kepadaku, "Jaerock, kamu akan jadi orang besar. Segala sesuatunya tampak bagus, namun garis hidupmu kelihatan pendek dan rusak di tengah, maka kamu ditakdirkan akan mati muda. Tetapi, ada satu garis penghubung tipis setelah garis kehidupanmu, maka kalau kamu berhasil melewati usia tiga puluh, kamu akan menjadi berkat bagi banyak orang."

Ayahku sangat senang setelah dia membaca *physiognomy* dan telapak tanganku. Kata ayah, aku bisa mati di usia muda, tetapi kalau aku bisa melewati usia tiga puluh, aku akan bepergian ke banyak tempat di dunia dan mendapakan penghormatan dari banyak orang. Ketika aku berusia tiga puluh tahun, aku jatuh sakit. Sering kali aku merasa sudah berada di ambang pintu kematian. Banyak kali, aku tidak tahu apakah aku akan bisa bertahan sampai hari berikutnya. Hidup dalam kondisi demikian, aku bahkan tidak dapat bermimpi untuk menjadi orang besar suatu hari nanti. Ayahku merasa kasihan kepadaku, karena ia mengira aku akan mati dalam usia muda, karena itu ia mencoba yang terbaik untuk bisa mengajari dan mencukupi aku. Ibuku juga hidup sangat rajin dan taat untuk aku dan seluruh keluarga.

Kecelakaan di Sekolah Dasar.

Sejak aku masih kanak-kanak, aku sangat sehat. Karena aku anak bungsu, ibuku sangat menyayangi aku. Ia memberiku makanan tambahan berupa madu dan ramuan dari berbagai macam sari tumbuh-tumbuhan. Karena itu, aku menjadi lebih kuat daripada anak-anak lain seusiaku. Walaupun aku masih muda, aku selalu meraih medali dalam gulat Korea, dan orang-orang menjuluki aku "Orang Kuat." Banyak anak-anak suka mengikuti aku dan menganggap aku pemimpin mereka.

Karena anak-anak terpengaruh oleh Perang Korea, teman-temanku dan aku suka bermain permainan yang agak kasar dan keras. Kami senang sekali bermain perang-perangan, adu pedang, saling menendang, gulat, dan permainan yang disebut 'Sahbi' yang diakhiri dengan usaha mencekik lawannya agar menyerah. Dalam gulat, bila anak-anak saling adu gulat satu dengan yang lain, mereka akan mengangkat tangan sebagai tanda mereka menyerah kalau mereka terkena dipiting. Aku pernah pingsan karena aku menolak untuk menyerah. Dalam pertandingan apapun, aku selalu bertanding sampai aku menang, karena aku sombong, dan sangat keras kepala. Suatu hari, saat aku di kelas 4 SD, aku sedang bermain dengan teman yang sudah SMP, dan aku cedera di salah satu tulang rusukku. Keluargaku tidak mampu membawaku ke rumah sakit pada waktu itu, sehingga orangtuaku memberi aku ramuan herbal (tumbuh-tumbuhan) dan kemudian menunggu agar cedera itu sembuh. Tetapi setiap musim panas, cedera itu tetap menimbulkan rasa sakit. Aku merasakan sakit yang sangat menusuk di bagian sampingku, dan aku kesulitan bernafas sehingga aku tidak bisa berlari. Karena tidak ada pengobatan khusus, ayahku memasukkan dua ekor ular berbisa dalam minuman 'Soju (anggur beras/sake)' dan menyuruh aku meminumnya setiap hari pagi dan malam. Begitulah mulanya aku belajar minum sejak usia sangat muda.

Di waktu lain, masih di kelas 4 SD, ada seorang guru di sekolahku yang mempunyai nama julukan 'Guru Gila.' Aku sedang bermain gulat 'Sabi' bersama dengan teman-temanku di halaman sekolah, dan guru ini mengira kami sedang berkelahi satu dengan lainnya. Ia memanggil kami ke ruang guru. Ia memarahi dan menampar kami. Lalu, ia menyuruh kami saling menampar setiap anak dua puluh kali. Aku ditampar bukan hanya oleh guru itu tetapi juga oleh temanku. Akibatnya, mukaku bengkak, dan salah satu gendang telingaku koyak. Ada darah mengalir keluar dari salah satu telingaku, dan aku mengalami gangguan pendengaran. Guru itu kemudian dipecat dari sekolah, tetapi aku tetap menderita akibat kejadian tersebut.

Masa Dewasaku

Aku seorang introver dan pemalu. Pada tahun 1959, aku menyelesaikan SMP di kota Kwangju dan pergi ke Seoul untuk melanjutkan ke SMA. Aku tinggal dengan kakak perempuanku di Shindang Dong, Seongdong Gu, Seoul, Korea. Sekali waktu di masa SMA, aku tidak masuk sekolah selama 40 hari karena sakit. Dan ketika aku sedang berbaring di tempat tidurku, seseorang yang belum pernah kulihat sebelumnya datang ke rumah untuk menginjili dan mengajak aku menerima Kristus. Aku berpikir, "Bodoh benar orang ini! Di mana Allah yang dia ceritakan itu? Aku tidak akan percaya kepada Yesus, apapun adanya, dan kalau toh aku percaya, bagaimana aku bisa berkeliling mengabarkan injil seperti ini? Aku terlalu pemalu untuk melakukannya."

Aku merasa kasihan kepada orang-orang yang berkeliling menceritakan tentang Yesus. Karena aku seorang ateis, dan pembawaanku yang introver dan pemalu, aku pikir, "Nah, sekarang ada satu alasan lagi mengapa aku tidak mau percaya

Di sekolah menengah atas

Di sekolah menengah pertama

kepada Allah - karena aku tidak mau bahwa aku harus pergi berkeliling menginjili seperti itu." Ayahku, seorang yang terpelajar dalam Sastra Klasik Cina, mengatakan kepadaku, "Kamu dilahirkan dengan sifat sedemikian sehingga kamu bahkan tidak akan bisa untuk meminjam sedikit garam." Walaupun di daerah pinggiran banyak orang hidup miskin, garam masih tetap merupakan suatu hal yang lazim dimiliki. Sebenarnya ayah ingin mengatakan kepadaku bahwa aku memiliki sifat dan kepribadian yang tidak akan membuat aku bergantung kepada atau menyusahkan orang lain.

Pada waktu di sekolah dasar, ketika aku menerima pemberitahuan pembayaran uang sekolah, aku tidak berani membawa dan menunjukkannya sendiri kepada orangtuaku. Aku selalu terlambat membayar, sehingga guruku selalu memarahiku dengan kasar dan meminta orangtuaku datang ke sekolah - saat itulah aku baru berani menunjukkan pemberitahuan itu kepada ibuku. Setelah melihat pemberitahuan itu, ibu langsung memberi aku uang. Aku tahu bahwa ibu pasti akan memberi aku uang, tetapi sulit sekali bagiku untuk memintanya memberi aku uang. Begitulah aku, sangat introver dan pemalu. Kepribadianku ini juga mempengaruhi pelayananku di kemudian hari.

Percobaan Bunuh Diri Setelah Aku Kehilangan Ingatan

Aku tidak bisa belajar dengan baik di SMA, karena terlalu sering aku tidak bisa masuk sekolah akibat buruknya kesehatanku. Aku sudah membulatkan cita-citaku bahwa aku akan ikut ujian masuk perguruan tinggi, untuk bisa masuk di Fakultas Teknik, Universitas Nasional Seoul (Seoul National University). Setiap hari aku minum pil stimulan supaya aku tetap terjaga dan bisa belajar lebih baik. Seiring dengan berjalannya waktu, aku menjadi kebal akan pil stimulan tersebut, dan harus menambah jumlah pil yang aku minum. Lama kelamaan, aku mulai menunjukkan gejala kecanduan, dan aku harus meminumnya terus menerus. Tanpa pil stimulant tersebut aku menjadi lesu dan malas, dan aku tidak mampu berkonsentrasi. Aku tidur empat jam sehari dan aku belajar setiap hari di Perpustakan Nasional yang terletak di lokasi Toserba Lotte sekarang. Setelah belajar demikian keras selama satu tahun, aku merasa yakin bahwa aku mampu berhasil lulus ujian penyaringan masuk ke Fakultas Teknik Universitas Nasional Seoul.

Pada bulan November 1962, menjelang semakin dekatnya ujian, aku menyadari bahwa aku telah kehilangan daya ingatku. Aku sedang membaca surat kabar pada jam istirahat, dan tiba-tiba aku tidak bisa mengingat nama presiden Korea saat itu, Dr. Synman Rhee. Lebih parah lagi, aku tidak bisa mengingat satu pun kata-kata bahasa Inggris dan rumus-rumus matematika yang sudah aku pelajari dan hafalkan dengan susah payah. Aku tidak bisa mengingat apa pun. Keadaan ini tidak bersifat sementara. Aku mencoba mengingat semua hal yang pernah aku pelajari dengan susah payah, namun aku tidak bisa mengingat bahkan hal-hal paling mendasar sekali pun. Sejenak, aku merasa seolah-olah aku sedang jatuh ke dalam sumur tanpa dasar. Aku tidak mempunyai harapan akan masa depanku, dan aku berada di ambang gejala depresi berat. Dengan kepribadian yang sangat introver dan pemalu, aku memerlukan satu tahun ekstra untuk belajar bagi persiapan ikut ujian masuk, dan sekarang aku mengalami kehilangan daya ingatku.

Bagaimana aku harus menghadapi orangtuaku yang telah sepenuhnya mendukung aku, dan segala susah payah yang harus mereka alami demi aku? Aku merasa terlalu malu untuk meneruskan hidupku. Aku memutuskan untuk mengakhiri hidupku dan mulai mengumpulkan pil tidur buatan Amerika dari beberapa toko obat. Kata orang, pil tersebut sangat manjur dan efektif. Pada waktu itu, aku menyewa sebuah kamar di sebelah rumah kakak perempuanku untuk belajar, dan aku makan di rumahnya.

Aku katakan kepadanya, "Kak, aku akan pergi ke rumah teman untuk belajar malam ini. Maka aku tidak makan malam di sini. Kakak tidak perlu menungguku."

Kakakku tidak menyadari akan rencanaku, dan dia mengangguk. Setelah mengemasi semua milikku, dan menulis surat terakhir untuk orangtuaku, kakakku laki-laki dan perempuan, aku mengunci pintu dari dalam. Aku membentangkan selimut, minum pil dalam jumlah banyak, dan berbaring. Beberapa saat, aku masih kuat dan sadar, namun dalam sekejap aku menjadi tidak sadar. Tapi, ada pepatah mengatakan bahwa "Kematian di kehidupan ini hanyalah permulaan dari yang akan datang."

Kakak laki-laki dan kakak ipar laki-lakiku membuka toko kain di pasar Dongdaemoon. Normalnya mereka tutup toko jam sepuluh malam, menyelesaikan beberapa urusan lain, lalu pulang dan tiba di rumah menjelang tengah malam. Tetapi aneh sekali, pada hari itu, keduanya mengatakan mereka ingin pulang dan tiba di rumah lebih awal dari biasanya.

Kakakku mengatakan kepada kakak iparku, "Kak, aku rasa kita harus tutup toko dan pulang cepat malam ini."

"Sungguh? Aku juga ingin pulang lebih awal," kakak iparku

menanggapi.

Hari itu, kakakku menutup toko lebih awal. Biasanya kalau kakakku tiba di rumah, ia tidak pernah menjenguk aku di kamarku agar tidak mengganggu belajarku, tetapi pada hari itu, ia karena sesuatu alasan ingin sekali melihat aku.

"Di mana Jaerock?" tanyanya. "Dia bilang dia mau pergi belajar ke rumah temannya," jawab kakak perempuanku. Namun, kakakku tetap saja datang ke kamarku. Ia melihat pintu terkunci dan merasa ada hal buruk sedang terjadi. Ia mendobrak pintu dan menemukan aku sudah dingin seperti mayat. Kakakku memberitahu kakak iparku, "Dia bisa hidup kalau kita bawa dia ke rumah sakit dan keluarkan isi perutnya." Mereka berdua bergegas membawaku ke rumah sakit, namun karena aku menelan begitu banyak pil, dokter mengatakan aku hanya punya harapan tipis untuk bisa hidup. Tetapi beberapa hari kemudian, aku mulai sadarkan diri. Bagaimanapun juga, akibat dari usaha bunuh diri itu, aku kehilangan daya ingat yang masih tersisa sedikit itu. Walau setahun sudah berlalu, daya ingatku belum pulih sepenuhnya. Namun, setelah sekali lagi mencoba belajar giat, aku berhasil lulus ujian masuk, dan di bulan Maret 1964, aku masuk di Fakultas Teknologi Universitas Hanyang.

Pernikahanku dan Nasibku

Ketika aku masih di bangku kuliah, aku terpilih dan harus masuk wajib militer pada 29 Oktober 1964. Menjelang akhir masa tugasku, salah satu kerabatku mengenalkan aku kepada seorang sahabat pena, orang yang kemudian menjadi istriku.

Aku Kehilangan Semua Uang Warisanku

Pada bulan Mei 1967, aku selesai menjalani wajib militer dan dibebas tugaskan dari angkatan bersenjata. Tetapi ada suatu hal tak terduga telah menantiku. Sebelum aku bergabung dalam wajib militer, aku telah lebih awal menerima uang kuliah untuk semester kedua dari orangtuaku. Aku pinjamkan uang ini kepada salah satu kerabatku dengan janji bahwa dia akan membayar aku kembali disertai bunga pada saat aku selesai menjalani tugas wajib militerku. Tetapi keluarga dari kerabat ini mengalami masalah, dan aku bahkan tidak menerima kembali pokok pinjaman itu. Kakak dan kakak iparku mengetahui keadaan ini, dan mereka memberi aku uang kuliah. Setelah selesai tugas wajib militer, aku bertemu dengan sahabat penaku, yang sekarang menjadi istriku, dan aku sungguh jatuh cinta kepadanya. Kami berjanji akan menikah.

Ia seorang wanita dengan mata besar dan jernih bagaikan sebuah danau. Dia tahu aku sudah menerima uang kuliah, dan minta kepadaku agar meminjamkannya kepadanya untuk sementara waktu. Ia meminjam uang tersebut tetapi tidak dapat mengembalikan sesuai janjinya. Akibatnya, aku tidak bisa mendaftar untuk semester kedua, dan harus menunggu beberapa bulan kemudian. Maka aku memutuskan untuk pulang ke kota kelahiranku. Aku sampaikan kepada orangtuaku, "Ibu, Bapak, aku ingin segera menikah, jadi sudilah berikan aku uang warisanku lebih dahulu. Nanti, aku akan memakainya untuk keperluan pernikahanku, dan karena tunanganku seorang penata rambut, kami akan membuka salon kecantikan untuk nafkah hidup kami. Aku akan menyimpan sisa uang tersebut di bank dan menabung bunganya. Aku akan kuliah dengan beasiswa. Selain itu, setelah aku lulus nanti aku akan pergi ke Amerika Serikat dan akan kembali dengan gelar Doktor." Aku menjelaskan rencana-rencana masa depanku seolah aku sedang menjelaskan sebuah cetak biru, dan aku merayu orangtuaku. Mereka tidak bisa menolak untuk tidak mendengarkan anak mereka, maka dengan sedikit rasa enggan mereka memberikan uang warisan itu kepadaku. Aku kembali ke Seoul memimpikan masa depan yang indah berbunga-bunga dengan sejumlah uang warisan yang cukup besar. Tetapi segala sesuatunya menjadi kacau. Tunanganku dan aku berjanji bertemu di stasiun Seoul, namun dia tidak muncul. Aku tidak dapat menghubunginya selama seminggu.

Kakakku menelpon aku dan berkata, "Dik, aku dengar kamu sudah menerima uang warisanmu! Nah, berapa besar bunga yang kamu terima dari bank? Salah satu temanku mempunyai usaha dagang, dan kalau kamu investasikan uangmu kepadanya, kamu akan menerima kembali uangmu dalam jumlah besar. Aku memberi kamu jaminan juga, karena itu kamu tidak perlu kuatir akan hal ini." Karena terlalu lugu, aku mengikuti anjuran kakakku. Karena tidak ada berita sama sekali dari tunanganku, aku menyewa sebuah rumah dan memberikan sisa uang itu kepada kakakku.

Beberapa hari kemudian, tunanganku muncul. Anggota keluarganya tidak setuju ia menikah dengan aku, sehingga selama ini ia berusaha keras meyakinkan mereka. Akhirnya, ia juga mencoba untuk bunuh diri dengan minum pil tidur. Ia dibawa ke rumah sakit dan hampir tidak tertolong hidupnya. Dia baru saja keluar dari rumah sakit.

Kemudian kakakku memberiku dua bulan bunga dari uang yang kuberikan kepadanya, selanjutnya tidak pernah lagi ada kabar darinya. Aku telpon dia dan berkata, "Kak, aku harus membayar uang kuliah untuk semester baru, tolonglah kembalikan uangku." Dia tidak menjawab. Setelah Tahun Baru, aku mendatangi kakakku dan meminta uang itu untuk melanjutkan kuliahku. Aku dapat melihat bahwa ia sangat susah. Katanya, "Dik, aku mengira temanku yang aku pinjamkan uang itu memang mempunyai usaha dagang, tetapi ternyata dia seorang penyelundup. Dia tertangkap dan sekarang ada di penjara. Aku tidak bisa mendapatkan uang itu kembali." Aku

Pada waktu bekerja sebagai wartawan surat kabar

sedih sekali dan putus asa. Aku berkata kepada diriku sendiri, "Keterlaluan sekali! Dan aku belum lagi lulus kuliah! Bencana apa lagikah ini?" Karena kakakku tidak bisa mengembalikan uangku, aku kehilangan semua uang warisanku dalam sekejap saja. Aku memutuskan untuk mencari pekerjaan untuk mendapat uang dan mengikuti kuliah malam. Aku mendapatkan pekerjaan sebagai wartawan pada sebuah surat kabar, dan di bulan Januari 1968, aku menikah dengan tunanganku tercinta.

Aku Pikir Aku Terbiasa Minum

Setelah menikah, pada bulan Maret 1968, kami mengadakan acara selamatan di rumah kami pada hari Minggu. Sebagai persiapan pesta, kami membeli 40 botol wiski dari Dongdaemon, dan teman-temanku juga membawa banyak minuman. Di pagi hari aku menemui rekan-rekan kerjaku, di sore hari aku menemui teman-temanku dari Seoul, dan di malam hari aku menemui teman-teman dari kota kelahiranku. Aku menikmati pesta itu hingga larut malam. Aku merasa yakin bahwa aku bisa tahan terhadap minuman beralkohol, maka aku tidak menolak setiap minuman yang ditawarkan oleh teman-temanku, bahkan di pagi hari sekalipun. Pastinya aku telah menghabiskan paling sedikit 7 botol wiski untuk diriku sendiri. Karena aku minum terlalu banyak minuman beralkohol kadar tinggi, aku menderita sakit perut cukup parah. Setelah mengantar semua tamu pulang larut tengah malam, aku berbaring di tempat tidur dengan perasaan lega bahwa aku telah mengadakan sebuah pesta yang sukses.

Tiba-tiba, langit-langit kamar terasa berputar. Bola-bola lampu mulai berputar, dan semua mulai berputar. Lalu, aku mulai muntah. Aku muntah terus demikian banyaknya hingga aku merasa ususku akan keluar melalui kerongkonganku. Istriku membelikan aku obat dari toko obat, tetapi aku muntahkan obat itu semua sebelum aku sempat menelannya dengan baik. Aku bahkan tidak bisa minum air. Aku sangat kesakitan. Sejak hari itu, aku tidak bisa lagi makan dengan baik. Karena gangguan perutku, aku tidak dapat mencerna makanan. Aku mencoba segala hal termasuk juga obat-obatan herbal. Tetapi tidak satu pun yang manjur. Istriku dan aku mengira segalanya akan beres kalau kami menunggu beberapa lama, tetapi sejalan dengan waktu keadaanku semakin memburuk, dan tubuhku mulai kehilangan kontrol.

Berusaha Untuk Sembuh

Aku harus berhenti bekerja. Aku mencoba berbagai macam

obat, dan aku pergi ke banyak rumah sakit untuk mendapatkan diagnosa yang tepat. Tetapi selain luka lambung, tidak ditemukan penyakit khusus lainnya. Namun aku terus kehilangan berat badanku, dan aku mengalami banyak komplikasi. Setelah tiga atau empat tahun, hampir tidak ada bagian tubuhku yang sehat. Aku ini ibarat sebuah "toko penyakit serba ada." Aku mencoba segala obat yang dianggap baik. Di musim panas, aku menderita gatal-gatal karena penyakit infeksi kaki, dan karena kebekuan (*frostbite*) di musim dingin. Sekujur tubuhku penuh dengan penyakit eksim, setiap pagi bengkak-bengkak itu berisi nanah dan nanahnya mengeras. Karena *ozena* (luka di dalam hidung), kepalaku selalu terasa berat. Hidungku selalu buntu dan daya ingatku semakin memburuk.

Aku juga mengalami gangguan kelenjar getah bening. Pada mulanya, aku merasakan ada benjolan kecil di leherku, namun benjolan itu terus bertambah besar hingga sebesar buah anggur. Karena pembengkakan kelenjar getah bening tersebut, aku tidak dapat menoleh dengan baik. Dokter yang memberiku ramuan obat-obatan oriental mengatakan bahwa dia tidak bisa memberikan aku obat lagi untuk pembengkakan kelenjar getah beningku karena aku sudah terlalu banyak meminum berbagai macam obat. Aku bukan saja menderita gangguan pembesaran kelenjar getah bening, tapi aku juga mengalami penurunan fungsi syaraf, insomnia, eksim, anemia, infeksi saluran telinga tengah, dan organ tubuh bagian dalam termasuk lambung, usus halus, dan usus besar semua tidak berfungsi sempurna.

Aku Bahkan Mencoba Mengganti Namaku.

Istriku mencoba memberiku berbagai macam pengobatan,

dan juga mencoba pengobatan tradisional rakyat untuk menyembuhkan semua penyakitku. Tetapi setelah beberapa tahun usahanya tidak menunjukkan hasil, istriku mulai berpaling kepada dukun-dukun. Beberapa orang mengatakan kepadanya, "Dia bisa disembuhkan. Kamu harus mengundang seorang pengusir setan dan melakukan pengusiran roh jahat." Ada juga yang mengatakan kepadanya, "Kamu akan berhasil kalau kamu mengundang seorang pendeta Budha dan mengusir roh jahat." Istriku pergi ke rahib-rahib terkenal dan juga mencoba melakukan pengusiran roh jahat sesuai perintah rahib-rahib itu. Pada akhirnya, kami bahkan mengganti nama kami.

Beberapa orang mengatakan bahwa kalau kami mengganti nama kami, maka nasib kami juga akan berubah. Kami pikir, hal itu masuk akal. Pada saat itu, dekat dengan Kompleks Pemerintahan Pusat, ada banyak kantor pembuat nama. Pagi-pagi sekali kami pergi ke 'Kantor Pembuat Nama Bongsoo Kim.' Kami harus menunggu dari pagi hingga petang untuk bisa bertemu dengan Bongsoo Kim. "Nama kalian tidak bagus. Mengapa kalian tidak mengganti nama kalian?" Sejak saat itu, kami mulai memakai nama yang diberikan kepada kami, tapi tetap sia-sia tanpa hasil.

Penderitaan Batin Seorang Ayah yang Sakit

Karena aku orang yang sangat tertutup, aku berusaha menyembunyikan keadaan fisikku yang semakin memburuk - bahkan terhadap istriku. Karena keluargaku semakin terpuruk dalam hutang, aku tidak bisa hanya duduk diam melihat keadaan ini. Maka aku pergi dari satu tempat ke tempat lainnya untuk mencari pekerjaan. Tetapi karena gangguan pada telingaku menyebabkan aku tidak bisa mendengar, aku gagal mendapatkan pekerjaan. Pendengaranku menjadi begitu buruknya sehingga aku tidak bisa menggunakan telepon, dan membuat aku semakin sulit mendapatkan pekerjaan.

Aku harus mencari pekerjaan yang lebih mandiri. Maka aku mulai menjual meja-meja kecil. Aku keluar ke jalan-jalan untuk menjual meja-meja itu, tetapi karena sifatku yang pemalu, aku tidak bisa berteriak, "Meja ... meja!" "Meja dijual!" Setelah beberapa hari bekerja tanpa hasil, aku mulai mendapatkan rasa percaya diriku dan mulai menjual meja-meja itu.

Suatu hari di tahun 1972, aku sedang berjalan menjual meja, tiba-tiba, aku merasakan ada kelumpuhan di kakiku, dan menjadi sangat sakit untuk dipakai berjalan. Aku tinggalkan meja jualanku di suatu tempat terdekat dan aku pulang naik bis. Sejak saat itu, aku tidak bisa lagi bangun dari tempat tidur. Ternyata aku terkena *rheumatoid arthritis* (encok). Aku merasa sangat sakit setiap kali berjalan, dan akhirnya aku harus memakai tongkat. Bagaimanapun juga besarnya penderitaan dan beban fisik, beban mental yang kupikul jauh lebih besar. Aku sangat sedih karena aku kehilangan pendengaranku. Salah satu gendang telingaku sudah koyak, karena kejadian di sekolah dasar, seperti yang telah aku ceritakan. Tetapi karena kerasnya obat-obatan yang aku pakai selama lima hingga enam tahun, telingaku yang satunya juga mulai memburuk. Betapapun aku berusaha membaca gerakan bibir orang, kalau lingkungannya gaduh, aku tidak bisa mengerti apa yang mereka katakan. Aku tidak bisa memberi tahu anggota keluargaku bahwa aku kehilangan pendengaranku. Aku kuatir mereka menganggap aku 'cacat.' Kalau orang berbicara kepadaku, aku memberi jawaban yang salah karena aku tidak bisa mendengar mereka, atau aku sama sekali tidak bisa menjawab, dan wajahku memerah karena aku malu dan merasa amat rendah diri.

Istriku bersusah payah merawat aku dan juga berusaha keras membayar walau hanya bunga dari hutang kami. Karena kami menyewa tempat tinggal yang paling murah, kami harus sering berpindah tempat. Kami pindah dari Ah-hyeong Dong ke Kimpo, ke Sangdo Dong, ke Chongno, ke Ddooksum, dan seterusnya. Kadang-kadang kalau kami sedang benar-benar putus asa, kami tinggal di rumah orangtua istriku, atau di rumah saudara perempuannya. Akhirnya, setelah berpindah-pindah tempat, kami menetap di sebuah desa di pegunungan Keumho Dong. Rumah kami terbuat dari batu bata, dan tampak bagaikan sebuah kotak. Jika kami keluar dari pintu depan, kami dapat melihat Sungai Han mengalir di kejauhan.

Sekarang, ibu mertuaku telah meninggal, namun dia sering menangis karena aku. Ia membawaku ke rumah sakit, dan juga ke tabib untuk pengobatan tusuk jarum dan obat herbal. Karena aku tidak dapat berjalan, teman-temanku yang menggendong aku di punggung mereka menuruni gunung supaya aku bisa naik taksi bersama ibu mertuaku menuju rumah sakit. Dalam perjalanan pulang dari rumah sakit, ibu mertuaku membelikan aku sake (anggur beras), mungkin karena ia merasa iba terhadap aku. "Nak, aku tahu kamu sangat menderita, tapi minumlah dan bergembiralah ..."

Istriku Dalam Keadaan Putus Asa

Istriku pergi kesana kemari meminjam uang untuk pengobatanku. Sementara itu, hutang kami menumpuk bagaikan salju. Ketika kami sangat memerlukan uang, dia akan pergi ke orangtuanya, ke saudara perempuan, atau saudara lelakinya untuk meminjam uang. Kemudian ia akan membayar bunga dari pinjaman kami, dan memakai sisanya untuk pengobatanku. Aku pun kemudian dinilai sebagai orang yang sangat buruk oleh keluarga istriku. Menurut pandangan mereka, karena aku tidak bisa memberi nafkah keluarga seperti layaknya seorang suami, aku telah membuat hidup anak bungsu yang paling mereka sayangi menjadi susah. Karena aku jatuh sakit tepat setelah kami menikah, kami bahkan tidak dapat menikmati tahun-tahun pertama perkawinan kami seperti layaknya pasangan pengantin baru lainnya. Istriku langsung harus memikul tanggung jawab baik sebagai pencari nafkah sekaligus sebagai pengatur keluarga. Dia harus mengasuh dua anak perempuan sambil bekerja keras untuk mendapatkan nafkah. Ia sangat lelah, dan dia yang dulunya seorang yang baik hati dan lemah lembut mulai menjadi orang yang kasar, karena keras dan beratnya tanggung jawab kehidupan yang dibebankan kepadanya.

Ia telah merawat aku selama lima hingga enam tahun dengan satu harapan bahwa kesehatanku bisa kembali pulih, namun melihat kondisiku yang semakin memburuk, dia akhirnya menjadi putus asa. Ia menjadi pemarah, setiap kali ia merasa frustrasi karena sesuatu hal, ia akan mengemasi barang-barangnya dan pergi ke rumah orangtuanya.

"Aku tidak butuh cinta. Yang kita perlukan saat ini adalah uang. Pergi dan carilah uang!" Ia harus membayar kembali hutangnya dari rentenir dengan bunga harian yang tinggi. Maka, setiap kali dia terdesak waktu pembayaran, dia merasa tidak tahan dan pergi sambil berkata bahwa dia sudah tidak sanggup lagi mempertahankan perkawinan ini. Beberapa hari kemudian, dia pasti akan kembali.

Suatu hari, dengan bantuan kakak perempuannya, dia membuka sebuah toko kecil menjual makanan kecil di pasar Keumho Dong. Ia pandai memasak sehingga ia mendapat banyak pelanggan. Ia pergi untuk bekerja di pasar sejak pagi hari hingga larut malam. Jam dua belas tengah malam, dia pulang dalam keadaan letih dan lesu. Dia memaksakan diri untuk bekerja keras supaya dia bisa segera membayar hutang-hutang kami sebanyak mungkin. Tetapi, setiap kali dia pulang dan melihat aku terbaring sakit, dia kehilangan harapannya, dan menjadi mudah marah karena hal-hal kecil. Kedua putri kami menjadi anak-anak yang ditolak masyarakat. Sejak istriku membuka salon, aku berjuang untuk mengasuh putri sulungku,

Miyoung, sedangkan Mikyung, putri kami yang kedua tinggal dengan ibuku di rumah saudara lelakiku.

"Bagaimana dia bisa sangat mirip dengan ayahnya?"

Apakah karena ia sangat mirip dengan ayahnya yang sakit? Mikyung tidak sempat merasakan kasih sayang kami sebagai orangtua karena keadaan kami. Kadang-kadang aku berkunjung ke rumah saudara lelakiku, dan melihat anakku bermain dengan sepotong gombal di mulutnya, hatiku hancur. Tetapi karena keadaanku, aku tidak bisa membawanya pulang bersamaku dan mengasuhnya. Aku sangat berbeban mental dan sedih. Saat itu aku menderita neurosis, sehingga aku menjadi sangat peka terhadap hal-hal yang kecil sekalipun. Kalau istriku mengatakan sesuatu yang melukai harga diriku, maka akan terjadi perdebatan, lalu istriku mengatakan bahwa ia ingin bercerai dan mengemasi barang-barangnya lalu pergi ke rumah orangtuanya.

"Bagaimana mungkin kamu terus melakukan ini? Sebaiknya kamu segera bercerai saja demi kebaikan berdua."

Keluarga istriku mendatangiku dan menunjukkan ketidak senangan mereka kepadaku, memarahiku dengan suara keras sehingga tetanggaku dapat mendengarnya. Wajahku memerah karena marah dan malu. Istriku yang sudah meninggalkan rumah, kembali dan berkata, "Aku pulang bukan untuk menjenguk kamu. Aku datang untuk melihat putriku. Kalau kamu sehat nanti, aku akan menceraikan kamu. Sebenarnya aku menginginkannya sekarang, tetapi orang akan mempersalahkan aku dan mengatakan aku meninggalkan suami yang sakit. Jadi, tidak sekarang!"

Cinta Kedagingan Berubah

Pada tahun 1972, aku melihat diriku sendiri, dan menyadari bahwa aku adalah tubuh yang penuh dengan penyakit tak dapat disembuhkan. Karena aku sudah terlalu banyak minum obat-obatan yang keras, tidak ada lagi suntikan maupun obat yang manjur. Orangtuaku, saudaraku laki-laki dan perempuan, dan kerabat yang lain mulai menyalahkan aku dan menjauhkan diri dari aku. Istriku menghindari aku. Bahkan ibuku sudah menyerah akan keadaanku. Ibu, yang saat itu berumur tujuh puluh tahun, mengunjungi aku, dan ia menangis pilu melihat aku terbaring di tempat tidur. Ia mengira aku sudah tidak punya harapan sama sekali.

"Oh! Oh! Lebih baik kamu mati secepatnya. Begitu caranya kamu bisa menghormati aku."

Betapa buruknya keadaanku sampai ibu kandungku yang sangat menyayangi aku, menginginkan lebih baik aku mati untuk menghormati dia. Aku mengira ibuku tidak akan pernah menelantarkan aku walau seluruh dunia menolak aku. Pada saat itu, aku sadar bahwa cinta kasih manusia sudah hilang. Jika keadaan tidak baik, maka cinta itu bisa berubah.

Kalau seorang ibu kandung tidak bisa mengerti penderitaanku, apalagi seorang saudara lelaki? Suatu hari, saudara laki-lakiku mengunjungi aku dalam keadaan mabuk, dia mengatakan akan menghibur aku. Bukannya menghibur namun kata-katanya malah membuat penderitaanku bertambah parah.

Gagal Bunuh Diri Kedua Kalinya

Aku merasa bagaikan seekor burung kecil yang dengan susah payah mengepakkan sayapnya berjuang untuk hidup, namun sia-sia. Semula, kalau istriku mengemasi barangnya dan kembali ke rumah orangtuanya, aku akan menyusul dan mengajaknya pulang. Tetapi sewaktu dia melakukannya lagi, aku tidak berani mengajaknya kembali karena penolakan dan penghinaan yang kuterima dari anggota keluarganya. Setiap kali aku memikirkan masa depan kedua putriku, ada satu dorongan kuat bagai sumber air yang muncul agar aku bertahan hidup, tetapi ketika aku harus menghadapi beratnya kenyataan, aku merasa tak berdaya. Setelah berpikir bahwa tidak ada jalan lagi bagiku untuk bebas dari bayangan kematian, sekali lagi aku mengumpulkan obat tidur dengan keinginan untuk mengakhiri hidupku yang penuh sengsara ini sesegera mungkin. Sudah cukup buruk bahwa aku harus menderita sepanjang hidupku karena penyakitku, namun yang membuat keadaan bertambah buruk adalah istriku tidak bersikap baik bahkan cenderung menyakiti aku. Aku kehilangan semua keinginan dan gairah untuk hidup. Aku pikir, daripada mengajak istriku kembali dari rumah orangtuanya, mungkin lebih baik jika aku mati. Maka, aku minum dua puluh pil tidur yang sudah aku kumpulkan.

Pada hari aku minum pil itu, istriku sedang berada di rumah orangtuanya. Dia tidak bisa tidur dan merasa sangat bingung. Katanya, dia tidak bisa menghilangkan pikiran bahwa ada sesuatu yang tidak baik sedang terjadi di rumah kami. Karena dia menjadi semakin bingung, dia naik taksi dan bergegas pulang mendapatkan aku dalam keadaan sekarat, hampir mati. Dengan cepat dia membawaku ke rumah sakit di mana mereka merawatku sehingga aku bisa hidup kembali. "Aku bahkan tidak bisa mengakhiri hidupku dengan cara yang kuinginkan. Sebaiknya aku tidak lagi mencoba untuk bunuh diri." Setelah aku sadar di rumah sakit, mengingat kembali akan dua kali usaha bunuh diriku yang gagal, aku merasakan ada suatu kuasa yang lebih tinggi yang campur tangan dalam hidupku. Karena itu, aku memutuskan tidak akan pernah mencoba bunuh diri lagi.

Kucing Dianggap Baik untuk Menyembuhkan Rematik Artritis

Kadang-kadang kalau badanku agak sedikit sehat, aku berjalan keliling dengan tongkat. Tetapi di saat-saat kondisiku menjadi buruk, aku harus terbaring di tempat tidur tanpa bisa menggerakkan apapun. Harus ada orang yang membuangkan kotoranku. Istriku mendengar bahwa kucing dianggap baik untuk mengatasi rematik artritis, sehingga ia membeli kucing bukan hanya dari semua pasar di daerah kami Sungdong Ku, tapi juga dari pasar lain seperti Dongdaemoon dan Joongbu. Dia merebus kucing-kucing tersebut untuk aku makan. Tapi kadang-kadang, kalau memasaknya kurang tepat, kucing itu SANGAT tidak enak baunya sehingga aku merasa lebih baik mati daripada harus memakannya.

Ibuku dan istriku membawa apa saja dan segalanya yang dikatakan orang baik untuk diriku. Mereka memasak lipan, tanaman motherwort, dan kulit dari pohon lacquer untuk aku. Mereka juga memberi aku empedu anjing dan beruang. Aku bahkan mencoba minuman yang dibuat dari ular. Perjuanganku melawan berbagai penyakit terus berlanjut. Dikatakan bahwa pil Jerman yang dibuat untuk penyakit lepra adalah sejenis racun untuk menyembuhkan lepra. Karena aku menderita penyakit kulit yang menyerang seluruh tubuhku, aku minum pil ini dengan harapan akan kesembuhan, tetapi hasilnya malah mengerikan.

Aku Minum Air Kotoran Selama Lima Belas Hari

Aku mencoba segala jenis obat, terapi medis, pengobatan rakyat, pengobatan herbal dan bahkan hal-hal berbau tahyul dan pengusiran setan, tapi tampaknya kesehatanku semakin menurun menuju lubang tanpa dasar.

"Jaerock, ada seorang dokter terkenal datang ke sini. Bagaimana kalau kita minta dia memeriksa kamu?"

"Yah, kenapa tidak? Tidak ada ruginya." Aku menuruti nasihat teman-teman di Keumho Dong dan pergi menemui dokter tersebut. Dokter tersebut memeriksa denyut nadi dan memeriksa tubuhku. Katanya, "Sungguh mukjizat bahwa kamu masih hidup. Nadimu sepertinya berdenyut tapi sebenarnya tidak. Sungguh ajaib kamu masih hidup. Ada satu cara untuk menyembuhkan penyakit-penyakitmu. Apakah kamu banyak berolah raga yang keras saat masih muda dulu? Apakah kamu sering kena pukul waktu itu? Di seluruh badanmu ada bercak-bercak disertai sel-sel darah mati, dan sel-sel darah beku, di sekujur tubuhmu. Itulah penyebab kesehatanmu menjadi seperti ini."

"Oh, ya? Apa obatnya?"

"Di stasiun kereta api di pinggiran kota, ada banyak toilet umum. Cairan kotoran di dasar toilet ini telah membusuk selama lebih dari sepuluh tahun. Ciduklah, dan minumlah tiga kali satu gelas setiap hari selama lima belas hari. Maka semua pembekuan darah di tubuhmu akan hilang, dan kamu akan menjadi sehat kembali."

Dokter itu memberikan instruksinya dengan jelas dan rinci tentang bagaimana mendapatkan cairan tersebut. Yang harus aku lakukan adalah mengikat daun-daun cemara jarum sebagai filter di mulut botol, kemudian ikatkan sebuah batu di dasarnya, lalu masukkan botol tersebut ke lubang pembuangan toilet. Maka cairan yang bersih akan masuk ke botol. Kalau meminum cairan ini bisa membuat aku sembuh, aku berjanji akan membayar dokter ini dengan harga mahal. Aku dan istriku sangat gembira mengira bahwa inilah pengobatan terakhir, dan kami bergegas ke stasiun kereta di pinggiran kota sambil menari-nari penuh sukacita. Ibuku mendengarkan penjelasanku tentang pengobatan ini, maka semalaman ia mengumpulkan cairan kotoran itu dalam sebuah mangkuk yang bagus, dan memberikannya kepadaku dengan hati-hati.

Selama lima belas hari, aku minum cairan ini tanpa pernah lupa sekalipun. Baunya yang sangat tidak enak membuat aku sulit menelannya, tetapi karena terdorong oleh keinginanku yang begitu menggebu untuk sembuh dari penyakit-penyakitku, aku meminumnya dengan memakai sedotan lalu menggosok gigi dan memakan permen yang diberikan ibuku. Tetapi, tetap saja baunya tidak hilang. Pada akhir hari ke lima belas, aku merasa bahwa cara inipun tidak membawa hasil.

"Bu, kalau aku mati, aku ingin kembali ke rumahku di Seoul dan mati di sana."

Bab 2

Allah Sungguh Hidup

Ketika Kelopak Bunga Terakhir Gugur, Hidupku Juga Hancur

Bagaimana Kakakku yang Kedua Menginjili Aku

Ketika harapan terakhir kami, minum cairan kotoran berakhir dengan sia-sia, aku dan istriku kembali ke Seoul dengan perasaan amat putus asa. Sekarang, satu-satunya keinginanku adalah cepat mati, karena itu aku berbaring di tempat tidur menantikan waktu berlalu begitu saja. Rutinitasku di rumah petak ini adalah membaca novel atau minum sake Korea. Dalam rumah kecil berkamar satu itu, ada sebuah wadah berisikan air sake, mangkuk-mangkuk obat, dan buku-buku pijaman yang bertebaran di mana-mana.

Dalam keluargaku, kakakku yang kedua adalah satu-satunya orang yang percaya Allah. Satu matanya menjadi buta setelah dia menderita demam tinggi pada masa kanak-kanak. Dia menikah dengan seorang pemuda dari desa tetangga dan mempunyai tiga anak laki-laki dan dua anak perempuan. Dia menjalani hidup penuh iman dan taat. Suatu hari, seseorang datang mengabarkan Injil kepadanya, dan sejak itu dia mulai menghadiri kebaktian gereja. Ibuku dan saudara-saudaraku yang lain menganggap kakakku ini seorang fanatik, dan mereka tidak suka dia pergi ke gereja. "Kamu bekerja keras bertani, lalu kamu berikan segalanya ke gereja. Kamu bahkan tidak bekerja di hari Minggu karena ke gereja. Kamu tidak akan pernah bisa terlepas dari kemiskinan. Kapan kamu bisa menjadi kaya?" Walaupun ibuku marah dan menghina dia, kakakku hanya tersenyum dan menjawab, "Bu, adalah suatu sukacita percaya kepada Yesus. Mengapa ibu tidak ke gereja juga?"

Setiap hari Minggu, pagi-pagi sekali kakakku menyelesaikan pekerjaan rumahnya lalu pergi ke gereja. Dia membersihkan mimbar dan melayani di gereja. Kalau ia mempunyai hasil panen yang baik atau sesuatu yang berharga, dengan sembunyi-sembunyi ia akan meninggalkannya di rumah pendeta dan lari pulang. Ia senang melayani hamba Allah dengan caranya ini.

Ia sangat rajin mengikuti pertemuan-pertemuan kebangunan rohani dan dengan sungguh-sungguh mencari berkat Allah. Ia bahkan memberikan cincin emasnya, yang pada saat itu merupakan sesuatu yang sangat berharga, sebagai persembahan.

"Allah, berikan aku iman yang bernilai seperti emas. Berikan aku iman seperti emas yang tidak pernah berubah karena waktu."

Sejak masa kanak-kanakku, kakakku yang kedua ini adalah kakak kesayanganku. Sewaktu aku kuliah di Seoul, aku selalu tinggal di rumahnya setiap kali aku libur. Ia berusaha menceritakan tentang Injil kepadaku setiap kali dia ada kesempatan. Bahkan saat aku jatuh sakit, dia merasa kasihan kepadaku. Dia terus menerus mendesak aku untuk ke gereja sambil mengatakan, "Dik, kalau kamu ke gereja, Allah akan menyembuhkanmu. Kamu akan sehat kembali."

"Kak, tolong jangan bersikap konyol. Kita hidup di zaman di mana orang membuat pesawat ruang angkasa dan mengirimkannya ke bulan. Di mana sih adanya Allah? Kalau Dia memang hidup, tunjukkan kepadaku."

Kakakku sering kali mendesak aku untuk percaya kepada Allah, tetapi karena aku keras kepala, aku tetap bersikeras bahwa kalau Allah memang ada dia harus menunjukkan-Nya kepadaku

Ketika Bunga Terakhir Gugur, Hidupku Juga Hancur.

Aku merasa sebagai seorang tokoh utama perempuan dalam sebuah cerita terkenal. Dalam novel tersebut, sang tokoh hidup dirundung rasa putus asa tanpa harapan untuk masa depan. Dia percaya suatu hari nanti pada saat daun terakhir dari sebuah tanaman rambat yang melekat di tembok jatuh ditiup angin kencang, maka hidupnya juga akan berakhir. Aku juga hidup dirundung keputusasaan tanpa harapan untuk hari esok.

Pada bulan April 1974, bunga azalea merah muda dan bunga lonceng kuning mewarnai pegunungan dan kebun-kebun di seluruh pedesaan. Bunga-bunga ini menebarkan keharumannya ke segala penjuru. Tetapi, hidupku semakin memudar dan setiap tarikan nafas yang kuhirup seolah membawaku lebih dekat pada kematian.

"Segala sesuatu yang diciptakan bergerak dengan penuh kehidupan pada saat ini. Tetapi, kapankah hidupku, yang terkatung-katung bagaikan sehelai daun terakhir ini, akan berakhir?"

Tidak seorang pun suka melihatku. Aku tidak dapat makan nasi maupun daging, tetapi aku bisa minum alkohol. Alkohollah satu-satunya teman yang kumiliki. Saat-saat seperti itulah, di mana aku mencoba bertahan dari hari ke hari, aku menjadi tergantung pada alkohol. Orangtuaku, saudara-saudaraku laki-laki dan perempuan semakin jarang mengunjungiku. Akhirnya aku tidak lagi mengharapkan seorang pun mengunjungiku, tetapi satu hari ada seseorang mengetuk pintu. Ternyata kakakku yang kedua datang, kakak yang paling aku sayangi.

"Kak, apa yang membawamu kemari ke Seoul? Mari masuk!"

"Ada sesuatu yang harus kulakukan di Seoul."

Karena waktu itu adalah saat-saat paling sibuk untuk pertanian, aku sangat senang – namun terkejut dan heran – melihat dia.

Diminta untuk Mengantar Kakakku

"Dik, bantulah aku. Kamu harus bantu aku melakukan sesuatu. Ada satu tempat yang sejak lama ingin aku kunjungi. Tolonglah antarkan aku ke sana."

"Apa? Apa maksudmu? Kamu kan tahu, aku tidak bisa berjalan dengan baik." "Aku tahu. Aku tahu. Tapi aku ingin sekali ke tempat itu, makanya aku minta bantuan kamu."

Semula aku menolak dengan mengatakan aku tidak bisa mengantarnya karena badanku yang lemah dan sakit. Tetapi ia memohon dengan amat sangat sehingga aku merasa bersalah, akhirnya aku tidak bisa lagi menolak untuk mengantarnya.

Tempat yang ingin dikunjunginya adalah salah satu kebaktian penyembuhan yang dipimpin oleh Diaken Senior Shin-ae Hyun. Diaken tersebut sangat terkenal karena karunia penyembuhannya. Semua ini karena kakakku selalu berdoa untuk aku dan mencari jalan untuk bisa membawaku ke gereja, akhirnya Diaken Senior Hyun dan aku berkenalan. Kakakku paham benar bila dia mendesak aku untuk menerima penyembuhan di gereja, aku pasti akan menolak untuk hadir. Sewaktu kakakku sedang berdoa, dia menerima hikmat dari Allah untuk membawa aku ke gereja dengan cara meminta tolong aku mengantarnya.

Sebelum Percaya kepada Allah

Karena aku diajari tentang Paham Darwin di sekolah, aku menjadi seorang ateis. Aku bisa dengan tegas mengatakan bahwa tidak pernah ada yang namanya hantu atau roh. Namun kenyataannya, jauh di dalam, aku tidak bisa menyangkal bahwa Allah memang ada. Banyak hal membuat aku tidak bisa menghilangkan pemikiran bahwa ada kehidupan setelah kematian. Jauh di dalam hatiku, sebenarnya aku mengakui keberadaan Allah Sang Pencipta. Aku berpikir, "Kalau Allah sungguh ada, maka nerakapun mungkin ada, neraka seperti di film yang pernah aku lihat. Kalau begitu, bagaimanakah kehidupanku setelah kematian nanti?"

Karena aku tidak dapat menyangkal keberadaan Allah di

dalam hatiku, aku harus juga mengakui adanya kehidupan setelah kematian. Dalam hati kecilku, aku juga mempunyai ketakutan akan neraka. Karena itu, walau aku belum percaya akan Allah, aku berusaha hidup baik dan benar.

Karena kakakku tidak meminta aku untuk hadir di gereja menerima penyembuhan, namun hanya untuk menemaninya ke suatu tempat pertemuan umat Kristiani, aku mengabulkan permohonannya. Pada tanggal 17 April 1974, dia bangun pagi dan bersiap-siap, sambil mengatakan bahwa dia ingin pergi lebih awal supaya bisa duduk di baris depan. Inilah pertama kalinya aku keluar rumah dalam waktu yang sangat lama. Sangatlah sulit bagiku untuk menuruni jalan berbukit-bukit di Keumho Dong, sehingga aku memerlukan waktu cukup lama. Kami naik bus ke Seodaemoon dan tiba di gerejanya Diaken Senior Shin-ae Hyun.

Apakah Semua Orang di Sini Gila?

Walaupun kedua gendang telingaku sobek, tapi saat itu aku dapat mendengar suara walau hanya sayup-sayup. Lantai kedua sudah penuh dengan orang banyak, maka kami naik ke lantai ketiga. Tangganya dibuat sedemkian landai untuk memudahkan para penyandang cacat. Karena aku harus menggunakan tongkat, agak sulit bagiku untuk bisa menyamai langkah kakakku.

Mungkin saat itu sedang ada persekutuan doa. Orang-orang di sekitarku mengangkat tangan mereka dan menangis dengan suara keras. Aku tidak pernah melihat hal demikian sebelumnya, karena itu aku tidak tahu apa yang harus kulakukan, dan aku hanya melihat-lihat sekelilingku. Aku kemudian memperhatikan bahwa kakakku sedang berlutut dan juga berdoa dengan tangannya gemetar dan terangkat ke atas.

Semua orang kelihatan seperti orang gila, termasuk kakakku.

Aku merasakan suatu gejolak emosi, dan wajahku memerah. Aku ingin segera keluar dari situ. Namun semakin banyak orang datang dan duduk di belakangku, sehingga aku tidak bisa keluar. Aku ingin segera keluar sekarang juga. Tapi, apa yang bisa kulakukan? Aku tidak dapat meninggalkan kakakku begitu saja dan pulang sendiri! Karena aku tidak pernah melihat orang berdoa dengan cara demikian – apalagi dalam suatu kelompok doa – aku merasa bingung dan aneh melihat orang-orang mengangkat tangan dan menangis dengan suara keras dalam berdoa. Karena aku tidak dapat pulang sendirian, akhirnya aku tetap tinggal di tempat. Aku merasa sebaiknya aku ikut berlutut juga. Aku berlutut dan memejamkan mataku. Tiba-tiba aku mulai berkeringat dari punggungku, dan keringatku mengalir turun di punggungku. Sebenarnya hari itu musim semi, dan tidak panas. Aku orang yang kurus kering – tulang berbalut kulit – jadi hampir tidak mungkin aku bisa berkeringat sebanyak itu. Aneh, dan aku mengira, "Mungkin karena aku merasa malu dan salah tingkah berada di tempat itu. Mungkin itu sebabnya aku berkeringat begitu banyak!"

Beberapa saat kemudian barulah aku menyadari bahwa pada saat aku berlutut, hari itu juga Allah telah membakar seluruh penyakitku dengan Api Roh Kudus. Di mimbar yang cukup jauh, Diaken Senior Shin-ae Hyun, dengan pakaian putih, sedang berkhotbah dengan penuh semangat. Suara dari pengeras suara sebenarnya sangat keras, tetapi aku tidak bisa mendengarnya dengan baik. Aku hanya bisa mendengarkan beberapa kata saja, hilang dan timbul. "Alangkah indahnya kalau saja aku bisa mendengar dengan jelas apa yang dikatakan oleh wanita itu.!" Demikian pikirku.

Telah ada suatu perubahan dalam hatiku setelah aku berkeringat begitu banyak (sesungguhnya aku telah dijamah oleh Roh Kudus). Aku ingin sekali mendengarkan pengajaran yang disampaikan Diaken Senior Shin-ae Hyun. Kakakku berkata, "Dik, mengapa kamu tidak minta didoakan seperti mereka yang telah datang kesini?"

Setelah khotbah, wajah kakakku tampak cerah saat dia menganjurkan aku untuk didoakan. Atas anjuran kakakku, aku maju – berdesakan di antara banyak orang – ke tempat di mana diaken senior itu sedang duduk.

Suara-suara tetap terdengar mengalir dari pengeras suara, yaitu suara mereka yang memberikan kesaksian karena telah disembuhkan melalui doa. Aku bisa mendengar sepotong-sepotong, dan seseorang mengatakan dia menerima "Api Roh Kudus" dan disembuhkan ketika Diaken Senior Shin-ae Hyun menumpangkan tangan pada dia.

"Mereka pasti telah disembuhkan melalui doa. Tetapi aku masih belum bisa mempercayainya."

Diaken Senior Shin-ae Hyun menepukkan tangannya sekali pada kepala dan berikutnya pada punggung setiap orang dan kemudian mendorongnya pergi. Nah itu dia. Dia menepuk kepala dan punggungku, dan mendorongku, sama seperti yang lainnya. Aku pikir, "Dia memperlakukan orang bagaikan sebuah barang! Aku pikir dia sedang menipu orang-orang tersebut." Hal ini pasti karena terlalu banyak orang yang hadir, tapi dia tidak mendoakan setiap orang, hanya menepuk dan mendorong mereka pergi. Aku merasa tersinggung.

Saat itu, aku teringat akan satu kejadian saat aku masih di sekolah dasar. Seorang wanita di daerah Jung-eup terkenal karena karunia penyembuhannya. Sejak persekutuannya dipublikasikan di surat kabar, banyak orang datang berkumpul di Jung-eup. Keponakanku juga menghadiri salah satu persekutuan itu karena telinganya mengeluarkan darah. 15 hari kemudian diketahuilah bahwa wanita itu seorang penipu. Ia kemudian ditangkap. Beberapa surat kabar membuat berita utama tentang kejadian ini. Aku mulai berpikir apakah wanita ini juga sedang menipu kami, seperti yang telah dilakukan wanita di Jung-eup itu? Aku terus berpikir, dan tanpa sadar aku menemukan diriku sudah berada di bawah.

Sungguh aneh! Aku bisa turun tanpa kesulitan dan tidak kesakitan.

Aku Bisa Mendengar! Aku Bisa Mendengar!

Kakakku sangat bahagia, karena seolah-olah keinginannya terkabulkan. Kami naik bus. Tiba-tiba aku mendengar suara-suara yang keras sekali seperti suara petir. Aku berpikir, "Sungguh aneh! Mengapa aku mendengar suara-suara yang begitu keras di telingaku?"

Suara-suara menggelegar itu berhenti saat aku turun dari bis di pasar Keumho. Aku mengucapkan salam kepada kakakku dan masuk ke tempat di mana istriku berjualan makanan ringan di pasar itu. Ada banyak jenis makanan di rak, termasuk juga daging. Di bar, aku dapat mendengar percakapan para pelanggan yang sedang makan dan minum di sana. Aku begitu gembiranya sehingga aku menggebrak meja dengan kepalan tanganku.

"Aku Bisa Mendengar! Aku Bisa Mendengar!"

Istriku terkejut dan bertanya kepadaku, "Apa? kamu bisa mendengar? Apa yang kamu dengar, dan mengapa kamu bisa mendengar sekarang?"

"Aku dapat mendengar dengan jelas para pelanggan itu berbicara. Sayang, aku lapar sekarang. Aku ingin makan sesuatu. Maukah kamu memberi aku nasi dan daging?"

"Apa? Kamu akan sakit perut dan akan timbul bercak-bercak lagi di seluruh badanmu!"

"Aku baik-baik saja. Aku merasa aku sudah mencernakannya. Jangan kuatir, beri saja aku makanan."

Aku segera menghabiskan nasi dan lauk yang disediakan istriku. Biasanya, aku hanya sanggup makan nasi sedikit sekali, dan ini merupakan perubahan menakjubkan. Aku merasa aku bisa mencernakan makanan ini dengan baik. Dan nyatanya, aku tidak mengalami masalah.

Tak Disangkal lagi, Sebuah Mukjizat!

Keesokan hari, segera setelah aku bangun tidur, aku ke kamar mandi seperti biasanya. Rutinitas pertama yang aku lakukan di pagi hari adalah pergi ke kamar mandi, mengambil sepotong lidi serta membungkus ujungnya dengan kapas untuk membersihkan darah yang keluar dari telingaku. Aku lakukan ini karena aku tidak mau istriku melihatnya dan menjadi kuatir. Aku mencoba membersihkannya seperti biasa, tetapi tidak ada apa-apa. Telingaku bersih. Lebih aneh lagi, biasanya kalau bangun, aku selalu merasa lemah. Aku begitu lemah sehingga harus berpegangan sejenak baru kemudian pergi ke kamar mandi. Tetapi hari itu, aku menyadari bahwa aku langsung pergi ke kamar mandi setelah bangun tidur. Bukan hanya itu. Karena penyakit atritisku yang parah, aku seringkali mengalami adanya nanah di punggung tanganku, di siku, lutut, mata kaki dan persendian-persendian lain. Tetapi hari itu, nanahnya sudah berubah menjadi kulit kering hitam.

"Aku Tidak Bisa Mengerti Hal Ini. Betapa aneh!"

Tiba-tiba jantungku mulai berdebar. Masih dengan perasaan heran, aku kembali ke kamar. Aku melepas bajuku dan memeriksa badanku dengan seksama. Kalau aku tidur, aku tidak bisa menggerakkan leherku dengan bebas dan aku harus tidur di satu sisi karena pembengkakan kelenjar getah bening. Tetapi benjolan sebesar anggur di kelenjar getah beningku sudah hilang sama sekali. Tambahan lagi, aku ingat akan sesuatu yang terjadi sebelumnya, saat aku masih sakit. Kejadiannya di musim dingin, kami selalu menyediakan air panas dalam teko di dapur. Seperti biasa, aku membungkuk untuk mengambil air panas di pagi hari. Tekonya hanya berisi separuh, dan ventilasi udara terbuka, sehingga ada banyak sediaan gas oksigen untuk briket batubara. Airnya sedang mendidih.

Sewaktu aku menciduk air panas dengan gayung, uap panas menutupi wajahku. Sewaktu aku berusaha mengelakkan uap itu, air panasnya tumpah ke badanku. Aku mengalami luka bakar di lengan dan dada. Luka bakar itu meninggalkan bekas parut yang jelek, dan aku tidak pernah mau melepas kemejaku.

Namun, bekas-bekas luka parut ini pun hilang! Sungguh, suatu mukjizat yang sulit dipercaya. Tidak ada lagi masalah dengan badanku.

Saat itu, aku teringat apa yang terjadi sehari sebelumnya. Aku bisa turun naik tangga tanpa kesulitan. Dalam perjalanan pulang, aku mendengar suara gemuruh. Aku bisa mendengar para pelanggan bercakap-cakap di toko istriku. Aku tidak lagi merasa lemah sejak pagi itu. Tidak ada lagi kotoran ataupun darah yang keluar, dan aku tidak mengalami rasa sakit ketika menekukkan lututku.

"Sungguhkah Allah Menyembuhkan Aku?"

Menghadapi kenyataan yang aku sendiri pun sulit mempercayainya, membuat aku sungguh merasa heran. Aku tidak minum obat dan tidak menjalani operasi apapun. Tidak satupun! Namun semua penyakit disembuhkan! Lebih dari sepuluh penyakit yang tidak dapat disembuhkan dengan bermacam terapi dan pengobatan telah disembuhkan semua dalam sekejap.

"Allah sungguh hidup"

Aku seorang yang bodoh, tapi bagaimana mungkin aku meragukannya lagi? Aku berlutut dan mengangkat tanganku ke langit.

"Ya, Allah! Engkau sungguh hidup! Bagaimana Engkau bisa menyembuhkan aku seperti ini dalam sekejap? Ampunilah orang bodoh ini. Aku sudah mengabaikan para penginjil ketika mereka meminta aku untuk percaya kepada Allah. Namun Engkau sungguh hidup, dan Engkau telah menyembuhkan aku total!"

Aku menguji keraguanku dengan berpikir bahwa ini hanya suatu kebetulan, tetapi aku tidak bisa meragukannya. Aku merasa ingin terbang. Aku masih tidak bisa mempercayai kenyataan ini semua. Istriku, yang sedang berada di luar, mendengar aku berdoa, bergegas masuk ke kamar dan sangat terkejut.

"Sayang, mari lihatlah badanku. Allah menyembuhkan aku!"

Merasa heran, istriku memeriksa seluruh badanku dengan seksama, dan dia juga harus percaya bahwa Allah telah menyembuhkan aku. Dia sangat gembira dan memelukku dan mulai menangis dengan keras. Kami menangis cukup lama. Semua sakit dan penderitaan hilang musnah, dan kami dipenuhi sukacita dan syukur.

Dia yang Menyembuhkan Aku

Pada saat aku berlutut di gereja, Allah menyembuhkan semua penyakitku tuntas dengan Api Roh Kudus. Bahkan sebelum Diaken Senior Shin-ae Hyun mendoakan aku, Allah sudah menyembuhkan aku melalui Api Roh Kudus. Aku seorang ateis, dan aku tidak percaya akan Allah. Aku bahkan tidak meminta Allah untuk kesembuhan, tetapi mengapa Dia menyembuhkan aku? Aku yakin inilah jawaban Allah atas doa-doa kakakku yang telah berpuasa dan berdoa sekian lama untuk keselamatanku. Juga, karena mungkin Allah tahu bahwa sekali aku mengenal Allah yang hidup, aku akan meninggalkan dunia dan tidak mengkhianati Dia, melainkan hidup sesuai Firman-Nya dengan mengasihi Dia hingga aku mati.

Perceraian dan Kembalinya Istriku

Bahagia Selama Tiga Bulan

Seperti dalam kisah "Burung Biru Kebahagiaan," aku merasa seolah-olah ada seekor burung biru kebahagiaan telah datang kepada keluargaku. Perubahan paling penting dalam keluargaku adalah bahwa kami pergi ke gereja terdekat dan menghadiri kebaktian setiap hari Minggu. Kami melakukannya karena aku telah disembuhkan oleh rahmat Allah yang hidup, dan kami merasa bahwa kami harus membayar kembali rahmat tersebut.

Tetapi kami masih mempunyai masalah dengan hutang-hutang kami, dan keadaan lain-lainnya tidak berubah. Namun kami tetap bergembira dan bersukacita. Aku bersyukur bahwa aku terbebaskan dari segala sakit penyakit. Semua ini karena aku memiliki harapan dan impian bahwa akhirnya aku akan bekerja keras mencari nafkah dengan kemampuanku sendiri.

Aku membahas masa depan kami bersama istriku. Karena

semua penyakit sudah hilang, dalam beberapa bulan lagi, aku akan dapat bekerja kembali. Kemudian, kami akan membayar kembali semua hutang dan memperbesar toko kami Kami akan bekerja keras bersama, mencari uang sebanyak mungkin, dan menjalankan sebuah rumah makan yang besar. Pada saat ini, ada seseorang yang trampil membuat pakaian-pakaian selam. Maka, aku bekerja membantunya sambil berpikir bahwa aku juga bisa memulihkan kondisi fisik badanku. Awalnya, aku merasa cepat lelah walau hanya bekerja sedikit, namun tidak lama kemudian aku mulai menjadi kuat. Aku memperoleh sejumlah uang dan mulai merencanakan masa depanku, dan kami mengadakan pesta ulang tahun ayahku. Itu terjadi kira-kira sembilan puluh hari setelah aku disembuhkan.

Anakmu Sakit Karena Aku?

Pada tanggal 10 Juli 1974, pada hari ulang tahun ayahku, semua anggota keluarga berkumpul di kota asal kami. Aku datang beberapa hari lebih awal, dan karena istriku masih harus bekerja di tokonya, ia datang pada malam sebelum hari ulang tahun ayahku.

Walaupun bukan merupakan kepulangan yang megah, aku merasa sangat bahagia. Pada waktu aku pulang ke kota kelahiranku dalam keadaan sakit, aku mengurung diri di kamarku, berusaha sedapat mungkin menghindari bertemu dengan orang. Aku hanya mengambil obat dan kembali ke Seoul. Aku kuatir tetanggaku akan menganggap aku sebagai orang cacat. Sekarang, betapa bahagianya aku bahwa aku sudah menjadi orang yang sehat kembali.

Aku bersaksi akan Allah dengan mengatakan, "Aku hanya

menantikan kematian karena begitu banyaknya penyakit yang tak tersembuhkan. Namun aku pergi bersama kakakku ke Altar Shin-ae Hyun dan menerima kesembuhan ini."

Aku bersaksi bahwa Allah adalah tabib yang menemui dan menyembuhkan aku. Aku tidak tahu banyak tentang Firman Allah dalam Alkitab, tetapi aku bersaksi bahwa Allah sungguh hidup dan aku berbagi kebahagiaan ini dengan orangtua dan saudara-saudaraku.

Setelah makan siang pada ulang tahun ayahku, istriku sedang berkemas untuk kembali ke Seoul. Aku sedang minum bersama kakak-kakakku sebelum aku pergi. Sementara itu, terjadilah suatu pertengkaran di luar. Aku mendengar pintu dibanting. Aku melihat keluar, dan istriku berlari dengan membawa tasnya sambil mengatakan ia akan bercerai. Kakak perempuanku dan juga kakak iparku perempuan mengejarnya dan berusaha mencegatnya. Inilah awal terjadinya semua ini.

"Anakku, putraku jatuh sakit tepat setelah ia menikah denganmu, dan kamu sangat menderita. Tetapi, sekarang hari-hari baik akan tiba kalau kalian bekerja keras sejak sekarang." Ibuku sangat bahagia bahwa anak bungsunya, yang dikira akan mati setiap saat, telah pulih kesehatannya. Jadi, ia menasihati menantu perempuannya seperti itu. Tetapi, istriku menerimanya seolah-olah aku menjadi sakit dan sangat menderita karena dia, dan wajahnya menjadi pucat.

"Maksudmu, anakmu jatuh sakit karena aku? Baiklah! Aku akan segera meninggalkan keluarga ini. Aku akan bercerai. Ya, aku akan bercerai!"

"Dik, kamu salah mengerti. Kamu tahu ibu tidak bermaksud demikian seperti yang kamu terima!"

Istriku segera kembali ke Seoul. Karena istriku pergi dengan cara begitu, suasana pesta menjadi sedih bagaikan suasana pemakaman. Ibuku sangat marah. Katanya, "Kamu tidak bisa sembuh selama ini karena kamu menikah dengan wanita seperti itu! Jaerock, lupakanlah segalanya. Makan malam yang enak sudah tersedia. Mari, nikmati santapan kita!"

"Lupakan?" Kataku, "Bagaimana ibu bisa berkata demikian. Bagaimana aku bisa semudah itu melupakannya?"

Kakak-kakakku laki-laki dan perempuan mengatakan beberapa hal untuk menenangkan aku, tetapi apa yang mereka katakan hanya membuat keadaan bertambah buruk. Aku sangat marah akan apa yang dikatakan kakak-kakak lelakiku sehingga aku pergi ke dapur. Aku ambil satu botol Soju dan meminumnya sampai habis.

Ayahku sangat terkejut karena aku membuat keributan. Ayah mempunyai penglihatan dan kesehatan yang baik walaupun ia sudah berusia tujuh puluh tahun. Ia bisa membaca buku-buku dan surat kabar Cina. Tetapi karena shock akibat semua kejadian ini, ia menjadi buta. Hingga meninggalnya, ayah tidak dapat melihat apapun. Kelakuanku yang tidak pantas pada saat itu dinilai ayah sebagai tindakan yang sangat memalukan. Kejadian ini merupakan suatu hal yang sangat menyakitkan bagiku, dan akan selalu teringat kembali sepanjang hidupku.

Dari sisi istriku, dia merasa bahwa selama tujuh tahun dia harus melalui begitu banyak penderitaan dan permasalahan hidup dalam usahanya merawat seorang suami yang sakit, dan pada saat yang sama harus mencari nafkah untuk kehidupan rumah tangga. Dia menyangka bahwa ibu mertuanya mengatakan bahwa karena dialah semua ini terjadi. Dia tentunya sangat kecewa karena perkataan ibu. Kesedihan yang dirasakannya mengingatkan dia akan kehidupan yang melelahkan dan penuh penderitaan selama tujuh tahun, yang harus dilaluinya sendiri tanpa ada orang yang bisa diajaknya berbicara dengan bebas. Pastinya sulit bagi dia untuk menekan perasaannya yang meluap karena kesedihan yang menumpuk ini.

Setelah Empat Bulan Menderita

Keseokan harinya, aku kembali ke Seoul bersama dengan putri sulungku, Miyoung. Aku mencari istriku, namun dia tidak ada di rumah, dan tidak juga di toko. Hari berikutnya, dia pulang, tetapi dia benar-benar orang yang berbeda.

Katanya, "Sekarang, aku akan menceraikan kamu. Kita harus menyelesaikan urusan perceraian ini di kota asal kita. Ayo, ikut aku dan tandatangani dokumen-dokumen ini." Aku berusaha merubah keputusannya, namun sia-sia. Atas permintaan istriku, aku kembali ke kota asalku dan menandatangani dokumen-dokumen.

Karena kota itu kota kecil, gosip segera beredar dengan cepat. Aku merasa kasihan dengan orangtuaku, dan aku juga malu bertemu para tetangga. Secepatnya aku kembali ke Seoul, seolah-olah aku melarikan diri. Aku tidak pernah berpikir bahwa istriku akan sungguh-sungguh menceraikan aku. Aku masih menunggu istriku untuk kembali, dan beberapa hari kemudian dia datang dengan anggota keluarganya.

Aku mendengar, "Nah, karena kalian berdua sudah bercerai, kami ingin meminta hadiah pernikahan kalian kembali. Kami juga akan mengambil kembali jaminan untuk toko yang ada di pasar."

Karena kami berpindah tempat sebanyak tujuh belas kali selama aku sakit, kami tidak mempunyai banyak perabotan rumah tangga. Tetap saja, istriku dan anggota keluarganya mengemasi semua barang yang pernah dia beli. Aku merasa sangat terhina oleh mereka semua. Sementara mereka bersiap-siap mengemasi barang-barang, aku pergi ke pasar Keumho-Dong mengambil jaminan untuk toko.

Pasar penuh sesak dengan orang. Saat itu putriku, Miyoung yang berusia lima tahun, mengerti apa yang sedang terjadi. Ia berpegang pada rok ibunya.

"Bu, jangan pergi! Tinggallah bersamaku! Jangan tinggalkan aku! Aku akan mati kalau Ibu pergi!" Miyoung menangis mengejar ibunya. Sepatunya terlepas. Tetapi istriku dengan dingin mengebasnya.

"Ayah, dia bukan lagi ibuku. Mulai sekarang, aku tidak mau lagi menyebutnya Ibu. Jangan izinkan dia kembali ke rumah." Karena luka di hatinya yang amat mendalam, kata-kata yang tajam mengalir keluar begitu saja dari mulut putri kecilku.

Pada saat itu, aku sedang belajar bekerja di proyek pembangunan mengikuti teman-temanku. Walaupun aku tidak lagi tinggal bersama istriku, aku tidak pernah lalai menghadiri kebaktian di hari Minggu. Karena aku harus ke gereja pada hari

Minggu, maka sejak Sabtu malam aku tidak merokok maupun minum karena aku takut napasku berbau tidak enak pada hari Minggu di gereja. Hanya setelah aku selesai mengikuti kebaktian pagi dan malam, aku pulang dan kembali merokok dan minum, setelah menahannya selama sehari penuh.

Aku bahkan tidak tahu bagaimana cara berdoa, tetapi aku berlutut dan berdoa dengan suara keras. "Allah, Engkau tahu, bukan? Aku sudah kembali sehat, dan aku sudah bisa bekerja, tetapi semuanya menjadi kacau seperti ini. Tolonglah kembalikan istriku. Aku bisa membuat dia bahagia tanpa membiarkan dia menderita lagi. Tolonglah kembalikan dia segera, dan izinkan kami membentuk keluarga yang bahagia."

Setiap pagi, sehabis sarapan, aku mengantar Miyoung ke rumah kakak laki-lakiku, dan aku pergi kerja. Aku menjemput Miyoung malam hari sepulang dari kerja. Setiap hari aku melakukan hal yang sama. Selanjutnya, aku harus menitipkan dia di rumah neneknya di kota asalku. Tidak lama setelah aku menitipkan dia di rumah orangtuaku, ibuku menelpon aku. Miyoung menderita luka di sekujur tubuhnya, dari kepala hingga kaki, dan tidak ada obat yang manjur. Luka-lukanya cukup serius dan mengeluarkan darah cukup banyak, selain itu terdapat belatung di kulit kepalanya. Mereka membawanya ke rumah sakit, tapi tampaknya tidak ada harapan bagi Miyoung untuk hidup.

Dalam keadaan tidak sadar, dia tetap mencari dan memanggil-manggil ibunya. Mereka memintaku mengizinkan Miyoung bertemu ibunya sebentar sebelum dia meninggal. Aku tidak menyadari kenyataan bahwa aku dan istriku sesungguhnya sudah bercerai resmi, dan aku pergi ke rumah kakak laki-laki istriku di Keumho Dong. Untungnya, ibu mertuaku ada di sana, maka aku sampaikan kepadanya apa yang terjadi dan meminta izin kepadanya untuk bertemu dengan istriku. Tetapi tanggapan mereka sangat dingin. "Kalau anakmu mati, akan lebih baik jika kamu menikah lagi. Tinggalkan saja dia." Akibatnya, Miyoung tidak bisa bertemu ibunya. Walaupun dengan bersusah payah, Miyoung akhirnya dapat bertahan hidup.

Rencana Pernikahan

Aku melarikan diri pada rokok dan minum untuk melupakan kekelaman hidupku. Aku sangat kecewa kepada istriku yang meninggalkan keluarga hanya karena satu perkataan ibuku. Tetapi aku lebih membenci keluarga istriku karena merekalah yang mendesak istriku untuk bercerai. Untuk bisa melupakan mereka yang tidak aku sukai, aku harus minum. Aku pernah memberikan uangku kepada kakak perempuanku untuk investasi, dan kehilangan semua uang tersebut karena kesalahannya, maka aku menemui dia dan meminta sejumlah uang untuk mulai berdagang. Tetapi aku lebih banyak menghabiskan waktu di bar dan uang itu akhirnya habis. Aku tidak memiliki kekuatan dan kemauan untuk melanjutkan hidupku.

Anggota keluargaku berusaha mencari jalan untuk menyelamatkan aku. Kakak perempuanku bilang, "Bu, sebaiknya kita suruh dia menikah lagi. Kalau kita biarkan dia seperti ini, dia akan menjadi seperti orang mati, sama seperti dulu." Akhirnya, ibu memanggil aku. Katanya, ada seorang wanita baik yang cocok untuk aku, dan ibu meminta aku untuk pulang dan bertemu dengan dia.

Aku percaya, "Istriku pasti kembali. Aku tidak akan pernah hidup dengan wanita lain!" Aku juga berpikir bahwa cintaku untuk istriku tidak akan pernah berubah, dan aku tidak bisa membayangkan bahwa aku bisa hidup dengan wanita lain.

"Anakku, sekali ini saja! Inilah harapan terakhirku," kata ibu memohon dengan sangat, membuat aku tidak sanggup untuk terus menolaknya agar sekali saja bertemu dengan wanita itu. Maka aku menyetujuinya. Aku memutuskan untuk bertemu dan berkenalan saja dengan wanita itu lalu pulang. Namun rencana Allah sungguh besar!

Ketika aku pergi ke tempat untuk bertemu dengan wanita itu, lihatlah, tampak sesosok wanita yang paling sempurna dan ideal. Seorang wanita yang selalu aku impikan. Aku sangat menyukai pakaian berwarna putih, dan wanita itu memakai stelan berwarna putih. Rambutnya panjang, terurai di bahu dan turun ke punggungnya. Dia sedang duduk, dan tampak bagaikan sebuah lukisan. Aku tidak dapat mempercayai apa yang kulihat. Ibu dari gadis itu sangat percaya tahyul, dia percaya apa yang dikatakan seorang peramal bahwa anaknya akan bahagia jika menikah dengan seorang pria yang akan menikah untuk kedua kalinya. Karena alasan itulah ibu gadis itu mengatur pertemuan dengan aku. Kami berdua saling menyukai, maka kedua pihak keluarga pun dengan cepat mulai melakukan persiapan pernikahan.

Sampai dengan saat aku bertemu gadis itu, aku masih terus menunggu istriku untuk kembali. Aku tidak pernah menemui wanita lain. Tetapi akhirnya aku harus mengubah keputusanku untuk tetap hidup hanya dengan istriku. Sungguh mengejutkan bagiku bahwa aku bisa berubah seperti ini. Hari dan tanggal telah ditentukan dan kami saling bertukar pemberian. Tetapi, tiba-tiba istriku datang. Dia telah mendengar bahwa aku akan menikah lagi, dan dia ingin tahu bagaimana sikap dan perasaanku sebenarnya. Dia sangat terkejut sewaktu mengetahui bahwa aku sudah tidak lagi mempunyai hati untuk dia, dan sungguh aku sudah memutuskan untuk menikah dengan wanita lain.

Mengampuni Istriku

Sampai saat itu, istriku sangat percaya bahwa, tidak seperti orang lain, aku tidak akan berubah dan akan tetap mencintai dia selamanya. Tampaknya dia sangat terkejut mendengar bahwa aku akan menikah dengan seorang wanita lajang dan cantik. Dia menyadari bahwa hatiku sudah tidak lagi kepadanya. Tetapi keesokan hari, pagi-pagi benar, dia datang membawa barang-barangnya. Aku sedang tidur, dan tiba-tiba aku mendengar ada suara hentakan di lantai. Istriku datang membawa kopernya. Tidakkah semua ini sudah terlambat? Aku sudah berjanji akan menikah dengan wanita lain, karena itu aku melempar kopernya keluar rumah. Terjadilah keributan sewaktu kami bersitegang membawa koper itu keluar dan masuk rumah.

Aku katakan kepadanya, "Aku muak dengan anggota keluargamu, dan aku menjadi malu akan diriku sendiri di hadapan anggota keluargaku sendiri. Lagipula, kami sudah menetapkan tanggal pernikahan kami. Apa kata keluarga mereka nanti?"

"Aku akan meminta maaf kepada setiap orang dalam keluarga

kita berdua. Selanjutnya aku akan patuh pada apapun yang kamu katakan."

"Walaupun aku memaafkan kamu, orangtuaku dan saudara-saudaraku belum tentu mau memaafkan kamu!"

Dia memang keras kepala.

"Aku akan menerima pengampunan. Aku akan mati di keluarga ini."

Dia sungguh berubah, menjadi lemah lembut bagai anak domba. Semua cintaku untuk dia sudah hilang, tetapi aku memikirkan kedua putriku. Aku berpikir akan lebih baik bila mereka berdua dibesarkan oleh ibu kandungnya sendiri. Maka, aku bersedia untuk memaafkannya dengan beberapa syarat. Dia harus bersedia tunduk dan patuh kepadaku tanpa syarat, dan dia harus meminta ampun kepada semua anggota keluarga dan para kerabat. Aku juga meminta agar keluarganya datang kepadaku dan meminta maaf. Akhirnya, aku menerima kembali mantan istriku, dan kami hidup bersama lagi. Ini terjadi 120 hari setelah dia pergi dari rumah.

Aku menceritakan keadaanku dengan sejujurnya kepada ibu dari gadis yang akan kunikahi, dan aku memohon pengertiannya. Sungguh di luar dugaan, ibu itu sangat mengerti keadaanku. Tetapi, hanya setelah waktu berlalu cukup lama, baru aku menyadari bahwa semua ini adalah rencana Allah.

Mengapa Istriku Harus Minta Cerai?

Sewaktu istriku harus bekerja mencari nafkah dan merawat suami yang sakit, dia merasa tidak mempunyai harapan untuk hidup. Keadaan itu membuatnya kehilangan hatinya yang lembut dan murni, dan ia menjadi seorang pribadi yang kasar.

"Hidup dan mati dikuasai lidah, siapa suka menggemakannya, akan memakan buahnya" (Ams 18:21).

"Dari buah mulutnya seseorang akan makan yang baik, tetapi nafsu seorang pengkhianat ialah melakukan kelaliman. Siapa menjaga mulutnya, memelihara nyawanya, siapa yang lebar bibir, akan ditimpa kebinasaan." (Ams 13: 2-3).

Karena dia tahu bahwa aku mencintainya sepenuh hatiku, walaupun dia beberapa kali pergi dari rumah, maka dia kembali pulang. Kami tahu betul kesungguhan isi hati kami masing-masing. Dia tidak meninggalkan suaminya dalam keadaan tidak berdaya tanpa harapan hidup. Namun, dia beberapa kali mengatakan bahwa dia ingin segera bercerai setelah kesehatanku pulih. Karena dia terlalu sering mengucapkan kata-kata negatif, setan memakai perkataannya sebagai perangkap, dan semua menjadi kenyataan tepat pada hari ulang tahun ayahku. Bila kita mengucapkan perkataan negatif, musuh kita, si jahat akan memegang perkataan tersebut dan mengenakannya kepada kita, sehingga Allah Yang Maha Adil harus mengizinkannya terjadi.sesuai dengan aturan di alam rohani. Istriku tidak bisa mengontrol apa yang dia pikir dan rasakan, dan dia menceraikanku. Tetapi, Allah membimbing kami untuk bersatu kembali dan kami melakukannya untuk kebaikan semua pihak.

Bab 3

Panggilanku

Awal Kehidupan Kristiani yang Sungguh-Sungguh

Pada Suatu Kebangunan Rohani Aku Sadar Bahwa Aku Seorang Pendosa

Allah mengubah watak istriku menjadi seperti anak domba yang lembut. Setelah bersatu kembali dalam pernikahan, untuk pertama kali dalam waktu sekian lama kami merasakan kedamaian dan kebahagiaan. Setelah dia kembali, dia berusaha keras untuk melayani semua orang, dan dengan hati penuh penyesalan, dia membaktikan dirinya kepada semua anggota keluarga. Tetapi putri sulungku, Miyoung, benar-benar tidak mau memanggilnya 'Ibu' dan dia bersikap dingin terhadap ibunya. Istriku terus berusaha sekian lamanya dan banyak berlinang airmata untuk memenangkan hati Miyoung kembali. Pada tanggal 25 November 1974, atas desakan pemilik rumah kami yang baru saat itu, kami menghadiri suatu pertemuan kebangunan rohani yang diadakan di Gereja Sungdong di Oksu

Dong. Kami berdua, aku dan istriku, rajin mengikuti semua kebaktian pagi, siang dan malam. Pembicaranya adalah Pendeta Byeng-ho Park, dari *Korean Evangelical Holiness Church.* Dia menyampaikan khotbah dan pengajaran dengan judul, "Berilah Semuanya Dan Jadilah Seorang Pengemis." Dia menceritakan kesaksiannya bahwa setiap kali dia memberikan semua apa yang dia harus persembahkan, Allah memberinya banyak berkat. Sewaktu dia memberikan segala miliknya untuk membangun sebuah gereja, Allah yang mengetahui segalanya, memberkati dia secara berlimpah. Aku dan istriku duduk di baris depan dan kami menerima banyak berkat. Dari pengajaran-pengajaran itu, aku belajar bahwa kita harus membaca Alkitab, Yesus Kristus adalah Juru Selamat, dan bahwa aku harus berhenti merokok dan minum. Aku juga belajar cara berdoa, dan bagaimana cara memberi perpuluhan dan persembahan syukur. Aku belajar dasar-dasar menjadi seorang Kristen.

Aku bangga akan diriku karena aku selalu berusaha menjalani hidup baik. Ada orang yang mengatakan bahwa aku adalah orang yang 'tidak memerlukan adanya hukum.' Namun, sejak hari pertama, aku menyadari bahwa aku seorang pendosa setelah aku merefleksikan hidupku dengan Firman Allah; dan aku mulai bertobat sambil menangis tersedu-sedu. Aku seorang pemalu dan sangat introver. Tidak pernah terbayangkan bahwa aku bisa menangis tersedu-sedu di tempat umum di hadapan banyak orang. Namun semua ini bisa terjadi karena Allah berkerja dengan penuh kuasa dan memberiku rahmatNya.

Awal Kehidupan Kristiani yang Sungguh-Sungguh

Pada hari terakhir kebangunan rohani tersebut, aku berjanji

akan mempersembahkan sesuatu untuk pembangunan gereja. Pada waktu itu, aku tinggal di sebuah rumah yang aku sewa dengan uang muka 100.000 won (kira-kira 100 dolar Amerika). Aku sangat bersyukur kepada Allah atas kasih karunia-Nya sehingga aku ingin sekali memberikan semua yang kumiliki untuk Dia, namun aku tidak mempunyai apa-apa untuk kuberikan. Dalam hati aku merasa sangat sedih dengan keadaanku, dan aku bersumpah akan menyumbang 300.000 won. Aku membicarakan hal ini dengan istriku, dan ternyata dia juga mempunyai keinginan di hatinya untuk mempersembahkan sebesar 300.000 won. Kami memutuskan akan mempersembahkannya dalam waktu tiga bulan.

Hari yang kami janjikan semakin dekat, tetapi kami masih belum mempunyai uang sejumlah itu. Maka, kami harus meminjam uang dengan bunga yang tinggi, dan dengan uang pinjaman itu kami menyumbang untuk pembangunan gereja. Sangatlah penting untuk menepati janji kepada Allah, dan kami harus menepati tanggal yang kami janjikan walaupun kami harus membayar bunga yang tinggi untuk pinjaman tersebut. Sejak saat aku dan istriku mengikuti pertemuan kebangunan rohani tersebut, kehidupan kristiani kami mulai bertumbuh dengan sungguh-sungguh. Setelah kami mempelajari firman Allah, kami memberikan perpuluhan dan persembahan syukur. Aku berhenti minum dan merokok, dan kami mulai menghadiri doa-doa subuh. Karena aku bekerja sebagai pekerja bangunan, pada hari-hari aku tidak bekerja, aku pergi ke puncak gunung pagi-pagi sekali dan berdoa. Pengetahuan rohaniku tidak cukup banyak untuk mengerti bahwa merupakan kehendak Allah untuk menangis dan bersuara keras saat berdoa serta berpuasa. Aku hanya menuruti dorongan hatiku.

Berserulah Kepada-Ku, dan Aku Akan Menjawab!

Pada tahun 1975, pagi-pagi sekali, aku pergi ke Gunung Chilbo di Suwon. Aku meletakkan sebuah selimut di atas batu karang dan di situ aku berdoa. Tiba-tiba, aku mendengar suara dari langit. Suara itu sangat jelas, berwibawa, dan penuh kuasa, mengatakan *"Bacalah Lukas pasal 22 ayat 44!"* Aku segera membuka Alkitabku dan membacanya.

"Ia sangat ketakutan dan makin bersungguh-sungguh berdoa. Peluh-Nya menjadi seperti titik-titik darah yang bertetesan ke tanah."

Doa yang berkenan kepada Allah adalah yang dilakukan dengan sungguh-sungguh, dan berseru dalam doa. Aku berdoa untuk mengerti mengapa Allah memberikan ayat ini; dan melalui inspirasi yang jelas aku mendapatkan penjelasannya.

Israel terletak di daerah padang gurun, sehingga suhu udara akan turun drastis di malam hari. Selain itu, Yesus disalibkan pada bulan April, pada saat suhu udara tidak mungkin membuat orang berkeringat pada malam hari. Jadi bisa dibayangkan bukan, betapa sungguh-sungguh dan tekunnya Yesus berdoa sehingga peluh-Nya menjadi titik-titik darah yang jatuh ke tanah? DoaNya begitu mendalam dan penuh penderitaan, sehingga keinginan-Nya untuk mengatasi ketakutan membuat pembuluh-pembuluh darah kapilernya di permukaan kulit pecah dan menimbulkan titik-titik darah yang jatuh ke tanah. Seandainya Dia berdoa dengan tenang, hal demikian tidak akan mungkin terjadi.

Rahasia Berseru Dalam Berdoa.

Sejak saat itu, ketika aku membaca Alkitab, aku menemukan ada banyak ayat baik dalam Perjanjian Lama maupun Perjanjian Baru yang menganjurkan kita untuk berseru-seru dalam berdoa. Aku juga menyadari bahwa para bapa iman mendapatkan jawaban dengan cara berseru dalam berdoa. Memang merupakan kerinduan Allah agar kita berseru dalam berdoa. *"Berserulah kepadaKu, maka Aku akan menjawab engkau dan akan memberitahukan kepadamu hal-hal yang besar dan yang tidak terpahami, yakni hal-hal yang tidak kau ketahui."* (Yeremia 33:3) Yunus tidak patuh pada perintah Allah, dan ia ditelan masuk ke dalam perut ikan besar, tetapi dalam Yunus 2:2 dikatakan bahwa ia diselamatkan karena ia berseru kepada Allah. Dalam Yohanes 11: 43-44 dikatakan bahwa ketika Yesus berseru dengan suara keras, Lazarus yang telah mati datang keluar. Lazarus sudah mati selama empat hari, namun ia datang keluar dan hidup, kaki dan tangannya masih terikat dengan kain kafan. Suara keras ataupun lembut, seharusnya tidak ada bedanya karena Lazarus sudah mati. Tetapi karena memang ini kehendak Allah maka Yesus bersuara keras dalam doa-Nya. Kejadian 3:17 mengatakan, *"Karena mendengarkan perkataan istrimu dan memakan dari buah pohon, yang telah Kuperintahkan kepadamu: Jangan makan dari padanya, maka terkutuklah tanah karena engkau, dengan bersusah payah engkau akan mencari rezekimu dari tanah seumur hidupmu."*

Sebelum manusia makan buah dari pohon pengetahuan tentang yang baik dan yang jahat, mereka hidup berkelimpahan di Taman Eden, dengan semua yang Allah telah sediakan bagi mereka. Tetapi, karena mereka tidak patuh kepada Allah dan makan dari pohon terlarang, dosa menimpa manusia. Sehingga hubungan dengan Allah menjadi buruk, dan mereka sekarang harus makan dari hasil keringat dan kerja keras mereka. Kita dapat memperoleh apa yang kita inginkan dan perlukan hanya dari hasil kerja keras dan keringat kita. Jadi berapa banyak lagi kita harus bekerja keras dan berpeluh dalam berdoa kepada Allah untuk mendapatkan sesuatu yang tidak dapat dilakukan dengan kemampuan manusia?

Arti Rohani dari Berdoa di "Dalam Kamar"

Ada dari anda yang pasti heran, "Yesus memerintahkan kita untuk masuk ke dalam kamar dan menutup pintu, jadi mengapa kita harus berdoa dengan berseru? Tidakkah Allah Yang Mahakuasa mendengar kita jika kita berdoa tanpa suara?" Dalam Matius 6:6 Yesus berkata, *"Tetapi jika engkau berdoa, masuklah ke dalam kamarmu, tutuplah pintu dan berdoalah kepada Bapamu yang ada di tempat tersembunyi. Maka Bapamu yang melihat yang tersembunyi akan membalasnya kepadamu."* Tetapi tidak pernah kita temukan dalam Alkitab satu saat pun di mana Yesus berdoa di dalam kamar. Menurut Markus 1:35 Yesus tidak berdoa di dalam kamar tetapi pagi-pagi benar Ia pergi ke tempat yang sunyi dan berdoa. Lukas 6:12 mencatat bahwa Ia berdoa di bukit.

Daniel membuka jendela dan berdoa menghadap Yerusalem (Daniel 6:10); Petrus berdoa di atas atap (Kisah Para Rasul 10:9), dan rasul Paulus berdoa 'di tempat doa.' Mereka mempunyai tempat-tempat khusus untuk berdoa supaya mereka bisa berdoa dengan segenap hati dan jiwa, dan berseru lantang dalam doa. Berdoa di dalam kamar melambangkan bahwa kita harus berdoa dengan segenap hati dan dari lubuk hati yang terdalam. Kamar secara rohani melambangkan hati manusia. Jika kita masuk ke dalam kamar dan menutup pintu, kita akan terputus dari semua percakapan-percakapan duniawi dan dunia luar. Demikianlah halnya, kalau kita berdoa, pertama-tama kita harus menanggalkan semua pikiran, kekuatiran dan kegelisahan akan dunia ini, dan berdoa dengan segenap hati dan konsentrasi penuh.

Allah Tahu Kelemahan Manusia

Pada mulanya, setiap orang merasa sulit untuk berseru dalam doa. Tetapi kalau kita terus menerus berdoa setiap hari, kita akan menerima kuasa dari atas untuk berdoa dengan mudah dan kita akan mampu berdoa dengan benar. Juga, karena kita akan menerima kepenuhan Roh Kudus, kita juga akan menerima karunia berbahasa lidah. Tetapi kalau kita berdoa dengan diam, amatlah mungkin pikiran-pikiran lain akan mengganggu fokus pikiran kita, juga kekuatiran dan kegelisahan mengenai dunia ini akan masuk. Sehingga, kita cenderung berperang melawan pikiran-pikiran kosong dan kekuatiran tentang pasangan hidup, anak-anak, urusan pribadi dan keuangan. Kita akan cepat lelah dan tertidur. Tetapi kalau kita bersuara keras dalam doa yang sungguh-sungguh dari hati, tidak ada kesempatan untuk masuknya pikiran kosong, sehingga kelelahan atau rasa mengantuk tidak akan mengalahkan kita. Kita akan memperoleh kemenangan dalam kehidupan doa kita.

Karena Allah tahu kelemahan manusia, Ia memerintahkan

kita untuk berseru dalam doa sehingga kita dapat memperoleh kemenangan. Sejak aku menyadari kerinduan Allah ini, aku mulai berseru dalam doa. Sewaktu aku berdoa malam di gereja, aku berseru dengan suara lantang, dan pendetaku tidak berkenan aku berdoa dengan suara keras, karena akan mengganggu yang lain. Kalau pendeta itu ada di gereja, aku tidak bisa berdoa seperti yang aku mau. Karena itulah, setiap kali aku punya waktu, aku pergi ke tempat-tempat doa yang disebut 'Bukit Doa'. Di satu sisi aku merasa sedih, karena seandainya pendeta itu mengizinkan aku untuk berdoa dan berseru dengan lantang di gereja itu, iblis musuh kita pasti akan pergi karena doa-doa itu, dan api doa pasti sudah menyebar ke banyak anggota sehingga gereja itu akan bertumbuh dengan cepat. Karena aku mempunyai sifat introver aku pergi ke bukit dan terus berseru-seru dalam doaku sejak pagi hingga malam hari.

Allah Membimbingku ke Tempat Rendah

Aku Memilih Bekerja di Proyek Pembangunan Agar Bisa menguduskan Hari Tuhan

Selama beberapa bulan istriku pergi dari rumah, bunga pinjaman semakin bertambah, dan membuat aku semakin kesulitan keuangan. Aku mulai bekerja sebagai pekerja bangunan, atas anjuran seseorang yang bertanggung jawab atas para pekerja. Dia menganjurkan agar aku memulihkan kekuatan badanku dengan menerima pekerjaan yang tidak terlalu melelahkan di proyek pembangunanannya. Aku ingin kesehatanku segera pulih setelah menderita sakit selama tujuh tahun. Aku menyetujuinya juga karena aku bisa dengan bebas tetap menjaga Hari Tuhan. Karena aku tidak bekerja setiap hari, maka setiap kali aku punya waktu, aku berdoa dan berpuasa, dan aku pergi ke tempat kerja hanya jika ada pekerjaan.

Bunga pinjamanku terus bertambah, tetapi aku amat yakin bahwa Allah akan memberkatiku hanya bila aku menyenangkan Dia. Kakak-kakakku ingin memberikan aku sejumlah uang untuk modal sehingga aku bisa mulai berdagang, tetapi aku menolaknya. Aku ingin memulai dari awal, mengikuti jalan yang benar. Karena aku dibesarkan di daerah pedesaan sebagai anak bungsu, aku hampir tidak pernah melakukan suatu pekerjaan berat apapun. Ketika aku mulai bekerja sebagai pekerja bangunan, aku memerlukan daya tahan yang luar biasa, dan kadang-kadang aku berlinang airmata. Beberapa kali aku terjatuh karena kakiku gemetar ketika harus membawa beban berat ke lantai dua. Namun, aku tetap tegar, berdiri lagi dan melanjutkan bekerja. Dalam masa-masa itu, aku dibentuk menjadi orang yang mampu melakukan apa saja dan kesehatanku pun pulih.

Aku harus memasang bata, mengeduk tanah, dan juga menarik gerobak. Saat tidak ada pekerjaan di musim dingin, aku bekerja sebagai manajer yang bertanggung jawab atas pengiriman briket batu bara. Aku juga bekerja di kantor pengairan. Aku mengalami banyak hal. Istriku menjual kerang saus asin dan rumput laut, dan dia juga mengangkat batu-batu di proyek pembangunan. Pada mulanya, aku tidak menyadari bahwa semua ini adalah bimbingan Roh Kudus bahwa aku bekerja seperti kuli. Secara fisik, pekerjaan ini sangat berat tetapi dengan demikian aku bisa merasakan kesulitan-kesulitan seorang pekerja bangunan yang hidup dalam lingkungan sulit. Aku menjadi mengerti perasaan mereka. Setiap kali aku punya waktu, aku bersaksi akan pengalamanku bersama Allah dan aku mewartakan Injil kepada mereka.

Di musim panas tahun 1975, lahirlah putriku yang ketiga,

Soojin. Dia dikandung pada saat kami mengalami kasih karunia Allah karena menghadiri berbagai kebangunan rohani. Saat dia lahir, dia juga tidak menangis seperti waktu aku dilahirkan. Dia selalu tersenyum. Aku tidak pernah melihatnya menangis sampai dia berusia 6 tahun. Untuk sementara waktu, aku dan istriku menjadi pengangkut batu di pegunungan di mana beberapa bangunan sedang dibangun. Soojin baru berumur dua bulan, dan kami tidak memiliki siapa-siapa untuk mengasuhnya. Maka kami pasang sebuah payung di sudut lokasi pembangunan dan meletakkan Soojin di sana. Sebuah payung tidak cukup untuk melindunginya dari sinar matahari, tetapi dia tidak menangis. Tetapi sewaktu kami mendengar bahwa rumah kami akan digusur untuk pembangunan, kami harus berhenti dari pekerjaan itu.

Kami tinggal di desa di kaki bukit di perbatasan Keumho Dong dan Oksu Dong. Pemilik rumah memberitahu kami bahwa ia telah menerima pemberitahuan dari pemerintah bahwa rumah tersebut akan digusur, dan ia meminta kami untuk pindah. Pada saat itu, uang sewa perbulan sebesar 100.000 won(sekitar 100 dolar AS), dan katanya dia menerima 150.000 won sebagai kompensasi. Dia juga mendapat hak untuk memperoleh sebuah apartemen yang akan dibangun di tanah tersebut, dan dia bisa mendapatkan 400.000 won kalau dia menjualnya.

Katanya, dia tidak bisa memberiku uang karena rumahnya akan habis seluruhnya. Aku menyerah untuk berharap akan mendapatkan uangku kembali karena aku tidak mau berkelahi dengan dia. Aku tidak punya tempat lain untuk pergi. Hampir saja kami harus memasang tenda di tepi jalan. Tetapi istriku entah bagaiman meminjam 50.000 won. Dengan uang tersebut kami menyewa sebuah kamar di dekat gereja. Kamar itu jelek sekali, bahkan tidak ada sinar matahari yang masuk.

Berpuasa dan Bertobat Setelah Bersungut-sungut kepada Allah

Selang sebulan setelah kami pindah rumah, datanglah sebuah pemberitahuan akan penggusuran rumah lagi. Pemilik rumahku memberitahu aku untuk pindah dan mengembalikan uang jaminan, tetapi tidaklah mudah mendapatkan kamar semurah kamar itu. Aku dan istriku pergi ke Boolkwang Dong, mencoba mencari tempat murah, tetapi usaha kami sia-sia. Kami tidak makan siang, bahkan juga tidak makan malam. Kami tiba kembali di rumah saat hari sudah menjelang malam.

"Allah, mengapa Engkau tidak mendengar doaku? Tidakkah Engkau menyediakan bahkan satu kamar saja untukku?"

Sejenak, aku sudah mengeluarkan keluhan kepada Allah. Kebetulan saat itu aku melewati kantor agen real estat, dan aku mencobanya sekali lagi.

"Ada orang yang baru saja menawarkan tempat untuk disewakan. Kamu bisa segera pindah, besok pun bisa."

"Berapa harganya?"

"Kamu bisa memperolehnya seharga 50.000 won."

Kami pergi ke tempat itu untuk melihatnya. Terdapat

ruangan yang bagus dan juga sebuah ruangan kecil di mana kami bisa membuka toko. Ternyata ada tempat yang telah disediakan untuk kami di mana kami dapat segera pindah keesokan harinya! Setibanya di rumah, aku berdoa dan menangis tanpa henti.

"Allah, mengapa hatiku tidak bisa lebih konsisten! Mengapa aku mempunyai hati yang begitu jahat? Engkau tidak membuat aku sakit, tidak membuat aku miskin, tetapi aku masih tetap protes kepada-Mu, Allah! Seandainya aku tidak mempunyai tempat yang disediakan bagiku, aku toh bisa saja tidur di pinggir jalan. Aku seharusnya bersyukur bahwa Engkau telah menyembuhkan penyakitku, mengapa aku tetap protes?" Aku mengoyak hatiku dan bertobat dengan penuh airmata karena aku telah mengeluh kepada Allah. Aku mulai berpuasa tiga hari karena aku sudah bertekad tidak akan mengeluh lagi kepada Allah dalam keadaan apa pun.

Tidak Berkompromi Dalam Menjaga Hari Sabat

Alasan mengapa aku memilih bekerja di proyek pembangunan karena aku ingin menjaga hari Sabat, dan juga bebas untuk berdoa agar tubuhku yang lemah menjadi semakin kuat. Pada saat kami masih tinggal di kamar kecil yang kumuh itu, salah satu dari kakak perempuanku menelponku. Dia mengelola sebuah rumah makan yang baik dan dia juga mempunyai sebuah gedung. Dia ingin aku mengelola rumah makannya, dan dia ingin mempekerjakan istriku juga. Jadi, biaya hidup kami tidak lagi menjadi masalah, dan kami bahkan akan bisa memiliki uang lebih.

"Dik, aku juga akan memberimu sebuah tempat tinggal dan gaji yang bagus. Mengapa kamu tidak mengelola rumah makanku? Tetapi kamu harus bekerja dua hari Minggu dalam sebulan."

"Maaf, kak. Aku harus ke gereja pada hari Minggu, apapun yang terjadi. Aku tidak bisa melakukannya."

Setelah aku menolak tawaran kakakku dengan mengatakan bahwa aku harus ke gereja pada hari Minggu, berita ini menyebar sampai ke ibuku, dan saudara-saudaraku yang lain. Ibuku merasa kecewa bahwa aku menolak usulan kakakku karena aku harus bekerja dua hari Minggu saja dalam sebulan. Saudara-saudaraku yang lain mengatakan bahwa mereka tidak bisa mengerti aku dan menggelengkan kepala mereka karena aku menolak suatu kesempatan untuk bisa membayar semua hutangku dan memperoleh hidup yang layak.

Bagaimana Aku Bisa Hidup Oleh Firman Allah?

Bagaimana Aku Dapat Membuang Kecenderungan Untuk Berbuat Dosa?

Setelah pertemuan kebangunan rohani selesai, aku mulai membaca Alkitab dengan seksama. Sebelum aku membaca Alkitab, aku mandi dan memakai baju yang bersih. Aku membacanya dengan posisi duduk tegak. Aku mulai membaca dari Injil Matius. Pada saat aku membaca, aku menemukan banyak kata-kata tentang 'jauhilah segala kejahatan,' 'buanglah kemarahan,' 'jangan berdusta,' 'jangan membenci,' 'kasihilah musuhmu,' dan seterusnya. . .

Setelah aku menjalani kehidupan Kristiani untuk beberapa waktu, aku memeriksa diriku sudah seberapa banyak aku melakukan apa yang dikatakan firman dalam Alkitab. Jika aku tidak melakukan sesuatu hal sesuai Firman, aku menulisnya dalam buku catatanku. Untuk hal-hal itu, aku berdoa kepada Allah meminta agar Ia memberikan aku kekuatan untuk melakukan firman dan aku mencoba melakukannya.

Karena aku mencoba melakukan firman Allah dengan segenap hati, Allah memberikan aku kasih karunia-Nya supaya aku dapat dengan cepat membuang hal-hal yang harus aku buang. *"Aku mengasihi mereka yang mengasihi aku; dan mereka yang tekun mencari Aku akan mendapatkan Aku"* (Amsal 8:17). *"Jika kamu mengasihi aku, kamu akan menuruti segala perintahKu."* (Yohanes 14:15).

"Sebab inilah kasih kepada Allah, yaitu, bahwa kita menuruti perintah-perintahNya. Perintah-perintahNya itu tidak berat" (1 Yohanes 5:3).

Kemudian, setelah aku menjadi pendeta, aku menyadari hal-hal berikut, yaitu bahwa dosa umumnya dapat dikelompokkan dalam dua kategori. Satu, adalah 'hal-hal yang bersifat kedagingan' yang dilakukan dengan perbuatan, dan yang lain adalah 'hal-hal yang bersifat kedagingan' yang dilakukan dalam pikiran. Bila 'pemikiran akan kedagingan' berkembang, akan terwujud dalam 'pekerjaan kedagingan' dalam perbuatan.

Berusaha untuk Membuang Segala Bentuk Kejahatan

Pada saat aku terbaring karena sakitku, untuk menghabiskan waktu, kadang-kadang aku bermain kartu ala Korea bersama tetanggaku. Bahkan setelah aku menerima Tuhan, karena aku tidak tahu firman Allah, aku tidak mengerti bahwa berjudi adalah dosa. Sebelum aku menjadi orang percaya, aku hampir selalu menang, tetapi setelah aku menerima Tuhan, aku mulai mengalami kekalahan, dan tetap kalah betapapun aku mencoba melakukan yang terbaik. Aku menyadari bahwa Allah tidak berkenan dengan judi dalam permainan kartu, dan aku mulai berpikir untuk berhenti berjudi. Namun suatu hari, aku tidak mampu menolak godaan dan aku mulai main kartu dengan taruhan upah yang aku terima selama lima belas hari kerja. Aku kehilangan semua uangku, setiap sen yang kupunya, karena aku berjudi sepanjang malam. Keesokan paginya, mereka yang kalah tetap mencoba untuk mendapatkan paling sedikit modal mereka kembali. Tetapi kemudian, aku mendengar sebuah suara yang amat kukenal di luar. Seorang pendeta dari gereja setempat datang mengunjungi keluarga pemilik rumah.

Aku mendengarnya, namun aku tetap bermain dengan tenang. Akhirnya, aku kehilangan semua uangku. Suara nyanyian puji-pujian dari pemilik rumah sangat menusuk hatiku. Pendeta itu pulang setelah dia menyampaikan sebuah pengajaran. "Saat seorang pendeta datang, seharusnya aku ikut menghadiri kebaktian keluarga yang diadakan di tempat pemilik rumah, dan mulai sekarang, bagaimana aku bisa ke gereja dalam kesadaran seperti ini?" Sejak saat itu aku sangat menderita dalam hati. Aku merasa bosan dalam kebaktian penyembahan, dan aku tidak dapat berdoa. Sebelumnya, aku merasa bahagia walaupun aku bekerja sebagai pekerja bangunan, tetapi sekarang tidak ada lagi pujian dan ucapan syukur yang keluar dari mulutku. Aku hanya merasakan kepedihan dalam hatiku. Dua minggu berlalu, aku berada dalam kesedihan. Satu malam, aku membuka jendela dan melihat ke luar. Aku dapat melihat Tooksum dan tepi sungai Han. Cahaya lampu berpendar di air sungai, dan cahaya-cahaya itu terlihat bagaikan salib-salib merah. "Apa yang terjadi?"

Karena merasa aneh, aku melihatnya sekali lagi, dan cahaya-cahaya itu terlihat bagaikan salib-salib yang berderet. "Mengapa cahaya-cahaya itu tampak bagaikan salib-salib, bukan seperti biasanya?" Itulah saatnya ketika Allah Yang Maha Pengasih memberikan aku rahmat-Nya dari surga, dan aku ingat bahwa aku seharusnya menyambut pendeta dari gereja yang datang berkunjung ke rumahku. Tetapi, hatiku dikuasai oleh uang yang telah hilang karena kekalahanku, dan aku menghindar dari pendeta itu. Aku tidak mengikuti kebaktian rumah. Aku bertobat sampai aku menangis. "Allah, aku tidak akan pernah menyentuh kartu-kartu itu lagi." Setelah aku bertobat sungguh-sungguh, Allah memberiku kepenuhan Roh Kudus yang telah hilang. Karena tembok pemisah antara dosa dan Allah telah hancur, aku merasa ingin terbang. Dua minggu merupakan saat-saat yang sulit, tetapi aku sepenuhnya menyadari betapa menakutkannya untuk menatap dunia. Aku juga telah berhenti berjudi.

Berdoa untuk Membuang Dosa Dalam Pikiran

Perkara-perkara kedagingan yang dilakukan dalam perbuatan dapat dibuang dengan mudah kalau kita mempunyai niat yang kuat. Kita bisa berhenti melakukan apa yang dilarang oleh Alkitab, dan hanya melakukan apa yang diperintahkan dalam Alkitab. Tetapi aku merasa kesulitan dalam dua hal. Tentang kebencian dan perzinahan dalam pikiran. Pikiran-pikiran ini datang di luar kehendakku, sehingga aku mau tidak mau merasa kuatir akan hal-hal ini.

Pada saat itu, ada banyak orang yang kepadanya aku ingin membalas dendam. Ada saudara-saudaraku yang menolak meminjami aku uang untuk menyewa tempat saat aku terbaring sakit; ibu mertuaku yang menjuluki aku "menantu yang cacat"; dan keluarga istriku yang menghina aku karena aku tidak mampu mencari nafkah. Aku mempunyai kebencian yang mendalam terhadap orang-orang ini. Yang ada dalam pikiranku adalah, "Kalau aku kembali sehat, aku akan mencari uang sebanyak mungkin dan menunjukkan kepada mereka betapa kayanya aku!"

Tampaknya tidaklah mudah untuk mengasihi musuh-musuhku saat aku banyak menyimpan dendam dan kebencian terhadap anggota keluarga istriku. Satu hal lain adalah tentang pikiran berzinah. Yesus berkata bahwa jika kita melihat seorang perempuan dan menginginkannya, kita sudah berzina dengan dia dalam hati (Matius 5:28). Aku tidak melakukan perbuatan zina, tetapi pikiranku sungguh terhasut bila aku melihat foto-foto artis cantik.

Kalau kita merangsang pikiran kita untuk berbuat dosa dengan melihat gambar, film, internet atau wanita di jalan, dan kalau kita lebih dan lebih sering lagi melakukannya, bukankah ini sudah termasuk berbuat zinah di mata Allah? Aku yakin aku dapat melaksanakan firman yang tertulis dalam Alkitab, tapi aku kuatir akan dua hal ini.

Tetapi dalam pertemuan-pertemuan kebangunan rohani, pembicaranya mengatakan kita dapat memperoleh jawaban atas apa saja bila kita berdoa dengan iman. Aku percaya tidak ada hal yang tak mungkin dengan iman, dan aku mulai melakukan doa puasa untuk membuang sifat-sifat dosa dari hatiku.

"Allah, mampukan aku untuk tidak memiliki pikiran zina atau perasaan apa pun, tidak peduli wanita seperti apa yang aku jumpai."

Sebelum aku menerima Tuhan, aku menggantungkan foto atau kalender dengan foto-foto artis di rumahku. Tetapi sejak aku mengenal firman Allah, aku tidak lagi memajang gambar-gambar demikian di rumahku. Aku berdoa dan berpuasa hingga aku sungguh-sungguh membuang sifat dosa dari pikiran cabulku. Aku ingin memuliakan Allah dengan segala berkat-berkat-Nya. Aku ingin Allah menjadikan aku penatua di gereja, seseorang yang mampu menolong orang miskin dengan berkat finansial yang Allah berikan. Aku ingin membantu dalam pekerjaan-pekerjaan misi dan memberikan kemuliaan kepada Allah melalui berkat-berkat yang diberikan-Nya sebanyak yang kuperlukan. Sesudah aku pindah ke sebuah rumah yang mempunyai ruangan tambahan untuk sebuah toko, aku membuka toko kecil untuk buku komik. Istriku pergi berjualan kosmetik, dan aku menjaga toko sendiri. Kakak-kakakku melihat keadaanku yang amat miskin, dan menawarkan bantuan supaya aku bisa melakukan sesuatu yang lain, namun aku menolaknya. "Setelah Allah memurnikan aku, tentu Dia pasti akan memberikan aku berkat-berkat-Nya." Seandainya aku menerima bantuan yang ditawarkan kakak-kakakku karena kebutuhanku saat itu, apa yang dapat kukatakan kepada mereka, jika suatu saat nanti Allahlah yang memberikan aku berkat finansial?

Aku harus menolak bantuan mereka karena aku ingin hidup hanya menurut kehendak Allah. Saudara-saudaraku pasti akan mengatakan sesuatu seperti,

"Berkat apa yang kau terima dari Allah? Semua ini karena kami menolongmu saat kamu sangat membutuhkan sehingga kamu dapat bertahan."

Tiga Tahun untuk Membuang Pikiran Cabul

Toko buku komik dapat berjalan tanpa perlu modal banyak. Aku berpuasa selama tiga hari dan berdoa untuk bisa pindah ke toko yang lebih besar. Setelah puasa selesai, aku melihat sebuah toko di bawah Teater Keumho Dong. Aku menyukainya dan menandatangani kontrak. Aku membuka toko baru, dan karena ada banyak bar di sekitarnya, banyak pengunjungnya adalah para wanita pekerja bar.

Ada seorang wanita yang selalu duduk di sebelahku setiap kali dia datang ke toko. Kalau dia datang dan duduk, maka aku langsung berdiri dan pergi. Bila seorang wanita bertindak menggoda, aku menghindarinya. Reaksi mereka bervariasi. Hatiku tidak lagi tergetar sedikitpun.

"Apakah Anda merendahkan saya karena saya bekerja di bar?"

"Apakah Anda terbuat dari batu? Tidakkah Anda mempunyai perasaan?"

"Ayo, datang dan temuilah saya di tempat kerja, dan saya akan memberikan Anda minuman gratis."

Godaannya bermacam-macam, tetapi aku tidak pernah membuka hatiku bagi mereka. Aku menolak semua kesempatan, dan ini menjadi kekuatanku. Selanjutnya, aku dapat merasakan bahwa pikiran-pikiran cabul dan zina sudah sungguh hilang. Sejak aku selalu berdoa, ini menjadi kekuatanku dan juga kuasa sewaktu aku mengatasi godaan-godaan dengan perbuatan-perbuatanku, dan pikiran cabul serta berzinah tersebut dengan sendirinya tercabut dengan akarnya. Inilah jawaban yang akhirnya kudapatkan setelah tiga tahun lamanya aku berdoa untuk membuang pikiran cabul dan zina dari hatiku.

Keinginanku Satu-satunya

Hanya Ada Satu Jawaban Yaitu Kitab Suci

Aku memiliki hasrat yang besar untuk sungguh mengerti firman yang tertulis dalam Alkitab, dan aku ingin hidup sepenuhnya berdasarkan firman Allah. Karena itu, setiap kali aku mendengar ada kebangunan rohani, aku datang ke tempat itu untuk mendapatkan berkat Allah.

Karena banyak ayat dalam Alkitab yang belum kumengerti, aku rajin menghadiri pertemuan-pertemuan itu. Selama pengajaran, aku merasa sangat bahagia karena aku dapat mengerti firman Allah yang disampaikan. Juga, karena di situ selalu ada pertemuan-pertemuan persekutuan doa, aku rajin menghadiri pertemuan-pertemuan itu.

Tetapi karena seringkali ada bacaan-bacaan yang sulit untuk dimengerti, aku banyak bertanya kepada pendetaku. Tetapi ada beberapa pertanyaan yang tidak bisa dijawabnya dengan jelas.

"Pak Pendeta, buku apa yang dapat menjelaskan kepadaku tentang kehendak Allah dengan cepat?"

"Saudara Lee, jika anda begitu bergairah untuk bisa mengerti Alkitab, anda bisa membaca buku-buku yang mengulas dan menafsirkan Alkitab." Aku sangat bahagia mendengarnya. Saat itu hutangku masih sangat banyak, dan sangat sulit untuk menyisihkan walau hanya satu sen, namun bagaimanapun juga aku persiapkan uang untuk membeli tafsir Alkitab. Aku membaca ulasan sambil berdoa di kaki bukit, tetapi ada beberapa bagian yang masih sulit untuk kumengerti. Aku tidak mampu menggali lebih dalam lagi untuk bisa mengerti, dan aku merasa frustrasi. Ulasan itu tidak benar-benar membahas kebenaran akan firman Allah tersebut, namun menganggap beberapa bagian hanyalah sebagai mitos. Selain itu, berbagai macam interpretasi membuat pesan iman yang ada tidak tersampaikan. Kemudian, aku membaca buku-buku ulasan lain juga, tetapi setiap buku memberikan interpretasi berbeda. Alkitab pasti mempunyai satu jawaban, tetapi berbagai macam ulasan hanya membuat aku semakin bingung.

Allah, Tolonglah Jelaskan Kepadaku Firman-Mu dalam Alkitab!

Pada tahun 1976, aku sungguh ingin mengerti kehendak Allah yang terkandung dalam firman-Nya. Aku mendengar sesuatu yang mengejutkan dari seorang teman anggota jemaat yang baru saja kembali dari kebangunan rohani di Daegu.

"Seorang pendeta dua kali berpuasa selama empat puluh hari lamanya, dan seorang malaikat menghampirinya dan menjelaskan isi Alkitab kepadanya selama tiga tahun." Saat aku mendengar perkataan ini, hatiku bernyala-nyala, dan aku merasa seolah ada api turun atasku. Mungkin kedengaran aneh bahwa seorang malaikat datang menjelaskan firman Allah, namun aku dapat mempercayainya. Aku memiliki pikiran untuk percaya dan berdoa. Sejak saat itu aku mulai berdoa kepada Allah tanpa henti.

"Ya Allah, aku mempercayai 66 kitab dalam Alkitab. Alkitab adalah firman Allah yang ditulis berdasarkan bimbingan dari Roh Kudus, karena itu berikan aku bimbingan-Mu dan jelaskanlah kepadaku tentang 66 buku tersebut. Atau, berikan aku penjelasan melalui seorang malaikat, atau Tuhan, datanglah kepadaku dan berikan aku pengertian."

Bila ada bagian-bagian yang tidak aku mengerti dari Injil, aku tidak akan dapat mengerti kehendak Allah. Hanya bila aku mengerti arti sesungguhnya dari Alkitab maka aku dapat hidup sesuai dengan kehendak Allah. Hanya setelah kita mengerti firman Allah dengan benar barulah kita dapat menjalankan firman-Nya dengan sempurna.

Karena aku sangat ingin untuk bisa mengerti firman Allah dengan benar, aku berdoa dengan penuh semangat. Allah membimbingku untuk banyak berdoa dan juga menggerakkan hatiku untuk menjalankan puasa. Saat-saat aku tidak ada pekerjaan di proyek, aku naik ke bukit dan berdoa. Doa-doaku hanya meminta Allah untuk menjelaskan isi Alkitab kepadaku. Doa-doa seperti itu berlangsung bertahun-tahun.

Tangan Allah yang Lembut

Dalam dua bulan, aku belajar untuk menjalankan tokoku, dan dengan iman yang kuperoleh aku merasa mampu melakukan apa saja. Dengan toko yang kumiliki saat itu, aku hampir tidak mendapatkan keuntungan, tetapi aku tidak dapat berharap lebih banyak lagi. Walaupun aku tidak memiliki banyak uang, tetapi karena aku memiliki iman bahwa aku dapat melakukan apa saja, aku ingin memperbesar usahaku. "Allah, izinkan aku pindah ke tempat yang lebih baik."

Pada hari ketiga sejak aku berdoa untuk mendapat tempat baru, ada seseorang datang dan bertanya padaku apakah aku mau menukar tokoku dengan tokonya. Pada waktu itu, dia seorang pemilik toko yang lebih besar. Aku menukarkan tokoku dengan tokonya dengan jaminan uang sebesar 150 ribu won (150 dolar Amerika), selain 50.ribu won untuk biaya perabotan dan perlengkapan toko, aku mendapat keuntungan sebesar seratus ribu won. Setelah aku dan istriku berpuasa selama tiga hari, kami mengunjungi sebuah toko lain tidak jauh dari tempat kami. Ada sebuah toko yang baik, dan ditawarkan untuk sewa dengan harga 500.000 won termasuk premi dan uang sewa. Maka aku mengontraknya dengan 100.000 won yang kumiliki, dan aku masih harus membayar 400 ribu won lagi. Pada waktu itu, uang sejumlah itu sangat besar bagiku. Ketika itu, aku diingatkan akan dua orang anggota jemaat, dan aku minta istriku untuk meminjam uang kepada mereka. Tetapi mereka segera menolaknya. Istriku meminjam 150.000 won dari tetangga kami, tetapi kami tidak bisa mendapatkan sisanya 250.000 won. Kami masih meminta kepada pemilik bagunan, dan kami membuat kesepakatan akan membayar bunga untuk sisanya sejumlah 250.ribu won.

Anggota jemaat tidak seharusnya saling pinjam meminjam uang. Kemudian aku mulai mengerti firman Allah dan alasan mengapa Allah tidak mengizinkan aku meminjam uang dari anggota jemaat. Karena hal ini tidak sesuai dengan kehendak Allah untuk pinjam meminjam uang di antara anggota jemaat. Bahkan saudara kandung dapat menjadi musuh karena uang. Jadi, kalau kita saling pinjam meminjamkan uang di gereja, musuh kita si jahat akan dapat bekerja dengan mudah, karena itu Allah tidak menginginkan hal itu terjadi. Maka, selama pelayananku, aku mengajarkan semua anggota jemaat untuk tidak saling pinjam meminjamkan uang di antara mereka. Dan aku perhatikan bahwa bila ada anggota yang tidak patuh, dan mereka saling pinjam meminjam uang di antara mereka, mereka pasti akan jatuh dalam masalah dan kesulitan. Kita, sebagai saudara seiman, tidak boleh saling berhutang kecuali hutang kasih di antara kita. Dengan keuntungan yang kami peroleh dari hasil usaha toko, kami mampu membayar bunga dari hutang kami, tetapi kami tidak akan mampu membayar seluruh hutangnya. Ada banyak orang di tengah kota yang juga membuka usaha toko buku dengan skala besar seperti sebuah perusahaan besar. Aku berdoa kepada Allah agar mengabulkan impianku memiliki sebuah toko yang lebih besar.

Dipimpin Menuju Berkat-Berkat Finansial

Pada waktu itu, di Pasar Keumho Dong, ada sebuah toko terkenal. Semua orang tahu bahwa toko itu mempunyai penjualan terbesar di daerah tersebut. Toko itu ditawarkan untuk disewakan, dan preminya satu juta won (1.000 dolar AS), dan ada juga uang sewa. Pada waktu itu, upah pekerja satu hari hanyalah 1.500 won (15 dolar AS), karena itu nilai tadi sangat besar bagiku. Pemiliknya mengatakan dia bisa menurunkan hingga 950 ribu won, tidak lebih dari itu. Tak lama kemudian aku tahu bahwa selama dua puluh hari sejak aku menemuinya, tidak ada seorangpun yang datang melihat toko tersebut. Seseorang mengatakan kepadaku bahwa aku pasti bisa menyelesaikan transaksi itu dengan si pemilik karena sebenarnya dia ingin secepatnya menjual toko tersebut karena suatu alasan pribadi. Aku hanya mempunyai 500 ribu won. Sebenarnya sangat tidak mungkin melakukan transaksi dengan uang sejumlah itu. Setelah semalaman aku berdoa dengan sungguh-sungguh, aku menemui pemilik toko itu untuk menawarnya lagi. Aku minta agar dia mau melepas toko itu seharga 500 ribu won karena hanya itulah uang yang kumiliki. Ia berpikir sejenak, dan akhirnya dia mengatakan bahwa dia mau melepasnya dengan harga 550.ribu won.

Pada akhirnya, kami menandatangani kontrak senilai 500 ribu won. Aku setuju membayar uang jaminan dengan uang sewa bulanan. Maka kami pun pindah ke toko di Pasar Keumho Dong. Segera setelah kami membuka toko tersebut, kami mempunyai banyak pelanggan. Banyak orang mengatakan bahwa sebenarnya mereka sudah lama menginginkan toko itu, tetapi mereka tidak tahu kalau toko itu disewakan. Beberapa dari mereka mengatakan jika aku mau melepas toko itu kepada mereka, mereka bersedia membayar aku premi sebesar 1,2 juta won. Ketika ada orang yang datang dengan penawaran premi sebesar 1,3 juta won, aku membicarakannya dengan istriku, karena dengan uang sejumlah itu kami bahkan bisa membeli rumah. Namun kami merasa tidak layak untuk segera mengalihkannya setelah Allah membimbing kami ke tempat itu menurut kehendak-Nya.

Akhirnya, kami memutuskan bahwa kami akan membayar kembali hutang kami dengan keuntungan yang kami peroleh dari toko tersebut. Pada bulan Juli 1977, kami membuka toko itu dan memulai usaha kami. Setiap hari Minggu kami tutup, dan kamipun tidak mengizinkan murid-murid yang suka minum dan merokok masuk ke toko kami. Karena keluargaku selalu menyanyikan lagu puji-pujian setiap saat, orang dapat mendengar lagu puji-pujian di toko. Pelanggan yang datang lebih banyak jumlahnya daripada sewaktu toko masih dikelola pemilik lama. Kami membuka toko di siang hari dan di malam hari kami berdoa. Itulah rutinitas kami setiap hari.

Belajar Mengenali Suara Roh Kudus

Di Rumah Doa Osanri

Bagai rusa rindu akan air sungai, aku haus untuk mengerti firman Allah lebih mendalam lagi. Pada tahun 1977, aku menghadiri suatu kebaktian di Rumah Doa Osanri. Di situ aku mendengar suara Allah untuk kedua kalinya. Aku sedang mendengarkan pengajaran yang disampaikan oleh pendeta, dan dia mengatakan, "Karena Allah memberi kita kepandaian membuat obat, adalah kehendak Allah agar kita pergi ke rumah sakit dan berobat." Aku tidak dapat menerimanya dengan 'Amin'. Apa yang dikatakannya sangat berbeda dengan pengalamanku bersama Allah Yang Mahakuasa yang sanggup melakukan segala sesuatu. Setelah kebaktian, aku pergi ke ruang doa dan berdoa dengan segenap hatiku, berseru dalam doaku, "Allah, apakah ini kehendakMu agar kami berobat atau tidak?"

Aku tidak tahu berapa lama waktu berlalu. Tiba-tiba aku mendengar suara Allah mengatakan, *"Bacalah 2 Tawarikh pasal 16."* Aku membuka Alkitab dan isinya tentang Raja Asa dari Israel. Di awal pemerintahannya, dia mengandalkan hanya Allah. Maka, ia pun memenangkan semua peperangan dan mengalami masa damai. Tetapi di kemudian hari dalam masa pemerintahannya, dia tidak mengandalkan Allah, namun para tentaranya. Dia kalah dalam peperangan dan ia bahkan memenjarakan seorang nabi yang menunjukkan kesalahan-kesalahannya. Maka, Asa mengalami sakit di kakinya. Penyakitnya bertambah parah, namun dalam kesakitannya ia tidak mencari TUHAN melainkan para tabib, dan dia mati dua tahun kemudian. Melalui pasal ini aku diyakinkan bahwa Allah ingin agar anak-anak-Nya memiliki iman yang teguh untuk mengandalkan hanya Dia saja, dan tidak meletakkan iman kepercayaan pada dunia ini.

Latihan Mendengarkan Suara Roh Kudus

Suara Allah dan suara Roh Kudus harus dibedakan. Dalam perkaraku, suara Allah terdengar hanya pada saat-saat sangat khusus. Aku mendengarnya hanya beberapa kali. Suara Roh Kudus dapat terdengar semakin dan semakin jelas ketika kita menerima Yesus Kristus, menerima Roh Kudus, dan taat berdoa dengan sungguh-sungguh, membuang dosa, dan pikiran-pikiran jahat dan kedagingan.

Aku mulai mendengar suara Roh Kudus sejak saat aku baru menjadi orang percaya. Suatu ketika, saat aku sedang menghadiri kebaktian di gereja, Allah mengizinkan aku menerima pelatihan tentang mendengar suara Roh Kudus. Sepanjang kebaktian Minggu pagi, aku merasakan suatu dorongan amat kuat dalam hatiku sementara aku dengan penuh perhatian mendengarkan pengajaran yang disampaikan. Aku merasa terdorong untuk memberikan 30.000 won kepada seorang pendeta di gereja itu. Aku mengambil keputusan, "Allah, aku akan mendapatkan 30.000 won dan memberikannya kepada pendeta itu!"

Aku membuat tekad itu pada saat kebaktian sedang berlangsung. Tetapi setelah kebaktian berakhir dan saat aku keluar melewati gerbang gereja, pemikiran lain masuk dalam benakku. Sesungguhnya, 30.000 won adalah jumlah yang besar untukku. Aku pikir, jika aku mempunyainya, aku akan memberikannya kepada pendeta itu. Tetapi, dari mana aku dapat memperoleh uang itu? Keluarga itu tampak jauh lebih berada dari kepada keluargaku. Mungkin saja ada pikiran-pikiran lain selama kebaktian berlangsung, tetapi aku tidak ingat.

Tetapi, keesokan harinya, ibu mertua pendeta tersebut, seorang diaken senior di gereja, mengunjungi tokoku di Pasar Keumho Dong. "Anakku ada di rumah sakit sejak semalam, karena mau melahirkan. Pada waktu dia pergi ke rumah sakit, kami sangat membutuhkan uang 30.000 won. Aku mengalami kesulitan untuk mendapatkan uang tersebut. Aku tidak punya uang dan aku pergi ke rumah sakit. Dia mengalami kesulitan dalam proses melahirkan." Aku sangat terkejut mendengarnya. "Diaken Senior, sebenarnya, saat aku menghadiri kebaktian Minggu pagi, Roh Kudus menggerakkan hatiku, tetapi aku tidak taat. Aku merasa itu hanyalah pemikiranku dan aku melupakannya. Tetapi ternyata, inilah persoalannya."

Aku segera mohon ampun dan menyesal, dan bertekad akan taat di waktu mendatang. Aku berpikir, "Aku mendengar

suara Roh Kudus, tetapi aku tidak taat dan inilah akibatnya."
Kalau saja aku menaati suara tersebut, aku akan dengan mudah
mendapatkan 30.000 won yang Allah sudah sediakan, dan
keluarga pendeta tersebut tidak perlu mengalami kesulitan
sepanjang malam hanya karena sejumlah uang tersebut. Aku
pasti akan menerima berkat berlimpah karena ketaatanku
kepada Allah. Aku menyesal karena aku tidak taat dan lebih
memakai pikiranku sendiri. Sejak saat itu, melalui beberapa kali
lagi latihan serupa ini, aku menjadi mampu membedakan antara
suara Roh Kudus dengan pikiranku sendiri.

Belajar Pentingnya untuk Taat

Aku juga menjadari bahwa pengalaman sangatlah penting
untuk belajar taat kepada kehendak Allah. Aku melayani di
gereja dengan rajin, dan suatu hari pendetaku memanggil aku.
Katanya, "Kami kekurangan guru sekolah Minggu. Mengapa
kamu tidak mengajar anak-anak itu?" Aku menanggapi dengan
negatif, "Pendeta, maafkan aku. Aku tidak yakin kalau aku bisa
mengajar anak-anak. Aku tidak punya pengalaman menghadiri
sekolah Minggu. Aku akan melakukannya setelah aku merasa
yakin." Aku tahu bahwa aku seharusnya taat kepada pendeta itu,
tetapi aku merasa sangat tidak mampu sehingga aku menolak
permohonannya. Aku tidak pernah membayangkan bahwa
hal sekecil itu bisa menjadi sebuah tembok besar dosa antara
Allah dan aku. Aku berdoa dengan sungguh-sungguh, "Allah
berikanlah aku karunia berbahasa lidah."

Pada waktu itu, kalau aku melihat orang lain berdoa dengan
lancar dalam bahasa lidah, aku merasa iri terhadap mereka.

Aku terus berdoa untuk menerima karunia berkata-kata dalam bahasa lidah, tetapi aku tidak bisa menerimanya. Suatu hari, aku mendengar bahwa aku dapat dengan mudah memperoleh karunia bahasa lidah di Bukit Doa Han Ol San. Aku pergi ke sana dan mengikuti sebuah persekutuan, tetapi karunia itu tidak turun atasku. Namun, dalam pengajarannya, Pendeta Chun Suk Lee, secara bergurau mengatakan, "Anjingku saja bisa berbahasa lidah, jadi mereka yang belum menerima karunia bahasa lidah pastilah tidak lebih baik dari anjingku." Setelah persekutuan itu selesai, aku merasa aku tidak lebih baik daripada seekor anjing dan aku menyepak sebuah batu yang ada di depanku. Aku bahkan tidak makan siang dan aku terus berjalan turun ke lembah. Aku berpegang pada sebuah pohon dan berdoa kepada Allah agar memberikan aku karunia bahasa lidah. Tetapi tiba-tiba aku teringat akan sesuatu, bagai kilat masuk dalam ingatanku. Walaupun aku tidak merasa yakin, aku seharusnya mengatakan 'ya' kepada pendeta yang meminta aku menjadi guru sekolah Minggu. Mengingat ketaatanku, Allah pastilah akan membantu aku kalau saja aku tetap taat. Tetapi, aku telah melanggarnya.

"Ya, Allah, ampunilah aku karena tidak taat pada perintah pendetaku. Aku tidak akan melakukannya lagi."

Begitu aku menyadarinya, aku sangat menyesalinya dalam hatiku. Lalu, dengan tiba-tiba aku mulai berkata-kata dalam bahasa lidah. Inilah yang telah kurindukan sudah sejak lama! "Allah, terima kasih!" Aku akhirnya mengerti bahwa ketaatan lebih baik daripada pengorbanan, dan betapa senangnya Allah bila kita taat kepada-Nya. Melalui pengalaman ini, aku bertekad sekali lagi untuk taat pada kehendak Allah tanpa syarat, tanpa memikirkan kenyataan yang ada. Tetapi untukku, yang sudah menyadari betapa pentingnya ketaatan, ada satu hal yang sangat sulit untuk aku bisa taat.

Bab 4

Panggilan Allah

Tuhan, Bagaimana Mungkin Engkau Memilih Orang Seperti Aku?

Suatu hari di bulan Mei 1978, saat aku sedang berdoa, aku mendengar suara Allah bagaikan petir, mengatakan,

"Hambaku yang telah Kupilih sejak sebelum waktunya! Aku memurnikanmu selama tiga tahun, dan sekarang memperlengkapimu dengan firman selama tiga tahun lagi. Aku akan memakaimu. Kamu akan menyeberangi gunung-gunung, sungai-sungai dan lautan untuk memberitakan injil, dan Aku akan menyertaimu dan kamu akan menjadi hamba-Ku untuk menunjukkan pada bangsa-bangsa dengan tanda-tanda dan mukjizat, bahwa Akulah Allah yang hidup."

Suara-Nya yang jelas dan penuh kuasa terus berlanjut,

"Aku telah memilihmu sejak sebelum waktunya, dan sejak kamu di kandungan ibumu, aku menjagamu dengan mata-Ku

yang bernyala-nyala dan Aku sendiri yang membimbingmu hingga saat ini. Istrimu sanggup mengurus tokomu, dan sekarang kamu harus mulai jalan untuk menjadi hamba-Ku. Kamu akan memperoleh jauh lebih banyak dari pada ketika kamu berdua sama-sama bekerja. Uang simpananmu tidak akan pernah berkurang dan beras dalam wadahnya tidak akan pernah habis, tetapi akan selalu berlimpah. Kamu akan menolong mereka yang membutuhkan. Akulah Allah yang menempatkan kamu di tempat terendah, Allah jugalah yang telah membimbingmu hingga sekarang, dan Ia juga akan membimbingmu mulai sekarang dan seterusnya. Kamu akan bisa mengerti mengapa Aku menempatkanmu di tempat yang paling rendah. Dengan kuasa-Ku, Aku akan mengangkatmu ke tempat yang paling tinggi. Kamu mengasihi Aku terlebih dahulu dan lebih daripada orangtuamu, anak-anak dan bahkan istrimu. Kamu mengasihi hanya Aku. Karena itu, Aku akan mengembalikan kepadamu dengan takaran yang dipadatkan, digoncangkan, dan yang tumpah ke luar dan seratus kali lebih banyak."

Aku mendengarkan suara itu dengan kepenuhan dan ilham dari Roh Kudus dan aku menerimanya dengan "Amin." Jika aku mengingatnya kembali, sungguh merupakan hal yang sungguh menakjubkan. Impianku hingga saat itu adalah menjadi penatua, orang yang sanggup menolong mereka yang menderita penyakit dan kemiskinan yang sama dengan yang pernah aku alami sebelumnya. Jadi, hingga sekarang adakah sesuatu yang salah dalam doaku sejauh ini? Begitu banyak hutang yang harus aku bayar, dan masih tetap sulit untuk aku bisa memenuhi kebutuhan sehari-hari. Aku juga tidak memiliki daya ingat yang baik. Bagaimana mungkin aku bisa belajar teologi di seminari sekarang? Bagaimana dengan keluargaku? Aku memiliki kekuatiran dan keperihatinan yang terus menghantui pikiranku. Dalam situasiku aku merasa tidak sanggup untuk taat, tetapi saat itu, perkataan itu terlalu agung untuk dilanggar. Aku hanya dapat mengatakan, "Jikalau ini memang kehendak-Mu, izinkan aku mendengar suara-Mu sekali lagi."

Aku membicarakan hal ini dengan istriku, dan aku menyerahkan semua urusan toko kepadanya, agar dia saja yang menjalankan toko sepenuhnya. "Apakah mungkin bahwa aku telah salah mendengar suara Allah? Adakah suatu kekeliruan?" Aku mulai meragukan bahwa aku telah mendengar suara Allah. Aku mulai lagi berdoa kepada Allah. "Allah, aku telah berdoa untuk bisa menjadi penatua, tetapi Engkau memerintahkan aku untuk menjadi hamba-Mu! Aku seorang yang introver sehingga aku tidak bisa membayangkan diriku berkhotbah di hadapan orang. Aku sudah tua. Aku bahkan tidak mempunyai daya ingat yang baik, dan aku juga bukan seorang yang mampu mengerjakan ujian dengan baik." Tetapi jika Allah tetap menghendaki aku menjadi hambaNya dengan segala keterbatasanku ini, aku minta kepada-Nya, "Izinkan aku mendengar suara-Mu sekali lagi."

Kemudian aku pergi ke tempat-tempat doa untuk mendengar suara Allah lagi. Aku berdoa selama seminggu tetapi tidak ada jawaban. Aku mendatangi beberapa pendeta yang terkenal karena kemampuannya bernubuat dengan baik, tetapi tidak ada satu pun jawaban nubuat bagiku. Aku berkeliling dari satu tempat doa ke tempat doa yang lain di bukit-bukit, dan melewati hari-hariku begitu beratnya dalam usahaku mencari apakah sungguh kehendak Allah agar aku menjadi hamba-Nya, terutama sebagai seorang pendeta. Tiga bulan berlalu, aku hampir menyerah dan pulang ke rumah dengan kecewa. Di hari Sabtu, pendetaku datang mengunjungi aku di tokoku. Seharusnya, gilirankulah yang memberikan doa syafaat, tetapi aku tidak yakin aku mampu melakukannya. Aku memberitahunya dengan terus terang, "Pendeta, aku belum menerima jawaban akan doaku setelah sekian bulan. Aku sungguh tidak bisa melakukan doa ini dalam kebaktian hari Minggu." Dia hanya mengatakan, "Diaken, walaupun begitu, kamu tetap harus melakukannya."

Mendengar Suara Allah

Pendetaku mengatakan bahwa aku harus melakukan doa syafaat dalam kebaktian, tetapi aku tidak mampu mengatakan 'Amin' dalam hatiku. Setelah kami selesai bekerja di toko, kami menutupnya dan berkemas untuk pulang. Karena hujan sangat lebat, akhirnya aku dan istriku memutuskan untuk berdoa di rumah saja, tidak usah ke gereja. Di tengah malam, kami menyiapkan tempat berdoa dengan melapisi lantai rumah, berlutut lalu berdoa dan memuji Allah. Aku berdoa dengan mata tertutup, tetapi tiba-tiba dalam sebuah penglihatan, seolah aku melihat langit-langit terbuka dan sinar mulai memancar turun dari surga.

Aku merasa sepertinya atap rumahku hilang dan terbuka lebar. Dan kemudian, persis seperti tertulis dalam kitab Wahyu, aku mendengar suara yang berwibawa dan terdengar seperti gemuruh air, namun sangat jelas dan lembut mengatakan, "Lakukanlah doa syafaat besok." Inilah sebuah jawaban, tetapi sangat berbeda dengan doa-doaku yang mengenai menjadi hamba Tuhan. Kali ini, suara itu terdengar hangat, menenangkan, penuh kuasa dan sulit untuk tidak mentaatinya.

Namun juga dipenuhi oleh kasih, kelembutan dan rahmat kebaikan.

Aku masih merasakan suara itu sangat jelas, tetapi dengan kata-kata yang sulit untuk diungkapkan. Aku baru saja mendengar suara ini, dan semua kekecewaan mencair bagaikan salju. Semua pikiran-pikiran kedagingan hilang lenyap dan aku dipenuhi oleh Roh Kudus. Aku begitu kepenuhan Roh Kudus sehingga aku merasa badanku sangat ringan bagaikan kapas dan aku merasa seolah-olah aku dapat terbang. Aku merasa sepertinya aku bahkan mampu keluar melalui atap rumah jika aku mau melakukannya. Sukacita, syukur dan kebahagiaan melimpah dari lubuk hatiku terdalam. Pada saat itu, aku membayangkan, kira-kira seperti inilah kita akan diangkat ke udara pada waktu Tuhan datang kembali! Ketika aku membuka mataku, sinar dan cahaya tersebut sudah hilang, dan langit-langitnya tetap seperti semula.

Istriku yang duduk di sampingku tidak mendengar suara itu, tetapi dia juga dipenuhi oleh Roh Kudus, dan dia menyadari bahwa aku mendengar suara Allah dalam sinar terang tadi. Kami memuji Allah sepanjang malam dan memberikan kemuliaan kepada-Nya dalam doa.

Kepenuhan Roh Kudus

Keesokan harinya, pagi-pagi sekali aku pergi ke gereja untuk memeriksa persiapan kebaktian. Aku masih tetap harus berdoa untuk kebaktian itu. Setelah pengalaman malam sebelumnya, tubuhku masih terasa seolah sedang terbang walau sesungguhnya aku sedang duduk. Sungguh, amat sangat menakjubkan! Sejak saat aku mulai berdoa melalui pengeras suara, bibirku bukannya bibirku lagi. Roh Kudus menguasai hati dan pikiranku seluruhnya. Dalam pewahyuan dari Roh Kudus, aku bahkan gemetar saat berdoa. Dalam inspirasi yang jelas, doa-doa mengalir begitu saja masuk membanjiri pikiranku; walaupun aku ingin namun aku tidak bisa menghentikannya.

Aku sangat terkejut, karena doa yang kuucapkan merupakan teguran kepada para anggota jemaat, "Terkutuklah mereka yang mencuri perpuluhan milik Allah. Engkau manusia keras hati yang tidak tahu berterima kasih kepada Allah! Engkau mengatakan engkau percaya kepada Allah, tetapi kepercayaanmu sia-sia."

Aku hampir tidak dapat menguasai diriku selama aku berdoa lebih dari sepuluh menit. Waktu itu, jika ada orang yang berdoa dalam kebaktian lebih dari tiga menit, akan terdengar gerutu dan omelan bahwa doa itu terlalu panjang untuk didengar. Aku kembali ke tempat dudukku setelah doa, tetapi aku tidak bisa langsung melihat kepada pendetaku. Aku tidak tahu apa yang harus kulakukan. Yang ada dalam pikiranku hanyalah, "Apa yang terjadi? Bagaimana mungkin seorang diaken menegur seluruh kongregasi gereja!"

Tetapi tepat setelah kebaktian berakhir, pendeta itu menghampiri aku dan mengatakan, "Saya sangat tersentuh oleh doamu!" Dia biasa memberi komentar seperti itu, tetapi aku masih merasa malu dan berusaha pergi secepatnya dengan diam-diam, namun banyak orang menyapa aku sambil mengatakan, "Diaken, Anda sungguh dipenuhi oleh Roh Kudus. Saya terharu mendengar doamu."

Hanya Dengan Ketaatan

Akhirnya aku mendapatkan peneguhan bahwa Allah sungguh memanggilku untuk menjadi pelayan-Nya. Aku mengakui dan mengatakan, "Allah, karena Engkau memanggil aku menjadi pelayan-Mu, aku akan mengikutinya. Tetapi Allah tolong bereskan semua hal yang kupikirkan, seperti sekolah teologi, daya ingatku, dan banyak hal lain."

Pada usiaku yang ke-36, aku sungguh yakin bahwa Allah memanggilku sebagai pelayan-Nya, dan segera aku menyewa tempat dan mulai hidup sendiri. Tempatnya hanya lima menit dari rumahku. Aku berpuasa dan dengan hati-hati membaca Alkitab, dan berdoa agar Allah memberi aku daya ingat yang kuat dan efektif. Aku ingin menyalibkan kedaginganku dengan segala gairah dan keinginannya. Aku mengambil keputusan bahwa aku hanya akan mengikuti kehendak Allah sebagai hamba-Nya. Tidak mudah bagiku untuk memisahkan diri dari anggota keluargaku, tetapi semua ini terjadi dengan bimbingan Roh Kudus. Aku berkonsultasi dengan pendeta di Gereja Oksu Dong, tempat aku beribadah saat itu. Aku memutuskan untuk masuk ke Seminari Teologi Sung-Kyul dan mulai belajar untuk persiapan ujian masuk.

Akhirnya tibalah waktu bagiku untuk ikut ujian. Aku menjawab semua pertanyaan meliputi bahasan-bahasan yang berkaitan langsung dengan Alkitab. Tetapi untuk subjek-subjek lainnya, aku tidak mau menuliskan jawaban yang tidak jelas, maka aku hanya menulis namaku saja dan mengumpulkan lembar jawaban kosong. Dalam wawancara, dekan dari seminari bertanya mengapa aku menyerahkan lembar jawaban kosong kecuali tentang hal-hal yang berkaitan dengan Alkitab. Aku jelaskan kepadanya kejadian bagaimana aku kehilangan daya ingatku.

"Tanpa daya ingat, bagaimana mungkin kamu menjadi seorang pendeta?" dia bertanya.

Jawabku, "Allah menggerakkan aku untuk menempuh jalan ini dalam hidupku."

"Nah, kamu mendapat nilai sempurna, seratus untuk ujian Alkitab!" dia menjelaskan.

Aku satu-satunya yang mendapat nilai seratus untuk ujian Alkitab. Karena aku mendapat nilai sempurna seratus untuk ujian Alkitab, maka aku dinyatakan lulus dan layak untuk diterima. Aku berhasil lulus ujian, sangat berlawanan dengan kekuatiranku apakah aku akan bisa lulus dan masuk ke seminari.

Allah Membiarkan Kita Menuai Apa yang Kita Tabur

Kehidupan di Seminari

Hamba-hamba Allah harus menjalani kehidupan yang sungguh berbeda dengan semua orang dunia. Tetapi teman-temanku di seminari banyak yang cenderung mengikuti gaya hidup duniawi. Setelah kelas usai, mereka akan berkumpul di kedai kopi dan membicarakan hal-hal duniawi. Di waktu libur, bukannya berdoa dan membaca Alkitab, mereka membicarakan bagaimana mereka bisa bersenang-senang. Aku selalu menasihati mereka agar tidak membuang-buang waktu tetapi berkonsentrasi pada doa, tetapi tidak satu pun dari mereka memperhatikan anjuranku. Karena itu, aku selalu sendirian, memisahkan diri dari teman-teman sekelasku.

Pada tahun 1979, aku masuk seminari pada usia 37, dan sejak tahun pertama, aku berdoa kepada Allah agar memberiku nama dari sebuah gereja yang akan kudirikan. Kakak perempuanku mengatakan bahwa dia akan membantuku mendirikan gereja, maka aku mencari-cari tempat tetapi tidak berhasil.

Menyenangkan Allah dengan Menabung di Kerajaan Surga. . .

Aku percaya Allah akan membiarkan aku menuai apa yang aku tabur, dan membalasku sesuai dengan perbuatanku, karena itu aku selalu berusaha menabung kebaikan di Kerajaan Surga. Bahkan saat aku masih bekerja sebagai pekerja bangunan, jika aku menerima berkat dalam kebangunan rohani, aku memberikan persembahan syukur dengan segenap hatiku. Jika aku tidak punya uang, aku berjanji kepada Allah untuk memberikannya dalam kurun waktu tertentu. Tentu saja, aku memberikan persembahan yang sudah aku janjikan. Kalau aku sedang tidak punya uang untuk memberikan persembahan yang aku janjikan, aku akan berhutang untuk memastikan bahwa persembahan yang telah aku janjikan tetap aku berikan kepada Allah.

Aku tidak pernah datang ke hadapan Allah dengan tangan hampa. Jika aku mempunyai nafkah, aku memberi lebih dari sepersepuluhnya sebagai perpuluhanku. Seringkali aku berikan dua atau tiga persepuluh dari pendapatanku. Aku tidak pernah merasa sia-sia untuk memberi kepada Allah, karena itu aku tidak mau menghitung-hitung apa yang kuberikan kepada-Nya.

Suatu hari pendetaku datang ke rumahku. Dia tidak menyadari kesulitan finansial yang kami alami dengan banyaknya hutang yang belum lunas, dia menjelaskan bahwa gereja sedang membutuhkan dana, dan bertanya apakah aku dapat menambah jumlah sumbangan untuk pembangunan gereja. Kami sepakat untuk melakukannya dan mengatakan, "Amin. Aku akan melakukannya." Dengan sukacita kami memenuhi kehendak pendeta itu. Walaupun kami mempunyai hutang, kami tetap memberikan sumbangan sesuai permintaan pastor, sehingga kami harus mencari tambahan pinjaman. Kami berusaha menabung di surga dengan cara ini. Jika saatnya tiba, Allah membukakan pintu-pintu berkat.

Mengikuti Kehendak Allah Walau Dalam Bisnis Kecil

Ada seseorang yang secara teratur mengirim buku ke tokoku, dan dia tidak bisa bilang apa-apa ketika mengetahui tokoku tutup setiap hari Minggu. Dia mengatakan bahwa tokoku akan segera bangkrut. Walaupun hanya merupakan bisnis kecil, Allah selalu berkenan dengan toko kami dan memberkati kami begitu berlimpah karena kami tetap memelihara tradisi hari Sabat dengan baik, memberikan persembahan dan perpuluhan dengan taat.

Toko kami selalu penuh sejak pagi hingga malam. Banyak orang datang untuk belajar sesuatu dari kami sejak beritanya menyebar ke daerah sekitar kami. Dan mereka menjadi semakin ingin tahu karena kami menutup toko pada hari Minggu dan fasilitas yang kami sediakan di toko pun biasa-biasa saja. Kami tidak menyediakan bacaan-bacaan orang dewasa dan kami sangat tegas melarang untuk merokok. Sehingga, toko kami tetap terjaga lingkungannya bersih dan sehat. Karena itulah banyak mahasiswa dari sekolah-sekolah yang baik datang ke toko kami.

"Apa rahasia keberhasilan tokomu?"

Kami menerima berkat dari Allah karena kami menutup toko pada hari Minggu dan kami pergi ke gereja, begitulah jawaban kami kepada setiap orang yang menanyakan rahasia sukses kami, tetapi sulit bagi orang yang tidak percaya untuk mengerti hal ini. Sambil membuka toko, kami bisa menginjili banyak pelanggan kami. Ketika aku mendirikan gereja, mereka datang kepadaku dan menjadi jemaat utama untuk misi kaum muda.

Beberapa bulan setelah membuka toko itu, kami mampu membayar kembali semua hutang kami, yang sebenarnya terlalu besar untuk kami lunasi secepat itu. Semua ini terjadi sebelum aku masuk seminari. Kami melunasi semua hutang kami dan sekarang kami bebas untuk memberikan persembahan pada gereja tempat kami beribadah. Kami juga membantu keluarga-keluarga yang kekurangan. Pada waktu kami mengadakan piknik di seminari, aku menyiapkan makan siang untuk para dosen dan mahasiswa. Setiap hari Minggu, kami menyediakan makanan untuk anggota paduan suara. Tanpa diketahui, kami membantu murid-murid seminari yang memerlukan bantuan. Kami hanya tinggal di rumah sewaan, tetapi pada saat ada Perjamuan dan perayaan khusus, aku minta istriku memperhatikan semua yang tinggal di daerah kami. Jika ada keluarga yang tidak mampu menyediakan makanan untuk Perjamuan, aku minta istriku memberi kue beras dan makanan kepada mereka walaupun mereka bukan orang percaya. Ini semua bukan karena kami mempunyai uang berlimpah. Kami melakukan ini semua hanya dengan iman. Setelah kami menabur dengan cara demikian, hari berikutnya Allah yang mengizinkan kita menuai apa yang kita tabur, menyediakan lebih banyak pemasukan daripada hari-hari sebelumnya.

Allah Membangunkanku Pada Waktu Doa Semalaman Selama Dua Ratus Hari

Setelah aku menerima Tuhan, aku tidak pernah dalam situasi apapun berkompromi dengan dunia. Aku berusaha mengikuti hukum Allah dengan ketat sesuai dengan apa yang aku mengerti dari firman Allah. Selama empat tahun belajar di sekolah seminari, aku selalu berdoa sepanjang malam dan seringkali berpuasa. Di saat liburan, aku berkemas dan pergi ke bukit untuk berdoa. Aku menghabiskan masa liburanku di rumah-rumah doa di bukit. Di waktu-waktu lain, aku juga sering mempersembahkan doa-doa semalaman yang kujanjikan. Aku berdoa dari tengah malam hingga jam empat pagi, dan aku tidak pernah terlambat untuk waktu doa yang kujanjikan, tidak satu menitpun.

Setelah berdoa, aku kembali ke kamarku seorang diri dan pergi tidur hingga jam lima. Tetapi aku harus bangun jam tujuh. Putriku Miyoung, yang saat itu bersekolah di SD, membawakan aku sarapan jam 7.20. Setelah sarapan, aku harus mengambil kotak makan siangku dan kembali ke sekolah. Setelah kelas usai, aku pulang dan aku harus mengerjakan pekerjaan rumahku. Kadang-kadang aku juga harus membantu mengurus toko. Ada banyak hal yang harus dilakukan. Karena aku harus menjalani kehidupan seperti ini, aku menjadi lelah. Aku pergi tidur jam lima pagi dan pada jam tujuh aku merasa sulit sekali untuk bangun. Maka Tuhanlah yang membangunkanku pada jam tujuh.

"Ayah!" Kudengar suara putriku di luar memanggilku untuk sarapan.

"Kaukah itu, Miyoung?" Jelas sekali aku mendengar suara putriku, maka aku membuka pintu tetapi tidak ada seorangpun di luar. Aku berkeliling mencari dia, tetapi aku tidak menemukannya di mana pun juga. Setelah aku membasuh muka, dua puluh menit telah berlalu, baru kemudian Miyoung tiba. Keseokan harinya, juga, pada jam tujuh, aku mendengar, "Ayah!" Aku membuka pintu, tetapi tidak ada seorangpun di sana. Saat itulah aku menyadari bahwa Allahlah yang membangunkanku melalui seorang malaikat.

Tetapi karena kejadian ini berlangsung terus, aku menjadi kurang peka. Akhirnya, aku tidak bisa bangun walaupun aku mendengar suara memanggilku, "Ayah!" Maka Allah memakai cara lain. Aku mendengar suara langkah kaki banyak orang di luar pintu, tetapi saat aku membuka pintu untuk melihat, tidak ada seorangpun di sana. Waktu itu tepat pukul tujuh pagi.

Pada waktu aku mempersembahkan seratus hari doa semalaman, pada hari kesembilan puluh, aku mendapat berita bahwa ayah mertuaku meninggal. Aku pergi dengan istriku ke rumah orangtuanya di Mokpo. Di sana, kami berdoa bersama mulai dari tengah malam hingga jam empat pagi hari. Setelah pemakaman selesai, kami pulang, dan mengisi hari-hari kami dengan menyelesaikan doa yang aku janjikan, namun aku tidak merasa puas. Aku merasa aku tidak bisa menyenangkan Allah dengan sungguh-sungguh. Maka, aku mulai lagi doa semalaman selama seratus hari dan aku menyelesaikannya. Maka, keseluruhannya menjadi doa semalaman dua ratus hari.

Buanglah Uang Itu di Toilet

Keluargaku paham benar bahwa aku tidak akan menerima apapun juga yang bertentangan dengan firman Allah. Tetapi ada satu hari Minggu di mana istri dan ketiga anakku ingin membeli sesuatu untuk dimakan setelah kami mengikuti kebaktian Minggu. Istriku berusaha membaca ekspresi wajahku sambil mengatakan,

"Anak-anak ingin membeli sesuatu makanan kecil. Kami ingin membeli sesuatu untuk makan."

"Anak-anak, sungguhkah kalian ingin makan?" Tanyaku.

"Ya!" Jawab mereka dengan semangat.

Ketiga putriku mengira aku akan mengizinkannya hanya pada hari itu, walaupun mereka tahu hari itu adalah hari Minggu. Aku minta mereka memberikan padaku uang yang di laci. Mereka membawa uang itu untuk membeli makanan kecil.

Kemudian aku katakan pada mereka, "Kalian bertiga, pergilah ke toilet dan buang uang ini di sana." Mereka membuang dua ratusan won (nilainya sekarang kira-kira dua ribu won atau dua dolar) dan kembali.

"Tahukah kalian mengapa aku menyuruh kalian membuangnya?"

"Ya, kami tahu." jawab ketiganya.

Aku meneruskan, "Hari Minggu adalah hari Sabat. Allah

melarang kita membeli dan menjual sesuatu. Haruskah kalian melanggar perintah Allah? Kalau kalian tidak sanggup mengatasi godaan hanya untuk makan sesuatu, ini akan terulang kembali untuk kedua atau ketiga kalinya. Allah tidak berkenan dengan keadaan ini. Kalian sudah melanggar hari Sabat saat kalian masuk dan minta dibelikan jajanan. Karena hal itu sama artinya dengan kalian sudah membeli dan memakan jajanan di hati kalian. Karena itulah aku menyuruh kalian membuang uang itu." Kemudian, ketiga putriku mengakui bahwa pelajaran ini akan disimpan dalam-dalam di hati mereka dan menjadi iman yang teguh bagi mereka.

Orang-Orang Berdesakan Masuk

Karena toko kami berada di sudut jalan yang ramai, bukan hanya pengunjung tetapi juga para pendeta dan anggota jemaat sering datang ke tempat kami. Ketika aku sedang belajar di seminari, beberapa orang diaken wanita membuat janji untuk konseling denganku. Mereka menceritakan bahwa ada beberapa orang percaya yang mendirikan koperasi simpan pinjam di gereja. Aku menasihati mereka untuk tidak bergabung dalam kelompok itu, sambil mengatakan

"Yesus berkata, Bait Allah adalah rumah doa dan Ia menegur para pedagang yang berjualan di Bait Allah. Bukanlah hal yang benar untuk mencari keuntungan uang di gereja. Allah memerintahkan kita untuk tidak berhutang apapun kecuali hutang kasih, maka kita tidak boleh melakukan transaksi uang di gereja. Jika kalian melibatkan uang dalam hubungan kalian, maka Iblis akan mulai bekerja dan gereja akan mengalami masalah."

Benar, tak lama kemudian koperasi simpan pinjam itu menimbulkan banyak masalah dan membuat gereja berada pada situasi yang sulit. Sejak aku mendirikan gereja, aku telah melarang adanya berbagai jenis bazar, tanpa peduli apapun tujuannya. Aku selalu mengajarkan kepada jemaatku untuk tidak melakukan transaksi keuangan di antara sesama orang percaya. Karena berita tentang nasihat dalam konsultasi itu tersebar luas dari orang-orang yang berkonsultasi denganku, banyak orang antri untuk mendapatkan konseling. Seorang jemaat perempuan datang dengan memakai saputangan menutup kepalanya karena ia botak, tanpa rambut. Tetapi dalam beberapa bulan setelah kudoakan, rambutnya mulai tumbuh kembali dan dia melepaskan penutup kepalanya.

Sekali waktu ada anggota jemaat yang kadang-kadang pergi ke tukang ramal dan tidak menjaga hari Sabat dengan baik. Dia pernah mengalami kecelakaan lalu lintas dan datang kepadaku. Dia minta aku mendoakannya karena dia sangat menderita kesakitan setelah kecelakaan itu. Setelah aku mendoakannya dengan segenap hatiku, dia bersaksi bahwa rasa sakitnya hilang dan ia telah sembuh.

Dengan menjalankan hari Sabat secara baik, kita mengakui autoritas rohani Allah. Jadi, Allah akan melindungi Anda sepanjang minggu dari segala macam kecelakaan. Tetapi jika Anda tidak menjalankan hari Sabat dengan baik, Allah Yang Mahaadil tidak dapat melindungimu. Terutama karena dia telah pergi ke tukang ramal, dia telah melakukan perzinaan rohani dihadapan Allah. Allah membenci hal itu.

Aku berusaha menanamkan iman pada orang-orang

yang mengunjungi aku dengan memberitakan firman Allah. Dalam perjalanan ke rumah doa di bukit untuk mendapatkan jawaban atas permasalahannya, seorang pendeta berhenti untuk mengunjungi aku. Setelah kunjungan pertamanya, ia pulang ke rumah dengan sukacita dan ia telah mendapatkan jawaban dan permasalahanya terselesaikan. Aku melayani konseling untuk banyak orang sehingga aku tidak sempat hadir di seminari. Sewaktu aku di rumah, mereka yang ingin konsultasi dan mereka yang ingin didoakan memenuhi rumahku. Karena itulah aku harus berkemas dan pergi ke bukit selama masa liburanku. Aku harus menjauhi orang banyak untuk bisa konsentrasi pada Firman dan berdoa sebagai seorang murid seminari.

Banyak Berpuasa Karena Ilham Roh Kudus

Kita Mampu Membuang Dosa Bahkan Dalam Pikiran Kita Sekalipun

Pada bulan Agustus 1979, selama liburan musim panas tahun pertamaku di sekolah teologi, aku ikut sekolah musim panas untuk para pendeta dari Sekolah Pertanian Kanaan dengan pendeta pembimbing dari gerejaku. Dari sebuah air mancur, terlihat air memancar ke langit biru. Aku mendengar beberapa pendeta berbicara satu sama lain. Aku terkejut mendengar mereka membicarakan banyak hal-hal duniawi. Pada waktu itu, aku mengira semua pendeta adalah kudus seperti Tuhan. Aku sangat terkejut dan kecewa mendengar mereka berbicara dan berdiskusi seperti ini:

"Walaupun kita pendeta, kita tidak bisa melakukan apa-apa akan kecenderungan berdosa dari pikiran-pikiran cabul dan pemikiran-pemikiran yang berasal dari kecenderungan itu. Jadi, saya berpendapat dan percaya bahwa hal itu bukan dosa."

"Benar," jawab pendeta yang lain, "Dosa terjadi bila kita melakukannya dengan suatu perbuatan. Hanya sekedar pikiran saja bukanlah dosa."

Aku tercengang karena aku sudah membuang semua pikiran cabul dan penuh dosa dengan cara berpuasa dan berdoa sebelum aku masuk ke sekolah teologi. Karena akar dosa sudah tercabut, iblis dan Setan, tidak bisa lagi membawa pikiran-pikiran itu kepadaku. Akankah Allah memberikan perintah-Nya kepada kita untuk tidak berbuat zina seandainya kita tidak sanggup melakukan kehendak-Nya? Mengapa mereka mengatakan hal-hal demikian jika mereka percaya bahwa dosa dapat disingkirkan dengan doa dan puasa? Yesus mengatakan setiap orang yang melihat seorang wanita dengan bernafsu, dia sudah berzinah dengan wanita itu dalam hatinya. Selain itu, Ia juga berkata, tidak ada hal yang mustahil bagi orang yang percaya, maka kita pasti bisa membuang dosa dengan berjuang melawannya sampai pada titik mencucurkan darah.

Sayangnya, sewaktu murid-murid di sekolah teologi bertanya kepada dosen mereka tentang hal ini, dia juga mengatakan bahwa manusia sendiri tidak bisa apa-apa terhadap pikiran itu, jadi pikiran saja bukanlah dosa. Aku bertekad akan mengajarkan kepada orang-orang percaya bahwa kita sanggup membuang dosa kalau kita menerima rahmat dan kekuatan dari Allah.

"Allah, terima kasih! Seandainya, sejak dulu aku sudah mendengar bahwa kita tidak mungkin menyangkal pikiran-pikiran cabul dari hati kita, mungkin aku sudah menyerah dan terus melakukan dosa perzinaan dalam pikiranku. Tetapi Engkau membuat aku mencoba dan berdoa untuk hidup sesuai firman Allah, dan Engkau yang membuat aku mampu membuang pikiran-pikiran cabul dengan berdoa dan puasa. Terima kasih, Allah!"

Aku Belajar Bahwa Puasa Adalah Kehendak Allah

Sejak aku masuk sekolah teologi, aku banyak melakukan doa puasa selama 3 hari, 7 hari, 15 hari dan 21 hari. Saat aku masih orang percaya baru, aku bahkan tidak mengerti mengapa aku harus berpuasa, tetapi aku hanya mengikuti bimbingan Roh Kudus dan berpuasa. Sewaktu aku menjadi diaken, aku belajar mengapa aku harus berpuasa dan apa manfaatnya puasa. Maka, bila aku merasakan ada sesuatu yang tidak benar di dalam diriku, aku berpuasa selama 3 hari, 5 hari dan 7 hari untuk membuangnya. Misalnya, ketika menyadari aku punya kebiasaan berbohong sebagai sifatku, aku segera mulai puasa tiga hari. Karena sangat sulit untuk berpuasa seperti itu, aku dapat dengan cepat membuang kebiasaan berbohong dan semua ketidak benaran di dalam diriku.

Penting bagi kita untuk memakan makanan pemulih setelah berpuasa. Setelah kita berpuasa untuk suatu jangka waktu tertentu, kita harus makan makanan yang memulihkan. Misalnya bubur, atau nasi lunak atau oatmeal. Anda harus memakannya sesuai dengan lamanya Anda berpuasa. Akibatnya, aku tidak punya banyak waktu di mana aku bisa makan makanan padat. Semua itu merupakan serangkaian puasa yang sangat sering seperti halnya makan. Dalam kebangunan rohani yang pertama kali aku hadiri seumur hidupku, aku belajar tentang doa puasa, tetapi aku tidak mengerti tentang makanan pemulihan. Aku tidak tahu pasti mengapa aku harus berpuasa, tetapi dengan bimbingan Roh Kudus, aku berniat kuat untuk melakukan puasa tujuh hari dan pergi ke bukit Chung-gye dengan membawa sebuah selimut dan Alkitab.

Tidak jauh dari tempat berdoa, ada ruang-ruang pribadi yang disebut "sel-sel doa" untuk mereka yang ingin berdoa pribadi. Tempat itu lembab dan di lantai terdapat papan-papan yang berlubang sehingga banyak serangga yang berkeliaran. Aku berseru-seru dalam doa dan akhirnya mampu menyelesaikan tujuh hari puasa di tempat ini. Ketika aku turun dari bukit, kakiku gemetar, namun aku bahagia bahwa aku mampu menyelesaikan puasaku. Sewaktu aku tiba di perhentian bis, aku melihat seorang penjual keliling menawarkan kentang goreng dan donat. Aku beli dan makan donat lalu pulang.

"Sayang, Maukah Kamu Beri Aku Makanan"

Istriku menyiapkan makanan untukku, maka aku berdoa, "Aku percaya, makanan ini akan dicernakan dengan baik," dan aku makan dua mangkuk nasi. Pastinya berat untuk perutku tetapi akhirnya tercerna dengan baik. Tidak berapa lama kemudian aku mendengar bahwa Rumah Doa Onsari dibangun di Paju, Kyeong-gi Do. Aku juga pergi ke sana untuk berpuasa dan berdoa. Ketika aku sedang mengikuti sebuah pertemuan selama masa tiga hari puasa, aku mendengar tentang betapa pentingnya untuk makan apa yang disebut 'makanan pemulihan.' Pendetanya mengatakan kita harus makan makanan ringan dan lunak seperti bubur, atau makanan cair dan sayur. Tetapi, aku mempunyai pendapat lain tentang hal ini.

Setibanya aku di rumah setelah menjalani doa dan puasa tersebut, seperti biasa aku makan nasi setelah berdoa, "Aku percaya makanan ini akan dicernakan dengan baik." Tetapi tiba-tiba wajahku bengkak dan aku mengalami gangguan-gangguan fisik di sekujur tubuhku. Aku segera berlutut dan berdoa. Aku mendengar suara Roh Kudus.

"Sewaktu engkau tidak mengerti tentang makanan pemulihan, Aku menjaga tubuhmu karena melihat imanmu, tetapi sekarang kau telah tahu tentang makanan pemulihan, dan karena kesombonganmulah maka kamu tidak taat." Aku sungguh-sungguh menyesal telah melanggar apa yang aku telah ketahui, dan aku mulai lagi berpuasa saat itu juga.

Manfaat Doa-Puasa

Doa puasa sangatlah penting dalam usaha kita mendapatkan jawaban atas doa-doa kita, dan sungguh banyak manfaatnya. Pertama, tidak mudah untuk berpuasa dan kemudian makan makanan pemulihan selama beberapa waktu tanpa memaksa tubuh kita untuk taat. Saat kita berpuasa, kita menepis kedagingan dan kita semakin mampu mengontrol diri kita sendiri. Roh kita menjadi lebih aktif dan sangat membantu kita untuk bertumbuh menjadi manusia yang hidup dalam roh. Secara fisik, perut juga mendapatkan istirahat, dan hal ini sangat baik untuk kesehatan. Pikiran juga menjadi lebih jernih, sehingga baik untuk kesehatan mental dan fisik. Karena roh kita menjadi lebih aktif, kita akan dipenuhi dengan kepenuhan Roh Kudus sehingga kita dapat menerima kekuatan dari Allah. Melalui doa yang sungguh-sungguh, kita akan menerima jawaban untuk berbagai masalah dan doa-doa ini akan melindungi kita dari pencobaan-pencobaan yang akan datang. Allah bekerja untuk mendatangkan kebaikan bagi segala sesuatu.

Aku berpuasa sama seringnya seperti aku makan, dan aku tidak akan berubah pikiran bila aku suatu saat memutuskan untuk memasuki satu periode doa puasa. Kita dapat dipercaya oleh Allah kalau kita menepati apa yang telah kita sepakati di hadapan Allah. Jika kita mendapatkan jawaban melalui doa dan puasa, iman kita lebih diteguhkan, dan kita juga mendapatkan keberanian dan kuasa dalam hidup kita. Jadi, doa puasa merupakan suatu jalan pintas untuk mendapatkan pengalaman-pengalaman dalam kehidupan Kristiani dan cara yang baik untuk menjalankan hidup berkemenangan di dalam iman.

Karena itu, doa puasa merupakan kehendak Allah, dan salah satu jalan terbaik untuk menerima kerajaan dan kebenaran Allah.

Cara Melakukan Doa Puasa

Doa puasa adalah suatu cara berdoa tanpa memakan sesuatu apapun kecuali minum air. Sederhananya, doa puasa adalah berdoa dengan suatu niat yang mengatakan, "Jika aku harus mati, biarlah aku mati." Maka, kita tidak dianjurkan melakukan doa puasa jangka panjang selama lebih dari sepuluh hari tanpa tujuan dan tidak dipikirkan sebelumnya, dan kita harus mengikuti kehendak Allah dengan bimbingan Roh Kudus.

Yesaya 58:6 mengatakan, *"Bukan berpuasa yang Kukehendaki, ialah supaya engkau membuka belenggu-belenggu kelaliman dan melepaskan tali-tali kuk, supaya engkau memerdekakan orang yang teraniaya dan mematahkan setiap kuk,"* Belenggu-belenggu kelaliman disini berarti semua masalah yang disebabkan karena menjauhi firman Allah. Dengan kata lain, jika kita mempersembahkan puasa yang berkenan bagi Allah, persoalan kita akan terselesaikan. Tetapi ada orang yang melakukan empat puluh hari puasa dengan keinginannya sendiri dan tetap mendapatkan masalah karena mereka tidak dilindungi oleh Allah. Jadi, puasa yang bagaimanakah yang berkenan di hadapan Allah?

Pertama, kita harus melakukannya dengan hati yang mantap

Jika kita sekali memutuskan berapa hari kita akan berpuasa kita tidak boleh mengubahnya di tengah-tengah. Kita tidak boleh berhenti dan menyerah di tengah karena merasa berat. Jika harus berhenti karena alasan-alasan yang tidak dapat dihindari, maka harus mulai kembali dari awal, menepati waktu yang telah dijanjikan dihadapan Allah. Jika kamu membuat janji di hadapan Allah dan merubahnya karena alasan ini dan itu, bagaimana Allah bisa percaya dan mengasihi kamu? Apapun yang telah kita putuskan di hadapan Allah, harus kita tepati. Dengan bersikap demikian, kita belajar untuk bertahan, dan menyimpan kepercayaan pada Allah. Dengan bersikap demikian, kita juga dapat mengikuti kehendak Allah.

Kedua, kita harus berseru dalam doa pada saat berpuasa

Banyak orang tidak berdoa dengan benar, tetapi cenderung untuk lebih banyak tidur selama mereka berpuasa. Kalau begini maka puasa dan sekedar tidak makan tidak ada maknanya. Hanya kalau kita berseru dalam doa, Allah akan memberikan kita rahmat dan kekuatan-Nya untuk menyelesaikan puasa kita. Dia juga akan memberikan kita jawaban atas doa-doa kita, dan

Dia juga memberi kita berkat

Sama seperti kita makan tiga kali sehari, kita juga harus mempersembahkan doa paling sedikit tiga kali sehari selama kita puasa. Dengan berbuat demikian, kita dilengkapi dengan manna rohani dan air hidup dari surga agar kita dipenuhi Roh Kudus dan iblis musuh kita akan pergi. Untuk puasa dalam jangka waktu panjang, kita harus berdoa paling sedikit lima kali sehari untuk mendapatkan roti rohani dari Allah. Terlebih lagi, puasa kita hendaknya bukan hanya sekedar dilakukan begitu saja. Jika kita mengoyakkan hati kita dan berdoa dengan segenap hati, Allah akan memberikan kita rahmat dan kekuatan. (Yoel 2:12-13).

Ketiga, kita tidak boleh mencari penghiburan

Yesaya 58:3 mengatakan, *"Mengapa kami berpuasa dan Engkau tidak memperhatikannya juga? Mengapa kami merendahkan diri dan Engkau tidak mengindahkannya juga? Sesungguhnya pada hari puasamu engkau masih tetap mengurus urusanmu, dan kamu mendesak-desak semua buruhmu."* Kalau engkau menonton TV, marah, atau mengumpat yang lain selama berpuasa, Allah tidak dapat menerimanya dengan sukacita, sehingga engkau tidak bisa berharap akan memperoleh jawaban. Karena itu, kita harus menjauhkan diri dari hiburan, percakapan tidak berguna, atau melakukan hal-hal yang tidak benar. Dengan hati seperti inilah Allah berkenan.

Keempat, saat kita berdoa, kita harus pertama-tama berdoa untuk kerajaan Allah dan kebenaran-Nya

Jika kita berdoa dengan harapan untuk memenuhi semua keinginan kita, Allah tidak akan menerima doa kita. Konsekuensinya, kita tidak mendapatkan jawaban. Malahan, puasa hanya akan merusak tubuh kita, karena itu kita harus sangat berhati-hati. Kita tidak boleh berdoa untuk ketenaran kita, kekuasaan atau pengetahuan duniawi, tetapi hanya untuk menjadi kudus dan layak menjadi alat yang Allah pakai. Kita harus berdoa untuk menyelamatkan lebih banyak jiwa-jiwa, untuk menerima lebih banyak lagi kekuatan dari Allah, dan untuk menerima karunia-karunia dari Roh Kudus. Allah akan menerima doa kita dengan sukacita jika kita berdoa untuk kerajaan Allah dan kebenaran-Nya, dan untuk para pendeta di gereja.

Kelima, kita harus berdoa dengan kasih rohani

Yesaya 58:7 mengatakan, *"supaya engkau memecah-mecah rotimu bagi orang yang lapar dan membawa ke rumahmu orang miskin yang tak punya rumah, dan apabila engkau melihat orang telanjang, supaya engkau memberi dia pakaian, dan tidak menyembunyikan diri terhadap saudaramu sendiri."* Allah akan sangat tersentuh saat anak-anak-Nya berhenti makan untuk berdoa kepada-Nya. Jika mereka berbuat dalam kebaikan dan menunjukkan kasih satu sama lain, tentunya mereka sangat indah di mata Allah? Dia akan menerima puasa itu dengan lebih sukacita dan memberikan jawaban lebih cepat.

Keenam, kita harus makan makanan pemulihan dengan baik

Setelah kita menyelesaikan puasa kita, kita harus makan makanan pemulihan dalam jangka waktu yang sama dengan waktu kita berpuasa hingga selesai. Kalau kita menyantap makanan pemulihan dengan baik, kita akan memperoleh kontrol diri. Makanan pemulihan ini tidak akan berbahaya bagi tubuh kita, tetapi malah membuat lebih sehat, dan roh kita juga akan mendapatkan pengetahuan yang lebih jelas.

Ada yang mengatakan, "Perutku cukup kuat jadi aku tidak perlu makan makanan pemulihan." Tetapi pendapat ini sungguh keliru. Kalau kita menyantap makanan pemulihan yang baik, Allah akan membuat lambung yang lemah semakin kuat, dan menyembuhkan penyakit-penyakit ringan selama masa pemulihan.

Walaupun kita telah menyelesaikan puasa dengan baik, jika kita tidak menyantap makanan pemulihan yang baik, kita akan kehilangan energi dan tubuh kita akan terganggu, dan kita akan mengalami masalah. Selain itu, selama masa pemulihan, kita tidak boleh bekerja atau olahraga keras yang menguras tenaga. Dan juga, setelah puasa mungkin akan ada pencobaan, karena itu alangkah baiknya bila kita berdoa selama berpuasa.

Makanan Pemulihan yang Baik

Kalau kita makan terlalu banyak pada masa pemulihan, wajah kita akan membengkak, dan juga tidak baik untuk lambung kita, karena itu kita harus berhati-hati. Kita biasa makan tiga kali sehari, tetapi saat kita makan makanan pemulihan yang halus seperti bubur nasi encer kita boleh memakannya satu mangkok empat kali sehari.

Kita harus menghindari daging, telur, roti, minuman bersoda, dan makanan berbumbu kuat yang berminyak, pedas, asin atau asam. Kita harus menghindari makanan yang mengandung MSG dan bumbu-bumbu. Akan lebih baik bila kita makan sayur mayur.

Setelah puasa 3 hari, kita bisa makan bubur nasi, tetapi setelah puasa jangka panjang, lambung menjadi seperti lambungnya seorang bayi yang baru lahir. Jadi, paling sedikit selama dua hari, kita harus makan makanan cair, sop nasi yang encer sekali. Makanlah sebanyak empat kali sehari. Mungkin kita bisa juga minum jus apel, bukan buahnya, empat kali sehari.

Setelah tiga atau empat hari kita bisa mulai makan sop nasi yang lebih kental. Selanjutnya, kita bisa menambahkan tepung beras atau labu di bubur, dan jumlahnya juga boleh ditambah. Untuk makanan pendamping, kita harus menghindari daging, dan tidak menambahkan MSG. Kalau ingin daging, boleh menambahkan sedikit ikan, tetapi tidak boleh terlalu asin.

Sup dengan sayuran juga baik. Juga baik bila kita mengupas kulit dari biji wijen dan mencampurnya dalam bubur nasi. Kita dapat memulihkan tenaga lebih cepat, dan kita juga akan merasa lebih sehat dengan proses pemulihan seperti ini.

Berdoa Meminta Bimbingan Roh Kudus

Aku seorang introver Kalau ada orang di sebelahku, aku tidak bisa berdoa dengan suara lantang. Karena itulah aku selalu berdoa sendiri di tengah malam. Setengah jam setelah aku mulai berdoa, aku menerima kepenuhan dan inspirasi dari

Roh Kudus untuk melakukan komunikasi rohani mendalam dengan Allah. Kadang-kadang, inspirasi yang begitu besar turun atasku sehingga aku mulai bernyanyi dalam bahasa lidah, dan kadang-kadang aku juga menari mengikuti gerakan Roh Kudus menyanyikan Haleluya.

Aku terutama berdoa untuk pendeta dari gerejaku, para pendeta lain, para penatua, dan untuk kebangkitan gereja dan jiwa-jiwa, untuk gereja-gereja lain, untuk negara dan bangsa kita. Menjelang akhir doaku, aku berdoa dengan singkat untuk keluarga dan usahaku. Kalau aku ada waktu, aku pergi ke tempat berdoa dan mengikuti persekutuan doa fajar. Kemudian aku akan naik ke puncak bukit. Aku merasa hanya buang waktu sia-sia bila aku menunggu sampai aku selesai makan siang, maka aku selalu membawa selimut di pagi hari dan aku tidak makan siang.

Di malam hari, aku makan malam di tempat doa dan mengikuti pertemuan yang diadakan di sana. Kalau ada dorongan kuat dalam hatiku agar aku berpuasa, aku akan meneruskan puasaku sampai malam.

"Demikian juga Roh membantu kita dalam kelemahan kita; sebab kita tidak tahu, bagaimana sebenarnya harus berdoa; tetapi Roh sendiri berdoa untuk kita kepada Allah dengan keluhan-keluhan yang tidak terucapkan. Dan Allah menyelidiki hati nurani, mengetahui maksud Roh itu, yaitu bahwa Ia, sesuai dengan kehendak Allah berdoa untuk orang-orang kudus." (Roma 8:26-27).

Pada saat itu, aku bahkan tidak tahu tentang Roh Kudus, aku hanya mengikuti bimbingan-Nya dan berdoa. Allah melihat pada hati. Karena Roh Kudus berdoa di dalam aku, maka aku berdoa mengikuti inspirasi-Nya.

Tangan Allah Mempersiapkan Pembukaan Gereja

Mengatasi Ujian-Ujian Iman

Allah mengizinkan imanku dicobai sehingga keluargaku bisa memiliki iman yang teguh dan sempurna. Putri bungsuku, Soojin berusia enam tahun. Saat itu tahun 1980. Dia sedang berjalan bersama kakaknya, ketika beberapa siswa sekolah menengah sedang bermain bola. Salah satu anak itu berbalik dengan tiba-tiba untuk mengambil bola, dan dia menabrak Soojin. Dia jatuh, kepalanya membentur lantai beton dan menderita gegar otak. Orangtua siswa itu datang dan membawa Soojin ke rumah sakit.

Istriku mendengar berita tentang kejadian ini dan pergi ke rumah sakit. Para dokter mengatakan Soojin harus dibawa ke rumah sakit umum. Kata dokter, otaknya mengalami cedera yang cukup serius dan kemungkinan dia akan mengalami masalah dengan kemampuan mentalnya karena kerusakan di otak. Walaupun dilakukan operasi, kemungkinannya tetap besar bahwa dia akan mengalami gangguan mental.

Aku sedang berada di toko, dan aku mendengar kabar bahwa Soojin mengigau. Tetapi karena aku memiliki iman bahwa dia pasti akan disembuhkan dengan doa, maka aku membawanya pulang, bukan ke rumah sakit umum.

Ibu dari siswa tadi tidak tahu apa yang harus dilakukan. Dia bekerja sebagai pembantu rumah tangga dan dia sedang dalam kesulitan finansial sama seperti kami.

Setelah aku menghibur ibu itu agar tenang, aku menumpangkan tangan dan berdoa untuk Soojin. Dia mengigau dan juga mengerang. Keesokan harinya dia bahkan tidak bangun dari tidurnya, aku dan istriku berdoa sepanjang malam. Pada hari Rabu, aku bersiap pergi ke seminari, dan tiba-tiba aku mendengar dengan jelas suara Soojin mengatakan, "Ayah, bukankah hari ini harinya ke gereja?" Ternyata dia telah kembali sadar.

"Allah, terima kasih! Engkau menjawab doaku dan Soojin telah kembali sadar." Ketika aku pulang setelah usai pelajaran, Soojin sudah pergi ke gereja menghadiri kebaktian hari Rabu.

Putri Keduaku Ditabrak Truk

Pada tahun 1981, putri keduaku Mikyung mengalami kecelakaan lalu lintas. Mikyung turun dari bis dan sedang menyeberang jalan. Supir truk tidak melihatnya dan Mikyung tertabrak. Dia terlempar ke tanah. Orang berkerumun dan supir truk membawanya ke rumah sakit.

Ketika istriku tiba di rumah sakit, wajah Mikyung begitu bengkak dan tampak seolah-olah dia mempunyai dua dagu. Di dalam mulutnya penuh luka. Mengerikan. Dokter mengatakan dia harus dirawat di rumah sakit, tetapi istriku membawanya pulang. Mikyung bersimbah darah dan dia tidak bisa membuka matanya. Wajahnya tidak karuan, penuh dengan luka-luka.

Dia tidak bisa makan apapun. Dia hanya bisa minum susu atau menghirup sup dengan sedotan. Saat aku membuka mulutnya sedikit dan melihat ke dalamnya, tampak sangat mengerikan. Aku berdoa sungguh-sungguh dengan menumpangkan tanganku kepada Mikyung. Walau penuh luka, dia tetap pergi ke sekolah. Gurunya sangat terkejut, dan menyuruhnya pergi ke rumah sakit. Aku dan istriku berpuasa dan berdoa sungguh-sungguh sepanjang malam. Mikyung tetap sekolah, dan sehari kemudian, wajahnya membiru seperti penuh memar, dan lima hari berikutnya, darah kering mengelupas dan dia sembuh total. Mulutnya kembali normal seperti biasa, bengkaknya hilang, dan bagian dalam mulutnya juga sembuh dan benar-benar bersih.

Pada libur musim panas tahun itu, kami menerima surat dari guru Mikyung. Dia mengatakan bahwa dia sadar Allah itu hidup, dan kuasa-Nya sangat besar karena dia telah melihat sendiri Mikyung sembuh dengan cepat tanpa memerlukan perawatan medis ataupun obat-obatan. Ia mengakhiri suratnya dengan mengatakan bahwa mulai saat itu dia akan ke gereja.

Putri Sulungku Disembuhkan Setelah Istriku Bertobat

Pada tahun 1981, putri pertamaku Miyoung masih di sekolah dasar. Selama liburan musim panas, aku mengikuti doa puasa di Rumah Doa Onsari, lalu pulang. Aku melihat badan Miyoung penuh dengan bengkak-bengkak yang berisi carian. Di seluruh tubuhnya terdapat ruam-ruam sangat parah sehingga kulitnya terlihat bagaikan kulit pohon cemara, dan di bawah kulit yang sudah mengering terdapat luka-luka yang melepuh. Dari kulit kering yang pecah, terlihat keluar nanah. Mengerikan. Setiap kali ia bergerak, ia akan mengalami pendarahan di tubuhnya, sehingga Miyoung harus diam di sudut ruangan.

Karena istriku mempunyai iman yang kuat bahwa Allah akan menyembuhkan Miyoung, dia tidak memberikan obat apapun dan juga tidak membawanya ke rumah sakit. Aku berdoa untuk Miyoung, tetapi dia belum disembuhkan. Aku berdoa lagi untuk dia keesokan harinya, tetapi tidak ada perubahan.

"Sesungguhnya, tangan TUHAN tidak kurang panjang untuk menyelamatkan, dan pendengaranNya tidak kurang tajam untuk mendengar. Tetapi yang merupakan pemisah antara kamu dan Allahmu ialah segala kejahatanmu, dan yang membuat Dia menyembunyikan diri terhadap kamu, sehingga Ia tidak mendengar." (Yesaya 59:1-2)

Aku memeriksa diriku sendiri, dan berusaha mencari apa yang membuat aku harus melakukan pertobatan, tetapi aku tidak bisa mengingat suatu apapun. Aku yakin Miyoung tidak bersalah. Dia anak yang selalu baik. Istriku mengatakan bahwa dia lalai dalam doa fajar akhir-akhir ini karena dia terlalu sibuk, dan ia bertobat di hadapan Allah. Setelah dia bertobat aku berdoa untuk Miyoung, dan kali ini Allah menunjukkan pekerjaan-Nya. Kulit yang dipenuhi ruam yang telah menjadi kuning karena infeksi di bawahnya sekarang berubah menjadi putih kembali dalam semalam dan darah-darah kering mengelupas semua. Miyoung tampak sungguh-sungguh bersih sebelum liburan berakhir.

Kalau kita mengandalkan Allah sepenuhnya, Ia tidak akan membiarkan kita menghadapi situasi-situasi sulit. Kami menyadari bahwa ini semua adalah pencobaan iman untuk menambahkan iman kami sekeluarga, sama seperti Allah mengubah Ayub menjadi orang yang lebih sempurna dengan memurnikannya melalui ruam-ruam dan luka-luka disekujur tubuhnya, dan kami pun mengucap syukur atas kasih Allah. Sebelum pembukaan gereja, Allah mengizinkan terjadinya pencobaan pada masing-masing putri kami untuk memberikan iman yang lebih besar lagi kepada kami.

Apa yang Harus Kulakukan?

Aku mengakui Allah dalam segala hal dan selalu mendapatkan sukacita dalam mencari kehendak-Nya dan melakukannya. Saat aku membaca Alkitab, aku sangat tersentuh bagaimana Daud mengandalkan Allah dalam segala hal.

Kemudian bertanyalah Daud kepada TUHAN, katanya: 'Apakah aku harus pergi ke salah satu kota di Yehuda?' Firman TUHAN kepadanya: 'Pergilah.' Lalu kata Daud: 'Kemana aku pergi?' Firman-Nya: 'Ke Hebron.' (2 Samuel 2:1).

Bertanyalah Daud kepada TUHAN: 'Apakah aku harus maju melawan orang Filistin itu? Akan Kauserahkankah mereka ke dalam tanganku?' TUHAN menjawab Daud: 'Majulah, sebab Aku pasti akan menyerahkan orang Filistin itu ke dalam tanganmu.' (2 Samuel 5:19)

Daud selalu bertanya kepada Allah akan segala hal, bahkan hal-hal yang kecil sekalipun. Seperti anak kecil bertanya kepada orangtuanya apa yang harus dilakukan, begitulah Daud bertanya dan dibimbing oleh Allah. Setiap kali Daud bertanya kepada Allah, Allah memberitahukan dia apa yang harus dilakukannya, bagai seorang bapak yang murah hati. Aku juga bertanya kepada Allah akan kehendak-Nya dalam segala perkara, dan Allah membiarkan aku mendengar dengan jelas suara Roh Kudus.

Puasa Empat Puluh Hari

Sewaktu aku libur musim dingin pada tahun keduaku di seminari pada tahun 1981, Allah menggerakkan hatiku untuk mempersembahkan kepada-Nya puasa empat puluh hari. Aku mengemasi Alkitab dan buku pujianku, dan beberapa buku khotbah(renungan) dan pergi ke tempat doa. Pada saat aku mau berangkat, tiba-tiba aku mendengar suara sangat tegas dari Roh Kudus.

"Janganlah membawa dan membaca buku apapun selain Alkitab dan buku pujian selama puasa empat puluh hari."

Dengan cepat aku membuka kembali tasku dan mengeluarkan buku-bukuku kecuali Alkitab dan buku pujian, lalu aku pergi ke rumah doa di Rumah Doa Osanri. Karena saat itu masa liburan, tempat itu dipenuhi ribuan orang-orang percaya. Waktu itu, udara sangat dingin, yang terdingin dalam kurun waktu enam puluh tahun. Aku mengikuti semua kebaktian puji-pujian di rumah doa itu, dan aku diberi tugas untuk berdoa tiga kali sehari (fajar, sore hari dan jam sebelas tengah malam). Ketika aku masuk ke ruang doa pribadi dan berlutut, aku merasa beku, tetapi aku berseru dalam doaku tanpa pernah melewati waktu-waktu doa walaupun hanya satu hari.

Ruang doa dipenuhi dengan embun beku dan ruang doa itu sendiri menjadi bagaikan kubus es. Tetapi saat aku berjuang untuk bisa berseru dalam doaku selama 30-40 menit, Allah memberi aku rahmat-Nya dan aku bisa berseru-seru dalam doaku selama beberapa jam. Karena aku seorang percaya baru, aku banyak melakukan puasa, termasuk puasa 5 hari, 7 hari, 15 hari dan 20 hari. Aku sering berpuasa dan tetap menghadiri kuliahku di seminari. Aku berpendapat bahwa puasa empat puluh hari pun akan mudah kalau Allah membantuku. Aku berdoa untuk kerajaan Allah dan kebenarannya, dan meminta agar Allah menjelaskan Firman-Nya kepadaku. Aku dipanggil menjadi hamba-Nya, tetapi aku tidak bisa melakukan apa pun dengan kekuatanku sendiri, maka dengan segenap hatiku aku berdoa meminta kekuatan Allah untuk bekerja bagi-Nya. Selain itu, aku juga berdoa untuk pembukaan gereja, dan Allah memberikan aku mimpi akan sebuah gereja yang akan melengkapi misi dunia.

"Ada banyak jiwa yang menderita karena penyakit dan kemiskinan. Biarlah gerejamu membantu mereka yang membutuhkan bantuan, menyembuhkan roh dan tubuh banyak oang, dan menjadi saksi untuk mewartakan kabar baik ini ke seluruh dunia dan melakukan misi dunia. Biarlah gerejamu bangkit dan bersinar. Aku telah memilihmu, dan Aku akan membimbingmu dari awal hingga akhir. Lakukanlah ini, maka sekali kau membuka gerejamu maka kamu harus melakukan banyak hal, hal ini dan itu."

Karena aku pernah menderita sakit penyakit untuk waktu yang lama, aku dapat mengerti mereka yang terserang sakit penyakit. Untuk menanamkan iman pada mereka yang tidak percaya, menyembuhkan banyak orang akan kelemahan-kelemahan dan penyakit mereka, dan untuk melepaskan rantai ketidakadilan yang membelenggu orang dalam dunia yang penuh dosa ini, aku harus menerima kekuatan yang amat besar dan tanpa batas dari Allah, karena itu aku berdoa.

"Ya, Allah berikan aku kekuatan-Mu supaya saat orang-orang tersentuh oleh bayanganku atau mereka menyentuh ujung pakaianku mereka akan disembuhkan, dan hanya dengan memerintahkan dengan firman, kuasa musuh, si iblis akan pergi."

Saat aku sedang berdoa dengan sungguh-sungguh, aku menerima janji bahwa Dia akan memberikan aku autoritas untuk mengusir kuasa-kuasa kejahatan dari iblis. Impianku adalah aku memperoleh lebih banyak kuasa dari Allah untuk mewartakan kabar baik dan menanamkan iman kepada mereka yang belum mengenal Allah dan menderita karena penyakit, kemiskinan dan kekuatiran akan dunia ini, dan untuk mendirikan sebuah gereja yang akan tumbuh dan mewartakan Injil ke seluruh penjuru dunia. Untuk mencapai impian misi dunia, aku harus menerima kuasa tak terbatas dari Allah, karena itu aku merindukannya dan berdoa untuk mendapatkan kuasa seperti yang diterima oleh orang-orang yang diakui dan dikasihi oleh Allah, seperti Musa, Yosua, Elia, Elisa, Petrus dan Paulus untuk melakukan mukjizat, tanda-tanda dan keajaiban-keajaiban.

Selain itu, sebagai hamba Allah aku meminta bukan hanya kuasa dan autoritas untuk mengatasi dunia, tetapi juga untuk menerima kedua-belas karunia Roh Kudus. Tetapi sejak hari keenam, Allah tidak lagi menopang aku. Karena Dia tidak lagi menolongku, maka iblis si musuh menggangguku. Saat hari ketujuh dan kedelapan berlalu aku mengalami sakit kepala dan kram di kaki dan tanganku. Aku merasa seperti gila dan aku tidak bisa tidur dimalam hari. Aku menyangka mungkin aku akan jadi gila, sehingga aku berjuang menjaga akal sehatku. Dalam mimpiku, ada seseorang memaksa aku makan nasi. Setelah aku bangun, aku bertobat bahwa aku bermimpi seperti itu.

Aku berpikir untuk berhenti puasa karena aku mengira mungkin aku telah mempermalukan Allah dengan kejadian itu, tetapi kalau aku berhenti saat itu, aku harus mulai lagi dari awal. Maka, aku berjuang melawan rasa sakit setiap harinya.

Setelah sembilan hari, keluhan-keluhan ini berhenti. Setelah duapuluh hari, aku bahkan tidak punya kekuatan untuk membaca Alkitab, maka aku membeli beberapa buku kotbah dari seorang pendeta. Aku membaca beberapa bab, tetapi aku tidak mempunyai kekuatan lagi untuk membaca. Aku pergi ke ruang doa pribadi, tetapi aku tidak bisa mendapatkan kekuatan untuk berseru. Aku harus berjuang sedemikian rupa untuk bisa berdoa. Aku berdoa, "Ya Allah, berilah aku kekuatan untuk dapat berseru dalam doaku."

Aku tidak tahu berapa lama waktu telah berlalu, tetapi saat aku sedang berjuang aku mendapatkan suara yang mengetuk hatiku mengatakan, *"Sudah Kukatakan padamu untuk tidak membaca buku lain selain Alkitab dan buku pujian. Mengapa engkau membaca buku yang ditulis seorang manusia?"*

Aku mendapatkan kembali akal sehatku seketika aku mendengar suara itu, dan berkata, "Allah, aku mengira hal ini tidak jadi masalah, namun aku tidak patuh. Ampunilah aku."

Saat itu sulit bagiku membaca Alkitab dan aku mengira aku mungkin bisa membaca buku lain. Aku menyadari bahwa ini adalah ketidak-taatan, dan aku menyesalinya dengan segenap hatiku. Kemudian, aku menerima kekuatan baru dan aku bisa berdoa kembali.

Pada hari ke-28, aku tinggal kulit dan tulang. Berat badanku turun banyak sekali. Pada hari ke-30, ususku kering dan saling melekat, sehingga, airpun tidak dapat masuk, dan aku merasa sangat penuh seolah-olah aku mengalami gangguan pencernaan. Kalau aku bisa minum sedikit air, maka air itu akan keluar lagi. Sewaktu aku muntah, ada darah mati berwarna hitam. Aku rasa hal ini mungkin karena ada beberapa pembuluh darah di lambung yang pecah, dan darah kering keluar pada saat aku muntah.

Pada hari ke-32, putri sulungku yang saat itu sudah duduk di SD, datang menjengukku. Aku berbagi ruangan bersama banyak orang, dan aku merasa mereka akan terganggu bila mereka melihat aku muntah. Aku pulang bersama putriku. Di kamar yang aku sewa dekat rumah, aku melanjutkan puasaku. Ini merupakan perjuangan yang berat melawan keinginanku. Tetapi pada hari ke-39, jam sebelas malam, bagaikan sebuah mukjizat, semua rasa sakit hilang, dan Allah memberiku kekuatan dari atas. Aku memiliki kekuatan seperti orang yang telah pulih sempurna. Maka, aku mandi dan berganti pakaian. Di tengah malam, aku menaikkan pujian penyembahan syukur dan menyelesaikan puasaku.

Bagaikan Rajawali Melatih Anaknya

Kemudian, aku menjadi ingin tahu mengapa Allah tidak membantuku selama empat puluh hari masa puasaku. Sebelum itu, aku selalu bisa berpuasa tanpa kesulitan karena Allah telah menopang dan menolongku. Maka, aku bertanya kepada Allah dalam doaku, mengapa aku harus berpuasa dengan usahaku sendiri dan mengalami begitu banyak rasa sakit. Allah memberikan aku jawaban ini.

"Aku tidak memalingkan wajah-Ku daripadamu, tetapi aku dengan sengaja melatihmu. Kalau engkau membandingkan puasa yang engkau selesaikan dengan mudah karena petolongan-Ku, dan puasa yang engkau selesaikan dengan kekuatan dan daya tahanmu sendiri, perbedaannya adalah kuasa yang kamu terima jauh lebih besar dan berlipat ganda."

Memang, ketika aku menyelesaikan puasa dengan kekuatan dan kemauanku sendiri, aku bisa memperolah daya tahan dan kekuatan lebih, dan aku akan mampu mengatasi kesulitan apapun juga. Ketika aku mendengar kata-kata ini, aku teringat akan Kitab Ulangan 32:11-12.

"Laksana rajawali menggoyangbangkitkan isi sarangnya, melayang di atas anak-anaknya, mengembangkan sayapnya menampung seekor dan mendukungnya di atas kepaknya. Demikianlah TUHAN sendiri menuntun dia, dan tidak ada allah asing menyertai dia."

Rajawali membuat sarangnya di tempat tinggi, di batu karang tinggi. Ketika anak-anaknya sudah bertumbuh sampai tahap tertentu, induk rajawali akan mendorong anaknya keluar dari sarangnya. Pada waktu anaknya jatuh, secara naluriah mereka akan mengepakkan sayapnya untuk bertahan hidup. Melalui latihan ini, anak-anak rajawali menjadi kuat sehingga mereka bisa bertahan dalam persaingan untuk hidup, terbang tinggi di langit. Aku tidak bisa menahan airmataku atas kasih Allah yang telah melatih aku, bagaikan rajawali yang dengan keras melatih anaknya.

Bab 5

Awal Gereja

Persiapan Firman Allah Selama Tiga Tahun

Aku Memurnikan Engkau

Aku memikirkan apa yang dimaksud dengan 'tiga tahun'. Pada tanggal 9 Juli 1974, di hari ulang tahun ayahku, terjadilah peristiwa itu, yang memisahkan antara aku dan istriku. Dan, pada tanggal 10 Juli 1977, dengan keadaan finansial cukup stabil, kami membuka sebuah toko di Pasar Keumho Dong. Tepat tiga tahun setelah kejadian itu, tidak kurang atau lebih satu haripun. Karena sekolah seminari lamanya empat tahun, pada mulanya aku tidak mengerti mengapa Allah mengatakan Ia akan menyertaiku dengan 'tanda-tanda dan keajaiban-keajaiban' setelah aku mempelajari dan mempersiapkan Firman Allah selama tiga tahun. Tetapi, aku segera bisa juga mengerti apa yang dimaksud dengan perkataan ini. Pada bulan Februari 1982, atas permintaan pendeta dari Gereja Ilman Masan, aku menjadi pembicara pada kebangunan rohani di sana. Aku menyelesaikan tahun sarjana mudaku di seminari pada bulan Februari 1982, tepat tiga tahun sejak aku masuk seminari. Seorang penatua gereja meminta kepadaku,

"Pendeta, sudilah datang ke gerejaku dan berbicara di kebaktian kebangunan rohani."

"Aku bukan pendeta yang telah ditahbiskan Aku hanya seorang mahasiswa seminari biasa, bagaimana mungkin aku berbicara di suatu kebangunan rohani? Mintalah kepada yang lain."

"Tidak, saya telah berdoa untuk kebangunan rohani ini, dan Allah telah mengingatkan saya akan anda. Adalah kehendak Allah bahwa andalah yang menjadi pembicara di kebaktian kebangunan rohani kali ini."

"Kalau begitu, saya akan berdoa terlebih dahulu dan mengabari anda kembali."

Karena ini adalah kebaktian kebangunan rohani pertama dan aku masih seorang mahasiswa seminari, aku merasa kurang percaya diri. Aku berpuasa selama tiga hari di Rumah Doa Osanri, dan aku mendapatkan kepercayaan dan peneguhan. Setelah aku kembali ke rumah, aku berlutut dan berdoa untuk mempersiapkan pengajaran-pengajaran yang akan disampaikan pada pertemuan kebangunan rohani itu. Pada saat itu, dengan jelas sekali, Allah memberi aku sebelas bahan pengajaran termasuk ayat-ayat bacaan dan judul-judulnya dengan jelas dan rinci, termasuk juga pengajaran untuk kebaktian fajar. Inspirasi Allah ini mengingatkan aku akan sebuah buku yang pernah aku baca sebelumnya, "Engkau sudah membaca buku ini sebelumnya, pakailah sebagai contoh." Aku sangat kagum. Sekali lagi aku menyadari bahwa tidak ada hal yang mustahil bagi Allah. Aku menyelesaikan semua persiapan-persiapan mulai dari pembukaan sampai dengan kesimpulan untuk setiap khotbah. Aku berbicara dan memimpin kebangunan rohani itu dengan rahmat Allah. Semua anggota jemaatnya mengucapkan terima kasih kepadaku dan mengatakan bahwa mereka sudah menerima rahmat yang luar biasa. Banyak yang bersaksi bahwa inilah Firman Hidup yang belum pernah mereka alami sebelumnya. Roh mereka diubahkan dan masalah mereka terselesaikan.

Dimulai dengan kebangunan rohani ini, selanjutnya aku diundang ke banyak gereja untuk berbicara pada kebaktian-kebaktian kebangunan rohani mereka. Setiap kali, Roh Kudus, bagaikan angin kencang berhembus, menyertai pewartaan firman Allah dengan perbuatan tanda-tanda dan mukjizat. Saat Allah memanggilku menjadi hamba-Nya, Ia berkata, "Selama tiga tahun, karena itu persiapkan dirimu dengan Firman selama selama tahun."

Untuk Pelayanan yang Berhasil

Pada tahun-tahun akhir di seminari, teman-teman sekelasku juga sedang melakukan persiapan untuk memulai sebuah gereja. Mereka sibuk mengumpulkan informasi dan hal-hal yang diperlukan untuk membuka sebuah gereja, dengan menghadiri pertemuan diskusi mengenai pertumbuhan gereja dan melakukan studi kasus tentang kebangkitan gereja. Teman sekelasku menasihatiku, "Pendeta, bagaimana anda bisa melakukan pelayanan penuh kuasa hanya dengan selalu berdoa dan berpuasa di bukit? Mengapa anda tidak bergabung dengan kami dan belajar banyak hal?" Pastilah akan sangat bermanfaat mengumpulkan informasi dan pengetahuan yang diperlukan untuk membuka sebuah gereja, tetapi aku mempunyai pendapat lain.

Aku ingin belajar metode dan cara yang bukan berasal dari manusia, tetapi metode Allah tentang pertumbuhan gereja seperti yang dinyatakan dalam Alkitab. Sewaktu aku membaca Alkitab, para bapa iman seperti Petrus dan Paulus selalu berusaha keras untuk berdoa setiap saat. Aku memahami Firman Allah dengan cara merenungkan Alkitab dan mengabarkan injil dengan setia dan rajin.

Dari Kisah Para Rasul 8:26 dan seterusnya, Filipus pergi ke tempat yang tidak dikenalnya dengan bimbingan Roh Kudus dan bertemu dengan seorang Etiopia, seorang sida-sida, pembesar dan kepala perbendaharaan Sri Kandake, ratu negeri Etiopia. Dia adalah penanggung jawab semua harta kekayaan ratu tersebut. Sida-sida itu sedang membaca kitab Nabi Yesaya dan ia ingin sekali bisa mengerti Firman Allah. Maka Filipus memberitakan Injil Yesus kepadanya dan kemudian membaptisnya. Juga, sewaktu rasul Paulus ingin menyebarkan Injil ke Asia, tetapi Roh Kudus tidak mengizinkannya pergi menginjil ke Asia namun membimbingnya ke Makedonia (Kisah Para Rasul 16:6-10).

Yang terungkapkan dalam perenungan akan firman tadi adalah bahwa Allah sendirilah yang mengarahkan dan membimbing hamba-hamba-Nya. Untuk berhasilnya suatu pelayanan, aku menyadari bahwa yang paling penting adalah menjalin komunikasi yang akrab dengan Allah dan melakukan kehendak-Nya. Karena itulah aku berdoa setiap kali aku ada waktu, dan aku berusaha untuk mengerti Firman Allah secara rohani.

Istriku Memelihara Jiwa-Jiwa Dengan Kasih

Pada bulan Maret 1982, setelah selesai berpuasa selama empat puluh hari dan aku juga telah menyelesaikan masa pemulihanku, tahun ajaran baru dimulai.. Pada tahun baru, diadakan reorganisasi kelompok-kelompok sel di gereja di mana aku bergabung. Istriku menjadi pemimpin pelayan sel dan Diaken Aeja Ahn menjadi ketua sel. Kami mempunyai lima anggota dalam sel kami. Menjelang bulan April, anggota kami bertambah menjadi 25 orang.

Istriku dengan rajin menginjili dan memperhatikan para anggota kelompok sel. Selain itu, dia juga menetapkan waktu untuk berdoa di rumah bersama Diaken Aeja Ahn. Melalui persekutuan doa ini, banyak masalah dalam keluarga terselesaikan, dan semakin banyak keluarga yang diinjilli, sehingga terjadilah kebangkitan besar. Terlebih lagi, karena istriku pandai memasak, setiap kali ada persekutuan doa, ia menyiapkan makanan enak dan melayani semua anggota kelompok.

Hari Minggu pagi, kami menyuruh ketiga anak kami mendatangi setiap rumah dengan membawa pesan, "Hari ini hari untuk pergi ke gereja, mari datanglah ke rumah kami pada jam sepuluh." Jika mereka tidak datang pada jam sepuluh, putri-putri kecilku akan kembali ke rumah mereka dan mengetuk pintu mendesak mereka untuk ke gereja bersama. Banyak kali, mereka tidak dapat menolak anakku dan akhirnya mereka datang. Jadi, pada hari Minggu, ada kira-kira tiga puluh anggota datang ke gereja dalam selku. Istriku melayani mereka dengan kasih, dan dengan cara inilah ia melatih dirinya menjadi istri seorang pendeta.

Dengan Tujuh Dolar

Terjadi Suatu Keajaiban

Di saat aku menjadi seorang senior di kampus seminari pada tanggal 1 Maret, tokoku yang semula selalu banyak pelanggan dengan tiba-tiba menjadi sepi. Toko itu benar-benar kosong. Semula, aku kilas balik apakah kami masih mempunyai dosa penghalang terhadap Allah dan kami merasa segalanya akan beres keesokan harinya. Tetapi, keadaan sama saja. Aku dan istriku berdoa kepada Allah, tetapi tidak ada jawaban. Karena kami tidak mempunyai pendapatan, sewa bulanan toko kami terpaksa diambil dari uang simpanan. Akhirnya kami mengetahui bahwa semua ini adalah pemeliharaan dan penyelenggaraan Allah. Kami menutup toko untuk memulai sebuah gereja pada tanggal 25 Juli, dan pada saat itu, semua uang simpanan kami habis. Setelah membayar semua pajak, kami hanya punya tujuh dolar di tangan. Allah membalikkan semua yang kami peroleh di dunia menjadi nol, dan membuat kami membuka sebuah gereja hanya dengan tujuh dolar.

Orang-Orang Sakitlah yang Datang

Mengapa ibu Miyoung selalu bahagia?

Karena ada satu waktu di mana aku sudah pada tahap menunggu kematian, istriku memulai kehidupan Kristianinya dengan menyaksikan bagaimana aku disembuhkan dari semua penyakitku. Dia sekarang selalu bahagia penuh sukacita. Walaupun kami tidak punya apapun untuk makan hari esok, kami tetap bersyukur. Apakah dia sedang mencuci piring atau apapun yang sedang dia kerjakan, dia selalu menyanyikan lagu puji-pujian. Siapa pun yang ditemuinya, dia pasti akan menceritakan bagaimana dia menemukan Allah yang hidup dan mewartakan Injil. Dia melewati hari-harinya dengan kepenuhan Roh Kudus.

Sebelum pembukaan gereja, berita tentang keluarga kami telah tersebar, dan semakin banyak orang datang meminta doa kepadaku. Pada bulan April 1982, satu orang perempuan percaya mengunjungiku. Ia sangat kurus sehingga tampak hanya kulit dan tulang. Dia katakan bahwa dia tidak bisa berjalan cepat karena penyakit jantung bawaan.

"Pendeta, tiga hari setelah melahirkan anak saya, seluruh tubuh saya menjadi bengkak dan sejak itu kondisinya terus memburuk. Saya bahkan tidak dapat menggendong bayi saya." "Terimalah doa ini dengan iman. Allah akan menyembuhkanmu."

Dia didoakan satu kali dan sembuh dari penyakit jantungnya. Dialah Diaken Senior Seong Ja Kim, yang sekarang menjadi anggota kelompok pendoa setia dari gereja kami. Di hari lain, seorang wanita setengah baya datang ke tokoku. Katanya, dia telah mendengar tentang keluargaku dan ingin menemuiku. Ia mempunyai seorang anak perempuan berusia 20-an tahun dan tulang panggulnya mengalami dislokasi. Kaki anak gadis itu tidak sama panjang, sehingga dia tidak bisa berjalan dengan sempurna. Rasa sakit yang dialaminya terus bertambah sampai pada tahap di mana dia harus diterapi dengan morfin. Sekarang ia menjadi kecanduan morfin, dan morfin itu sudah tidak manjur lagi. Bahkan obat penahan nyeri yang paling kuat sekalipun tidak lagi manjur untuk dia. Ibunya meminta aku mendoakan anak gadis itu. Aku mengadakan kebaktian penyembahan di rumahnya. Roh Kudus menggerakkan aku untuk berdoa bagi keluarga itu selama dua puluh hari.

Pada saat itu, aku masih sekolah di seminari, dan aku sibuk melakukan doa-doa malam juga, tetapi aku tetap mewartakan Firman Allah kepada mereka dan berdoa untuk mereka selama 21 hari. Maka, sedikit demi sedikit anak gadis ini mengalami pertumbuhan iman, dan dia berhenti memakai semua obat-obatan yang selama ini dipakainya. Dia mulai sungguh-sungguh hanya mengandalkan Allah saja. Pada hari ke-20, semua sakitnya hilang. Hari berikutnya, dia bersaksi sebagai berikut:

"Pendeta, rumah ini sudah tua dan di ruang atas maupun di langit-langit ada banyak tikus. Tikus-tikus itu selalu membuat gaduh. Di malam hari, tikus-tikus itu bahkan turun dan masuk ke kamar-kamar dan mengganggu. Saya kerepotan dengan tikus-tikus ini. Tetapi, kemarin malam saya bermimpi dan ketika saya terbangun di pagi hari, sesuatu yang luar biasa terjadi!"

Ada begitu banyak tikus, sehingga mereka memasang racun tikus dan lainnya untuk mengusir tikus-tikus itu, tetapi sia-sia. Karena dia selalu gelisah, gugup dan bingung karena sakitnya. Dia tidak bisa tidur di malam hari karena gaduhnya tikus-tikus tersebut. Tetapi malam itu, dia bermimpi menerima doaku, dan segera setelah dia didoakan, tikus-tikus berbagai ukuran keluar berkelompok, dan akhirnya seekor tikus sangat besar, kelihatan sebagai rajanya juga pergi keluar. Lalu, semua sakitnya hilang dengan tiba-tiba, dan dalam kenyataan juga begitu, semua tikus di ruang atas hilang. Gadis ini sangat terkejut dan kagum akan pekerjaan Allah, dan dia tidak bisa menyembunyikan luapan emosinya. Beberapa hari kemudian, ibu dari gadis ini datang lagi kepadaku sambil berkata, "Pendeta, putriku sedang sekarat! Tolonglah segera datang dan berdoa untuk dia!"

Hari sudah larut malam ketika aku tiba di rumahnya. Anak gadisnya sedang menggeliat di lantai menahan sakit. Dia melakukan puasa tiga hari, dan seharusnya setelah puasa dia makan makanan pemulihan yang baik selama tiga hari juga, tetapi dia makan ayam goreng langsung setelah selesai puasa. Dia mengalami gangguan pencernaan akut. Ketika aku meletakkan tanganku atas dia dan berdoa, dengan pencerahan Roh Kudus aku dapat melihat dengan jelas sebuah tulang di dalam perutnya, dan aku dapat melihat tulang itu meleleh. Segera setelah doa selesai, dia memuntahkan semua yang telah dia makan. Dia menarik satu kali napas panjang dan wajahnya kembali normal.

Menjadi Wadah yang Bersih

Aku sering sekali berpuasa dan mencoba melakukan yang terbaik, dan berjuang untuk mengusir semua bentuk kejahatan dan tetap taat pada perintah Allah. Aku mulai menghasilkan kesembilan buah-buah Roh Kudus dan aku menyadari aku sangat kuat memancarkan kuasa dan karunia Roh Kudus. Sepanjang waktu ini, setelah aku berdoa terus menerus kepada Allah selama tujuh tahun agar aku bisa mengerti kehendak Allah dengan jelas, Allah mengirimkan seorang utusan-Nya kepadaku. Pada bulan April 1982, satu anggota wanita yang diinjili isetriku mengunjungi aku dan berkata,

"Pendeta, di tengah malam ada seseorang memanggil namaku tiga kali, maka aku membuka mataku. Dalam cahaya yang sangat terang sehingga sulit bagiku untuk membuka mata, Allah hadir dan berkata, 'Aku akan memilih kamu, membuat kamu dikenal di antara bangsa-bangsa, dan menjadikan kamu saksi-Ku di seluruh dunia.' Aku sama sekali tidak mengerti apa artinya semua ini."

Waktu itu, dia bahkan sama sekali tidak tahu apa Kitab Kejadian dan Injil Matius, tetapi dia mengalami kesembuhan dari sakit perutnya karena didoakan. Waktu, kami mengadakan persekutuan doa untuk membuka sebuah gereja, Allah berbicara melalui dia, dan aku sangat terkejut mendengar kata-kata yang sama yang Allah pernah berikan kepadaku sewaktu Ia memanggilku menjadi hambaNya,

"Bukankah engkau meminta kedua belas karunia Roh Kudus? Aku berikan semuanya kepadamu, angkatlah doa

ucapan syukur."

Selanjutnya, melalui nubuatan, Allah berbicara kepadaku mengenai hal-hal yang hanya aku sendiri yang tahu. Ada hal-hal yang bahkan istrikupun tidak tahu. Dengan kejadian ini, aku menyadari Allah telah memberikan aku karunia bernubuat. Allah membuat aku sungguh percaya bahwa sungguh-sungguh firman Allahlah yang diberikan kepadaku. Selama ini, aku selalu meminta kedua belas karunia termasuk sembilan karunia Roh Kudus seperti tertulis di 1 Korintus bab 12, dan juga karunia penglihatan ilahi, serta karunia kasih.

Apakah Nubuat?

Alkitab menjelaskan kepada kita tentang bermacam metode untuk mendengar suara Allah. Ada suara yang langsung dari Allah sendiri, dan ada juga suara Roh Kudus. Namun, kadang-kadang, Allah berbicara kepada kita melalui seorang malaikat dengan kehadiran seseorang. Allah juga berbicara kepada kita melalui nubuat.

"Lalu kekuasaan TUHAN meliputi aku dan Ia membawa aku keluar dengan perantaraan Roh-Nya dan menempatkan aku ditengah-tengah lembah, dan lembah ini penuh dengan tulang-tulang. Lalu Ia berfirman kepadaku: "Hai anak manusia, dapatkah tulang-tulang ini hidup kembali?" Aku menjawab: "Ya TUHAN Allah, Engkaulah yang mengetahui!" Lalu firman-Nya kepadaku: "Bernubuatlah mengenai tulang-tulang ini dan katakanlah kepadanya: Hai tulang-tulang yang kering, dengarlah firman TUHAN!" Beginilah firman

TUHAN kepada tulang-tulang ini: Aku memberi nafas hidup di dalammu, supaya kamu hidup kembali. Aku akan memberi urat-urat padamu dan menumbuhkan daging padamu, Aku akan menutupi kamu dengan kulit dan memberikan kamu nafas hidup, supaya kamu hidup kembali. Dan kamu akan mengetahui bahwa Akulah TUHAN." Lalu aku bernubuat seperti diperintahkan kepadaku; dan segera sesudah aku bernubuat, suatu suara berderak-derak, dan tulang-tulang itu bertemu satu sama lain." (Yehezkiel 37:1-7)

"Karena kesaksian Yesus adalah roh nubuat" (Wahyu 19:10).

Nubuat adalah berbicara untuk orang lain. Di antara para nabi, ada yang berbicara atas nama manusia dan ada yang atas nama Allah.

Dalam Kitab Yehezkiel Bab 37, kita dapat melihat Roh Allah ada pada Yehezkiel, dan Allah berbicara melalui bibir Yehezkiel. Karena Allah berbicara melalui mulut seorang manusia, kalimat yang diucapkan bersifat suatu perintah. Nubuat tidak dilakukan oleh manusia tetapi oleh Roh Allah, yaitu Roh Kudus. Roh Kudus bekerja sama dalam keharmonisan dengan manusia untuk menyampaikan kehendak Allah. Karena itu, nubuat adalah firman kebenaran dan dijamin kebenarannya oleh Allah sendiri. Kalau begitu, apa yang dimaksud dengan roh nubuat?

Kalau Anda berbicara kebenaran melalui Roh Kudus, Anda bersaksi akan Yesus, yang adalah kebenaran itu sendiri. Karena roh Yesus sendiri dibenarkan melalui manusia yang mengungkapkan kebenaran melalui Roh Kudus, maka orang tersebut sedang bernubuat. Inilah yang disebut roh nubuat.

Sama seperti halnya nabi Yehezkiel taat pada firman Allah dan bernubuat, jika ada seseorang yang dapat menubuatkan firman Allah, kita akan menerima banyak wahyu.

Kita dapat mengerti bahwa Yesus ingin kita menerima wahyu seperti yang dikatakannya dalam Matius 11:27, *"tidak seorangpun mengenal Anak selain Bapa, dan tidak seorangpun mengenal Bapa selain Anak dan orang yang kepadanya Anak itu berkenan menyatakannya."* Selain itu, rasul Paulus juga mengatakan dalam 2 Korintus 12:1, *"Aku harus bermegah, sekalipun memang hal itu tidak ada faedahnya, namun demikian aku hendak memberitakan penglihatan-penglihatan dan pernyataan-pernyataan yang kuterima dari Tuhan."*

Kalau kita dapat menerima wahyu Allah seperti rasul Paulus, kita akan mampu mengerti Allah dengan jelas dan kita bahkan bisa mengetahui hal-hal yang akan datang. Hanya kalau kita mengerti akan hal-hal yang akan datang, kita dapat mempersiapkan diri untuk waktu kedatangan Tuhan kembali, di mana Ia akan datang bagaikan pencuri.

Menerima Jawaban untuk Membuka Gereja

Mereka Ingin Mengeluarkanmu

Karena aku sedang melakukan persiapan untuk pembukaan sebuah gereja, kami mengadakan beberapa kali persekutuan doa. Kami mengadakan kebaktian penyembuhan di rumah Diaken Aeja Ahn, dan rumah itu penuh sesak dengan banyaknya orang yang datang. Persekutuan doa yang kedua diadakan di tokoku. Ada satu orang, lengannya patah dan memakai gips, dia disembuhkan dan bisa melepaskan gips pembalutnya. Seorang ibu yang belum bisa mengandung hadir dan didoakan. Tidak lama kemudian aku mendapat berita bahwa ibu itu telah hamil. Persekutuan doa ketiga diadakan di sebuah lokasi di bukit. Ada lebih dari empat puluh orang yang hadir. Beberapa dari mereka adalah para mahasiswa seminari dan pendeta. Ada satu wanita yang pernah dioperasi pada tulang punggungnya, tetapi dia mengalami kembali gangguan yang dideritanya.

Sebenarnya keadaan dia sangat gawat, namun dia tetap ingin hadir di persekutuan doa. Salah satu anggota kami hampir tidak kuat memapah wanita ini naik ke bukit, dan aku berdoa untuk wanita ini selama waktu doa. Wanita itu disembuhkan total di atas bukit, dan kemudian dia dapat turun sendiri dari bukit!

Pertemuan keempat diadakan di bukit juga, dan dihadiri banyak mahasiswa seminari. Firman Allah turun atas kami.

"Setelah persekutuan ini, akan ada ujian bagi kamu. Tetapi janganlah kuatir dan tetaplah percaya kepada-Ku dan berdoa. Aku akan membalasmu dengan berkat berlimpah."

Memang benar, tak lama kemudian ada suatu pencobaan terjadi kepadaku. Pada bulan Juni 1982, aku menghadapi ujian akhir semester dan pulang ke rumah. Tetapi salah satu dari dosen datang ke rumahku. Aku tahu, hal ini diluar kebiasaan normal. Ia memulainya dengan berkata,"Saya sering pergi ke bukit doa dan banyak berdoa, jadi saya juga mengerti akan dunia rohani. Anda mempunyai iman yang dalam dan saya tahu bahwa anda diberkati dengan banyak karunia-karunia roh. Karena anda sedang mempersiapkan untuk membuka sebuah gereja, iblis dan setan si musuh akan bangkit melawan anda. Pendeta, saya berpikir sebaiknya anda menghentikan rencana membuka gereja itu. Kami mengadakan rapat para dosen hari ini, dan mereka ingin mengeluarkan anda dari sekolah. Saya mengerti anda bukan orang seperti itu, tapi."

Pekerjaan Iblis Musuh Mengganggu Rencana Pembukaan Gereja

Sewaktu aku mendengarkan penjelasannya yang sangat rinci, bukan hanya dosen pembimbingku tetapi juga pendeta gerejaku salah mengerti tentang aku. Aku ditanya, "Pendeta, pada saat persekutuan doa di bukit, apakah anda mengatakan anda adalah Kristus? Apakah anda mengajak seorang wanita bersama anda, dan apakah anda membiarkan dia menumpangkan tangan atas pendeta-pendeta yang lain?"

"Aku tidak pernah mengatakan aku adalah Kristus, dan aku tidak pernah membiarkan seorang wanita menumpangkan tangan kepada para pendeta yang lain."

Karena banyak terjadi kesembuhan setiap kali aku mendoakan orang di persekutuan doa, salah satu teman sekelasku, yang iri hati akan keadaan ini, membuat laporan dengan tuduhan palsu kepada dosen pembimbingku termasuk hal-hal seperti, "Pendeta Jaerock Lee melakukan hal-hal yang menimbulkan perpecahan. Ia mengatakan bahwa dia adalah Kristus."

Berbagai isu yang tidak benar beredar luas dalam sekejap. Lebih parah lagi, dosen yang telah mengajarku selama empat tahun memutuskan untuk mengeluarkan aku atas dasar isu-isu yang didengarnya tanpa peduli untuk mendengarkan apa pun dariku. Namun, Aku tidak menemui ataupun berbicara dengan siapapun untuk memohon agar aku dinyatakan tidak bersalah. Aku merasa situasi ini amat sulit, tetapi waktu aku berdoa kepada Allah, Ia mengatakan kepadaku untuk mengucap syukur dan bersukacita dan berdoa untuk orang-orang tersebut dengan penuh kasih.

Pada bulan September semester baru akan dimulai. Ketika aku kembali ke kampus, aku mendengar teman-teman sekelasku sedang berdebat tentang kasusku. Mereka mengatakan bahwa teman sekelas yang menuduhku akhirnya memutuskan untuk tidak mendaftar ulang di semester ini sebagai bentuk pertobatan. Maka, aku menemui dia dan mendesak dia untuk kembali mendaftar karena aku tidak menyimpan rasa benci ataupun salah pengertian terhadap dia. Allah bekerja sedemikian rupa sehingga semua permasalahan dapat terselesaikan dengan mulus. Bahkan dia yang menuduh akupun dicelikkan. Setelah aku membuka gereja dan melakukan kebaktian peresmian, banyak dosen, termasuk mereka yang telah salah paham dengan aku, datang dan kami merayakannya bersama. Pada waktu wisuda, kami mengadakan pesta syukur ucapan terima kasih untuk para dosen di gereja kami.

Sebuah Jawaban, "Manmin Gereja 'Seluruh Ciptaan'"

Karena aku masuk seminari pada usia yang relatif tua, aku ingin membuka gereja lebih awal. Karena aku tidak lagi muda, aku berdoa meminta nama gereja sejak aku masih di tahun pertama, tapi tidak ada jawaban. Jawaban itu datang hanya sesaat sebelum pembukaan gereja.

"Beri nama gereja itu 'Gereja Manmin.' Kalau tiba saatnya nanti, dan engkau pergi melakukan ziarah, engkau akan mengerti mengapa Aku memintamu menamainya 'Manmin.'"

Selanjutnya di tahun 1989, aku pergi ziarah ke Tanah Suci. Di Taman Getsemani, Yesus berdoa sedemikian rupa sehingga peluhnya menjadi tetesan darah yang jatuh ke tanah untuk menggenapi rencana salib dan menyelamatkan semua umat bangsa dan umat manusia. Di tempat ini aku melihat "Gereja Segala Bangsa" dengan emosiku yang bergolak. Allah mengutus Yesus Kristus sebagai korban tebusan untuk menyelamatkan semua bangsa dan umat manusia. Allah ingin menggenapi rencana-Nya dihari-hari terakhir, dan Ia ingin menyempurnakan mis-iNya di dunia dengan Injil suci, dan Ia memberikan kita nama "Manmin" yang artinya "segala ciptaan."

Pada awal berdirinya gereja itu, kami menamainya 'Gereja Manmin' tetapi karena kami berharap kami dapat membuka banyak gereja cabang kami, kami mengganti namanya menjadi 'Gereja Manmin Pusat.'

Mengapa Engkau Mau Melakukannya Dengan Cara yang Sulit?

"Pendeta, mengapa anda ingin membuka gereja? Tahukah anda betapa sulitnya memulai suatu gereja?" "Anda harus makan bubur saja selama beberapa tahun. Tidak inginkah Anda anak-anak anda bisa bersekolah? Tahukah anda betapa sulitnya mengumpulkan orang-orang percaya sekarang ini?" Nasihat itu berlanjut, "Selain itu, tahukah Anda betapa tidak taatnya orang-orang percaya sekarang? Marilah kita bekerja bersama di gereja ini saja." "Pendeta, sekali anda membuka gereja, Anda akan banyak berurai airmata."

Pada waktu aku sudah akan membuka gereja, begitu banyak orang berusaha menghentikan aku. Karena memang kenyataan bahwa ada banyak gereja-gereja baru yang mengalami kesulitan. Beberapa orang pendeta membuka gereja dengan menggunakan uang pinjaman untuk membayar gedung dan perlengkapannya. Tetapi, sewaktu gerejanya tidak bertumbuh dan berkembang sesuai harapan, mereka harus hidup dalam lilitan hutang. Banyak dari mereka yang akhirnya tidak mampu melakukan apa-apa, merasa putus asa dan tidak berdaya. Tetapi karena aku percaya kepada Allah Yang Mahakuasa, hatiku tidak tergoyahkan sama sekali. Aku tidak bisa secara terus terang menunjukkan ketidak setujuanku dengan mereka yang memberiku nasihat karena aku tidak mau mempermalukan mereka. Aku hanya menjawabnya dalam hati. "Sekali aku membuka gereja, maka gereja itu akan makmur, dan tidak akan ada masalah apapun. Aku akan menyelamatkan banyak jiwa dan gereja akan tumbuh berkembang dengan cepat. Lalu kami akan memberikan kemuliaan kepada Allah secara luar biasa."

Aku mengandalkan firman Allah seperti tertulis dalam Filipi 4:13, *"Segala perkara dapat kutanggung di dalam Dia yang memberi kekuatan kepadaku,"* dan dalam Matius 9:29 yang mengatakan bahwa segala sesuatu akan terjadi seperti yang kit percayai, dan dalam Matius 13:8 di mana aku diyakinkan bahwa jika kita menabur, Allah berjanji bahwa Dia akan mengembalikan 30, 60, atau 100 kali lipat dari yang kita tabur. Kalau kita melihat kembali pada hamba-hamba Allah yang terkasih, karena Allah ada bersama mereka, Musa dan rasul Paulus tampil bagaikan dewa bagi umatnya (Keluaran 7:1; Kisah Para Rasul 14:11).

Jika Allah beserta kita, tidak ada hal yang mustahil. Aku percaya akan hal ini. Aku percaya bahwa sebagai hamba-Nya, jika aku fokus pada firman, berdoa dan mengikuti kehendakNya, maka Allah akan menjawabku dan memelihara semua urusan keuangan, tempat dan para pekerja gereja. Karena aku memiliki iman bahwa aku mampu melakukan segala perkara di dalam Dia yang memberi aku kekuatan, aku mendapatkan suatu visi (penglihatan). Aku mendoakan dengan rinci apa yang ada dalam penglihatan dan mimpiku, dan aku mengakuinya dengan bibirku.

Taat Pada Bimbingan Roh Kudus

Pada bulan Mei 1982, Allah mengatakan kepadaku bahwa aku akan membuka sebuah gereja pada waktu matahari sedang bersinar terik dan Ia membimbingku menuju daerah bagian dari Shindaebang, di daerah Dongjak di kota Seoul, suatu tempat yang tidak pernah aku dengar sebelumnya. Karena aku tidak mengenal daerah tersebut, aku bertanya kepada banyak orang bagaimana aku bisa ke sana. Karena pada waktu itu daerah tersebut belum dikembangkan dengan baik, tidak terdapat banyak bangunan dan lalu lintasnya sepi. Ada sebuah tempat dengan luas keseluruhannya sekitar sembilan ratus kaki. Harga sewa per bulan sebesar 150 ribu won (150 dolar) dengan uang jaminan sebesar tiga juta won (3.000 dolar). Aku bertemu dengan pemiliknya untuk menanda-tangani kontrak, dan ia menurunkan harga sewa menjadi 120 ribu won.

Allah Menyediakan Uang untuk Pembukaan Gereja

Allah memberikan kepada kami uang yang diperlukan untuk pembukaan gereja melalui Diaken Aeja Ahn. Dia selalu berdoa sekitar lima jam sehari. Anak lelakinya pernah mengalami kecelakaan lalu lintas dan ia mendapatkan tiga juta won sebagai kompensasi kerugian. Dia berikrar kepada dirinya sendiri bahwa dia akan mempersembahkan uang ini kepada Allah sebagai persembahan untuk pembangunan gereja. Tetapi karena suaminya yang bukan orang percaya memakai uang tersebut untuk keperluan lain, dia selalu menjadi terbeban dalam hatinya. Dia selalu teringat bahwa dia masih harus memberikan tiga juta won sebagai persembahan pembangunan gereja. Sementara itu, dia bertemu dengan keluargaku dan dia bergabung denganku sewaktu aku membuka gereja.

Karena pabrik mebel milik suaminya mengalami kesulitan, rumahnya terpaksa digadaikan. Jika mereka tidak melunasi hutangnya, rumah mereka akan dijual dengan harga yang amat murah. Maka, mereka mengiklankannya untuk dijual seharga 20 juta won (20 ribu dolar) tetapi tidak seorangpun tertarik melihat rumahnya. Mereka menurunkan harganya menjadi 15 juta won, tetap tidak ada orang yang tertarik untuk membelinya. Sementara itu, firman Allah turun kepada Diaken Aeja Ahn di saat persekutuan doa di Bukit Samgak.

"Persembahkan puasa tiga hari dan iklankanlah rumahmu. Naikkan harga sebesar imanmu dan Aku akan bekera. Pakailah tiga juta dari harga yang sudah dinaikkan tadi untuk membangun gereja."

Mereka sudah mengiklankan rumah mereka untuk dijual, tetapi tidak ada seorangpun mau membelinya setelah sekian tahun. Mereka mengira bahwa jika mereka menaikkan harganya, agen real estat akan menertawai mereka. Diaken Aeja Ahn berpikir sungguh-sungguh dan hati-hati, dan akhirnya menaikan harga sebesar tiga juta won. Dia memasang harga 18 juta won. Agen real estat terlihat sangat tercengang.

Tetapi sewaktu dia pulang dari kantor agen real estat itu, ada seseorang mengikuti dia dan melihat rumahnya. Orang ini mengatakan bahwa dia telah menemukan rumah idamannya dan dia menandatangani kontrak sebesar 18 juta won. Diaken Aeja Ahn merasa menyesal bahwa sebenarnya dia bisa menjualnya dengan harga 20 juta won kalau saja dia lebih beriman. Allah bekerja untuk dia agar dapat menjual rumahnya yang belum laku dalam jangka waktu yang panjang. Dia bisa melunasi hutang keluarganya dan mempersembahkan tiga juta won sebagai dana yang diperlukan untuk membuka gereja.

Bertobat Sungguh-sungguh Dari Hati Karena Telah Mengandalkan Manusia.

Pada waktu aku sedang mempersiapkan semua keperluan pembukaan gereja, aku sedikit banyak berharap akan ada empat orang bersamaku saat aku membuka gerejaku. Aku merasa bahwa mereka akan hadir sejak awal pembukaan karena aku merasa mereka mengenal aku dengan baik dan mereka mengasihi aku. Tetapi kenyataannya berbeda. Pada tanggal 25 Juli 1982, kami mengadakan kebaktian pembukaan, tetapi sayangnya tidak ada seorangpun dari mereka yang kuharapkan datang pada acara teresebut. Sewaktu aku mengetahui bahwa kakak-kakak perempuanku yang berjanji akan datang ternyata tidak datang pada kebaktian pembukaan, aku menyadari bahwa Allah yang menghentikan mereka. Allah tidak menghendaki aku mengandalkan siapa pun dari saudara-saudaraku. Aku berdoa, "Ya Allah, terima kasih bahwa Engkau membuatku sadar bahwa aku ada keinginan untuk mengandalkan sanak saudaraku. Ampunilah aku karena aku mencoba mengandalkan manusia. Sekarang aku menyadari kehendak-Mu. Aku tidak akan mengandalkan siapapun juga kecuali Engkau, ya Allah, dan akan melakukan segala perkara dalam doa.

Setelah kebaktian pembukaan, aku menyadari bahwa aku masih ada kecenderungan untuk mengandalkan manusia, dan bertobat sungguh-sungguh di hadapan Allah. Aku berdoa kepada Allah agar mengirimkan anggota jemaat, dan tempat ibadah itu dipenuhi oleh orang-orang percaya yang Allah kirim setiap minggu.

Memulai dari Nol

Sembilan Orang Dewasa dan Empat Anak-anak

Sewaktu kami mengadakan kebaktian pembukaan, bangunan gereja belum selesai sepenuhnya. Belum ada jendela, tidak ada mimbar, dan tidak ada penutup lantai. Gedung itu tampak bagaikan tanah gersang. Kami membagi ruangan menjadi dua dengan memasang tirai. Satu sisi dipakai untuk tempat tinggal keluargaku, dan sisi lain dipakai sebagai ibadah dan ruang doa. Bersama dengan keluargaku, ada sembilan orang dewasa dan empat anak-anak pada saat kebaktian pembukaan. Tidak banyak yang hadir kecuali keluargaku. Aku menyampaikan pengajaran dengan judul 'Iman Adalah Harta Yang Paling Berharga.' Sejarah Gereja Pusat Manmin dimulai dari nol. Karena gereja baru saja dibuka, kami tidak mempunyai uang, namun banyak pengeluaran. Tetapi aku tidak pernah meminjam dari siapa pun sanak saudaraku ataupun orang lain. Aku hanya berdoa kepada Allah. Aku siap bahkan untuk berpuasa jika Allah tidak mencukupiku. Tetapi di saat kami tidak mempunyai apapun untuk dimakan, Allah selalu memberi kami makanan melalui uluran tangan seseorang. Aku bahkan dapat makan semangka yang paling aku suka sepanjang musim panas.

Berdoa Bersama 5-6 jam Sehari.

Setelah kebaktian pembukaan, persembahan mingguan sekitar 30 sampai 40 ribu won, tetapi dengan uang ini, aku bahkan tidak bisa membayar uang sewa bulanan gedung gereja. Empat sampai lima anggota berkumpul bersama dan berdoa selama 5-6 jam setiap hari sampai berkeringat. Karena belum ada jemaat, aku tidak perlu melakukan kunjungan untuk melayani mereka. Setiap kali kami berdoa di ruang doa, kami basah kuyup karena keringat. Yeremia 33:3 berkata, *"Berserulah kepada-Ku, maka Aku akan menjawab engkau dan akan memberitahukan kepadamu hal-hal yang besar dan yang tidak terpahami, yakni hal-hal yang tidak kau ketahui."* Ketika kami berseru kepada Allah dalam doa-doa kami, Allah mengirimkan orang-orang percaya dan memberikan kami semua keperluan di gereja.

"Allah, Berikan Kami Sebuah Mikrofon"

Setelah berdoa selama seminggu, kami memiliki sebuah mikrofon. Minggu berikutnya, kami memerlukan telepon dan kami berdoa untuk memilikinya, dan kami memperolehnya. Karena saat itu belum banyak jemaat, Allah berkarya melalui kebaktian semalaman setiap Jumat. Jemaat gereja lain yang hadir dalam kebaktian Jumat-semalaman mendapatkan banyak karunia, dan satu per satu mereka mempersembahkan barang-barang yang diperlukan gereja. Dengan cara ini kami menerima tirai, mimbar, piano, kipas angin listrik dan bahkan sebuah menara lonceng dengan salib. Dua bulan setelah pembukaan, kami sudah memiliki semua yang kami perlukan.

Dalam Kisah Para Rasul, dikatakan bahwa hamba Allah harus konsentrasi pada firman dan doa. Maka, aku menyerahkan semua urusan pemeliharaan gereja dan hal-hal lainnya kepada anggota jemaat, dan aku hanya konsentrasi pada firman Allah dan doa. Karena aku tidak tahu banyak akan firman Allah pada saat itu, apa yang aku ketahui tentang kehendak Allah, itulah yang aku sampaikan dalam kebaktian Jumat-semalaman dan di kebaktian hari Minggu dengan inspirasi dari Roh Kudus.

Walaupun aku tidak memiliki keterampilan berbicara dengan baik, mereka yang mendengarkan memperoleh hidup dan iman dari khotbah-khotbahku karena pengajaran-pengajaran itu murni dan rohani. Ada perbuatan-perbuatan dan perkara-perkara lain yang mengikuti firman juga. Karena umat melakukan firman, iman mereka bertumbuh dan mereka mulai menerima jawaban akan doa-doa mereka. Sejak awal gereja dibuka, Allah mengirimkan orang-orang percaya setiap minggu, dan mereka memperoleh hidup dari pengajaran-pengajaran yang disampaikan. Karena melihat banyak mukjizat Allah terjadi pada kebaktian Jumat-semalaman, mereka yang datang banyak menerima rahmat dan iman mereka semakin bertambah.

Menemukan Jawaban Dalam Alkitab

Karena gereja mula-mula dibangun oleh para rasul yang

langsung belajar dari Yesus, mereka mengikuti kehendak Tuhan, dan Allah berkenan kepada mereka dan Allah menambahkan kepada mereka orang-orang yang diselamatkan. Gereja mula-mula menjadi tujuan dan panutan untuk gerejaku hingga kedatangan Tuhan kembali. Gereja terbaik yang Allah inginkan bukanlah sebuah gereja dengan gedung yang megah dan banyak jemaatnya, tetapi sebuah gereja yang menyerupai gereja mula-mula. Jika kita mengikuti teladan gereja mula-mula yang mematuhi kehendak Allah, maka Allah memberkati kita sehingga selalu terjadi kebangunan rohani dalam gereja.

"Maka ketakutanlah mereka semua, sedang rasul-rasul itu mengadakan banyak mukjizat dan tanda. Dan semua orang yang telah menjadi percaya tetap bersatu , dan segala kepunyaan mereka adalah kepunyaan bersama; dan selalu ada di antara mereka yang menjual harta miliknya, lalu membagi-bagikannya kepada semua orang sesuai dengan keperluan masing-masing. Dengan bertekun dan dengan sehati mereka berkumpul tiap-tiap hari dalam Bait Allah. Mereka memecahkan roti di rumah masing-masing secara bergilir dan makan bersama-sama dengan gembira dan dengan tulus hati, sambil memuji Allah. Dan mereka disukai semua orang. Dan tiap-tiap hari Tuhan menambahkan jumlah mereka dengan orang yang diselamatkan." (Kisah Para Rasul 2: 43-47)

Mengikuti teladan yang diberikan oleh gereja mula-mula yang selalu berkumpul bersama dalam suatu tempat ibadah, kami juga mengadakan persekutuan doa setiap hari, membagikan firman Allah, dan roti kehidupan, yang adalah firman itu sendiri (Yohanes 6:48) dan melakukannya. Allah menyertai kami dan menujukkan tanda-tanda dan mukjizat-Nya, dan karena setiap minggu ada jemaat baru yang mendaftarkan diri, gereja bertumbuh dengan cepat.

Hanya Bersandar pada Firman Saja

Setelah pembukaan gereja, kami harus sangat berhemat, setiap sen harus diperhitungkan. Tetapi, aku tahu rahasia untuk menerima berkat seperti dikatakan dalam Lukas 6:38, *"Berilah, dan kamu akan diberi. Suatu takaran yang baik, yang dipadatkan, yang digoncangkan dan yang tumpah keluar akan dicurahkan ke dalam ribaanmu. Sebab ukuran yang kamu pakai untuk mengukur, akan diukurkan kepadamu."* Aku berusaha menolong mereka yang kekurangan untuk bersandar pada firman.

Pada saat itu kami mempunyai sepuluh murid seminari di gereja kami, dan kami harus membantu mereka. Hal ini tidak mudah karena kamipun kesulitan untuk membayar sewa tempat ibadah sebesar 120 ribu won (120 dolar). Beberapa minggu setelah pembukaan gereja, kami menerima sejumlah persembahan yang sudah dijanjikan, maka dengan iman bahwa Allah akan memberkati kami, kami mengambil sebagian dari persembahan itu dan mengirimkan pada gereja-gereja baru lain dalam denominasi kami. Sejak kebaktian peresmian gereja, setiap jemaat berjanji akan memberikan satu juta won (seribu dolar) untuk gedung seminari dari denominasi di mana kami bergabung. Kami berusaha sebaik mungkin untuk menjadi gereja yang membantu lainnya untuk mengandalkan firman.

Sewaktu aku membuka gereja, aku mencari model gereja yang patut dijadikan panutan seperti dalam Alkitab, dan gereja mula-mulalah yang diuraikan dalam Kitab Kisah Para Rasul.

"Kalau Kalian Tidak Melihat Tanda-Tanda dan Mukjizat Maka Kalian Tidak Akan Percaya"

Kebaktian Peresmian

Sewaktu aku berdoa untuk kebaktian peresmian, Allah memberikan aku firman-Nya, *"Persembahkanlah kebaktian peresmian pada saat panen, sebelum masuk musim dingin."* Maka, pada tanggal 10 Oktober 1982, kami mengadakan kebaktian peresmian dan kami sudah mempunyai lebih dari seratus anggota jemaat. Sejak pembukaan gereja, Allah mengirimkan banyak jemaat kepada kami dan tempat ibadah menjadi terlalu sempit. Dalam kebaktian Jumat-semalaman, ada lebih dari seratus orang yang hadir dalam ruangan yang hanya 540 kaki luasnya, sehingga banyak orang yang terpaksa harus memakai ruang doa pribadi dan berdiri di tangga. Karena itu, sejak kebaktian peresmian gereja, kami juga menyewa lantai dasar.

Sewaktu aku berdoa untuk acara Natal, Allah mengirimkan

Ibadah Peneguhan

kepada kami orang-orang berbakat untuk mempersiapkan sebuah drama Natal dari Alkitab, sehingga kami dapat mengadakan sebuah acara yang bagus. Allah mengirimkan kepada kami seseorang yang terampil merangkai bunga, dan seorang penari yang bagus. Dia mengajarkan beberapa tarian dan juga gerakan-gerakan tangan di sekolah Minggu. Tidak lama, para anggota jemaat dapat melakukan persiapan acara sendiri. Pada saat itu, aku harus memberikan sepuluh khotbah dalam seminggu untuk berbagai kebaktian termasuk sesi-sesi doa fajar. Aku juga masih harus sekolah karena saat-saat itu masih belum lulus dari sekolah seminari. Kami juga selalu mengadakan doa malam, namun pada jam empat pagi, aku selalu memimpin doa fajar, juga. Karena beredarnya berita bahwa banyak karya kesembuhan yang terjadi, banyak pasien datang dari berbagai penjuru negeri ini, dan beberapa kali sehari aku berdoa untuk setiap mereka yang datang.

Perubahan Dalam Keluarga

Tuan Youngsuk Kim, sebelum dia mengenal Yesus, adalah seorang pemabuk berat. Ketika penyakit batuknya tidak kunjung sembuh, dia pergi ke rumah sakit. Dia didiagnosa terkena TBC di sistem limpanya. Dia harus menjalani operasi dan istirahat selama lebih dari satu tahun, tetapi dia tidak mampu membayar biayanya.

Istrinya menderita pembengkakan kantung empedu setelah kelahiran anak pertama mereka. Dia sangat putus asa sehingga dia mencoba bunuh diri, tetapi untunglah dia bisa tetap hidup. Pada bulan Oktober 1982, Youngsuk Kim mendengar kabar tentang gereja kami dan dia mendaftarkan diri. Dia berjanji akan melakukan sepuluh hari puasa dan doa fajar. Dia demam tinggi dan batuk parah. Tetapi melihat banyak orang sakit disembuhkan, imannya mulai tumbuh dan dia juga bisa disembuhkan. Aku sering berdoa untuk dia. Pada hari ke-10, demamnya mulai turun dan batuknyapun berhenti. Dia dinyatakan sembuh dan mendapatkan diagnosa lanjutan. Mereka mengatakan bahwa tidak ada lagi TBCnya. Dia sembuh total oleh api Roh Kudus. Sejak saat itu, istrinya juga mendaftarkan diri di gereja dan diapun disembuhkan dari pembengkakan kantung empedunya. Putri mereka pun menjadi sehat. Youngsuk Kim mulai belajar teologi dengan penuh ucapan syukur atas kasih karunia Allah. Dia sekarang melayani sebagai seorang pendeta.

Kebaktian Semalaman Setiap Jumat Disertai Tanda-tanda Keajaiban dari Alkitab

Kebaktian Jumat-semalaman dipenuhi oleh banyak orang dari seluruh penjuru negeri. Kebaktian itu menjadi semacam kebaktian antar denominasi. Tempat ibadah yang kecil itu penuh sesak. Api Roh Kudus membakar begitu panasnya dan langit-langit ruangan menjadi penuh dengan titik-titik air. Sementara mereka yang hadir dengan penuh semangat memuji Allah dan berdoa kepada-Nya, kebaktian yang dimulai sejak pukul sebelas malam berlangsung terus hingga pukul enam pagi. Karena mereka menyaksikan banyak orang sakit disembuhkan, ada yang bisa berdiri, berjalan dan melompat pada setiap kebaktian Jumat-semalaman, semakin banyak orang yang datang.

Mereka yang telah didiagnosa akan mati oleh rumah sakit disembuhkan setelah mereka datang ke gereja, dan mereka yang memakai penopang mulai berjalan dan melompat. Yang buta melihat, yang bisu berbicara, dan mereka yang belum bisa mempunyai anak menjadi hamil. Ada satu orang yang tangannya patah, setelah didoakan dia mampu menggerakkan tangannya dengan bebas.

Seorang Penderita Leukemia Disembuhkan

Suatu saat, ada seorang wanita yang sangat pucat wajahnya datang kepadaku dan minta didoakan Dia katakan kepadaku bahwa dokternya memberitahukan kepadanya bahwa dia hanya akan bertahan hidup selama lima belas hari lagi. Berikut ini kisah hidupnya. Sebenarnya dia sudah menjadi Kristen sejak kecil dan ikut di sekolah Minggu. Tetapi pada satu saat dalam hidupnya, ia menerima lamaran dari seorang pria yang bukan orang percaya. Dia mengatakan bahwa dia hanya dapat menikah dengan sesama orang percaya, maka pria itupun mendaftarkan diri di gereja dan untuk beberapa waktu dia juga pergi ke gereja.

Wanita ini menyangka bahwa suaminya akan menjalani hidup Kristiani yang baik, tetapi setelah beberapa bulan kemudian, ibu mertuanya memaksa dia untuk percaya kepada Buddha sambil mengatakan, "Keluarga kami adalah keluarga Buddha turun temurun sekian generasi, jadi kamu juga harus menjadi penganut Buddha." Karena dia tidak mengikuti ibu mertuanya, suaminya juga membela ibunya dan memaksa dia untuk tidak pergi ke gereja. Suaminya memukuli dan menyiksa dia. Jika terjadi sesuatu masalah dalam keluarganya, semua akan menyalahkan dia.

Beberapa kali dia diusir dari rumah, tetapi dia menahan semuanya ini. Namun karena suaminya menjalin hubungan dengan wanita lain, dia tidak kuat menahannya lagi dan dia berhenti pergi ke gereja. Dia sadar dan tahu bahwa dia seharusnya tetap pergi ke gereja, tetapi karena dia hidup dalam keadaan putus asa, akhirnya dia menderita leukemia.

Walaupun dia tidak lagi pergi ke gereja, suaminya tetap saja mempunyai hubungan dengan wanita lain, dan masih tetap memukulinya.

Walaupun dia menderita leukemia, suami dan ibu mertuanya bersikap dingin terhadapnya, dan mereka bahkan tidak peduli untuk membawa dia ke rumah sakit.

Setelah dia dinyatakan sakit parah, divonis mati, dia mendengar tentang gereja kami, dan dia datang untuk didoakan dengan harapan terakhir untuk bergantung kepada Allah. Allah menyembuhkan wanita ini. Beberapa waktu kemudian, wanita ini datang kepadaku dengan wajah yang cerah dan mengucapkan terima kasih kepadaku lalu ia pulang.

Dua Macam Tanda yang Berbeda

Yesus menyembuhkan orang sakit dan membangkitkan yang mati, Ia menyatakan berbagai mukjizat selama masa pelayanan-Nya. Kata-Nya, *"Jika kamu tidak melihat tanda dan mukjizat, kamu tidak percaya."* (Yohanes 4:48). Mukjizat adalah karya Allah yang menggerakkan atau menyebabkan keadaan cuaca berubah dengan cepat. Pada zaman Yosua, saat terjadi pertempuran dekat Gibeon, matahari tidak bergerak di tengah langit (Yosua 10:13). Pada zaman Yesaya, bayang-bayang itu mundur sepuluh tapak (2 Raja-Raja 20:11), dan ketiga orang majus berangkat ke Betlehem dengan melihat bintang (Matius 2).

Tanda-tanda adalah perbuatan Allah yang meninggalkan jejak dan bukti yang dapat dilihat. Dalam mengerjakan tanda-tanda kadang-kadang Allah Bapalah yang berperan penting. Kejadian-kejadian tadi adalah tanda-tanda dalam Perjanjian Lama, dan satu dicatat dalam Kitab Wahyu 15:1. Markus 13:22 mengatakan, *"Sebab Mesias-Mesias palsu dan nabi-nabi palsu akan muncul dan mereka akan mengadakan tanda-tanda dan mukjizat-mukjizat dengan maksud sekiranya mungkin menyesatkan orang-orang pilihan."* Ayat ini mengatakan 'sekiranya mungkin' untuk menyatakan bahwa hal itu (tindakan itu) sebenarnya tidak mungkin menjadi kenyataan. Sesungguhnya nabi-nabi palsu tidak mempunyai kuasa untuk membuat tanda-tanda, tetapi 'sekiranya mungkin' mereka pasti akan mencoba melakukannya untuk menyesatkan orang-orang pilihan. Contoh tanda-tanda yang diberikan Allah Bapa adalah

Kesepuluh Tulah di Mesir (Ulangan 6:22), dan ketika nyala api naik ke langit (Hakim-Hakim 13:19-20).

Ada jenis tanda lain yang terjadi bila Tuhan dan Roh Kudus memegang peranan utama bersama untuk meninggalkan suatu jejak yang dapat ditelusuri. Tanda-tanda dan mukjizat-mukjizat ini kebanyakan ditemui dalam Perjanjian Baru. Contoh tanda-tanda dari Yesus adalah mengubah air menjadi anggur, menyembuhkan orang sakit dan membangkitkan orang mati, dan menjadikan yang buta melihat, yang tuli mendengar, dan yang bisu berbicara. Tanda-tanda ini tidak dapat dilakukan oleh manusia (Yohanes 6:2). Yesus, setelah mewartakan firman Allah, melakukan tanda-tanda dan mukjizat supaya mereka yang menyaksikannya dapat percaya bahwa firman Allah sungguh benar adanya. Tentunya, akan lebih diberkati bila kita percaya tanpa perlu melihat bukti-bukti, tetapi memang tidak mudah untuk memiliki iman yang benar tanpa melihat. Karena dosa semakin menyebar, hati manusia menjadi semakin keras, dan semakin sulitlah bagi mereka untuk memiliki iman yang benar. Sekarang ini, untuk bisa menyebarkan Injil dan menyelamatkan jiwa-jiwa, akan lebih menguntungkan dan efektif bila disertai adanya tanda-tanda dan mukjizat.

Inilah Tanda-tanda yang Akan Menyertai Orang-Orang Percaya

Beberapa orang percaya tidak percaya atau menganggapnya aneh, bila kita mengatakan bahwa tanda-tanda yang ada di Alkitab masih tetap terjadi hingga sekarang. Bahkan ada beberapa yang meragukannya dan berpikir, "Aku sudah berdoa dengan iman, namun mengapa pekerjaan Allah tidak terjadi?"

Tetapi Yesus dengan pasti mengatakan, *"Tanda-tanda ini akan menyertai orang-orang yang percaya: Mereka akan mengusir setan demi nama-Ku, mereka akan berbicara dalam bahasa-bahasa yang baru bagi mereka, mereka akan memegang ular, dan sekalipun mereka minum racun maut, mereka tidak akan mendapat celaka, mereka akan meletakkan tangannya atas orang sakit, dan orang itu akan sembuh."* (Markus 16: 17-18) "Orang-orang percaya" disini berarti mereka yang memiliki iman rohani yang sempurna. Iman mempunyai ukuran seperti tertulis dalam Roma 12:3. Sama halnya dengan proses dari biji akan keluar tunas, bertumbuh, berbunga dan menghasilkan buah. Sekali kita menaburkan benih iman dalam hidup kita, tergantung bagaimana kita memeliharanya, iman akan tumbuh dengan cara yang berbeda-beda. Karena itulah ukuran iman seseorang tidaklah sama. Selama kita melakukan firman dan menjadikan hati kita tulus, Allah akan memberikan kita iman rohani yang dari surga (Ibrani 10:22). Karena itulah, jika kita bertumbuh dan memiliki iman yang sempurna serupa dengan hati Yesus, tanda-tanda itu akan menyertai kita.

Misalnya, kita akan mengusir setan demi nama Yesus Kristus, dan berbicara dengan bahasa lidah. Memegang ular, secara rohani artinya adalah kita menghancurkan pekerjaan-pekerjaan setan dengan firman Allah. Selain itu, mereka dengan iman yang teguh tidak akan terkena sakit penyakit, dan bahkan jika mereka minum racun, mereka tidak akan mati karena Allah sendiri yang memusnahkannya dengan api Roh Kudus. Seperti halnya yang dialami Paulus sewaktu digigit ular beracun di pulau Malta (Kisah Para Rasul 28:5). Tetapi kalau engkau tahu bahwa itu adalah racun dan hendak mencobai Allah, maka Allah tidak dapat melindungimu. Juga, dengan iman yang sempurna, kita dapat melakukan pekerjaan-pekerjaan penyembuhan dengan kuasa Allah saat kita berdoa untuk penyakit-penyakit bahkan yang tidak dapat disembuhkan.

Apa Artinya "Bahasa yang Baru?"

Apa yang dimaksud dengan 'bahasa lidah(baru)' disini? Berkata-kata dalam bahasa lidah adalah suatu karunia Roh Kudus yang Allah inginkan agar anak-anak-Nya memperolehnya. (1Korintus 14:5). Biasanya kita berdoa kepada Allah dengan bahasa kita. Namun ini adalah doa dari hati. Tetapi kadang-kadang kita berdoa dalam bahasa lidah, yaitu berdoa dengan roh (1Korintus 14:15).

Ketika kita menyadari bahwa kita adalah orang berdosa, lalu kita bertobat, dan menerima Yesus dalam hati, Allah memberikan kita Roh Kudus sebagai suatu karunia, dan sering kali Ia memberikan karunia berbahasa lidah, yang merupakan salah satu karunia dari Roh Kudus. Ketika kita menerima Roh Kudus, roh yang telah mati karena dosa Adam menjadi hidup kembali. Kalau kita memiliki karunia berbahasa lidah, artinya roh sendirilah yang berdoa kepada Allah. Jadi, sebagai orang Kristen, jika kita menerima karunia berbahasa lidah dan berdoa, kita akan menerima kuasa lebih besar dalam doa, dan jiwa kita akan sejahtera.

Karena aku adalah orang percaya yang baru, aku berdoa dengan segenap hatiku pada saat-saat doa semalaman, dan ketika aku mulai berdoa dalam roh, yaitu berdoa dengan bahasa lidah berganti-ganti, aku mulai menyanyi dalam bahasa lidah karena dorongan Roh Kudus. Saat aku lebih dalam lagi menyanyikan puji-pujian dalam bahasa lidah, kadang-kadang tanganku terangkat tanpa kusadari dan akupun mulai menari. Sejak saat itu, setiap kali aku masuk lebih dalam lagi dalam doaku, aku akan berkata-kata dalam bahasa lidah. Berkata-kata dalam bahasa lidah adalah doa yang paling penuh kuasa.

Ketika Aku berbicara Dalam Nama Yesus Kristus

Janganlah Menguji Walaupun Pada Tanaman

Alangkah bersyukurnya kita karena pekerjaan-pekerjaan Allah yang dilakukan Yesus di bumi ini dua ribu tahun lalu sedang terjadi sekarang dengan cara yang sama bagi setiap orang yang berdoa dengan penuh iman. Karena aku seorang percaya baru, belum tahu banyak tentang firman Allah, aku berdoa sebanyak mungkin agar aku bisa melakukan karya-karya Allah yang penuh kuasa seperti yang dilakukan para rasul dan nabi. Pada saat pembukaan gereja, tanda-tanda yang menyertai mereka yang percaya sudah mulai terjadi.

Tepat setelah peresmian gereja pada tahun 1982, kami mempunyai sekitar 30 sampai 40 ribu won (30-40 dolar) sebagai hasil persembahan mingguan. Kami ingin sekali mempunyai rangkaian bunga untuk dekorasi altar, tetapi tidak ada orang yang bisa melakukannya, selain itu kami juga tidak mempunyai cukup dana untuk membeli bunga. Tetapi pada bulan Agustus, seseorang datang membawa sebuah pot berisikan sebuah pohon kecil yang banyak daunnya. Walaupun kami tidak mempunyai dekorasi bunga, kami mempunyai pot tanaman tersebut, dan terlihat indah dan sangat berharga. Tetapi setelah dua minggu, daun-daunnya mulai menguning dan rontok, tanaman itu hampir mati. Aku sangat sedih karena tanaman yang bagus itu hampir mati. Kalau Allah bisa membangkitkan orang mati, maukah kiranya Allah menjawabku jika aku berdoa untuk pohon ini? Dengan pemikiran ini melintas dalam benakku, aku menumpangkan tangan pada pohon itu dan berdoa, "Hiduplah kembali, dalam nama Yesus Kristus!"

Keseokan harinya sewaktu aku datang ke ruang doa untuk memimpin doa fajar, daun-daun yang kuning sudah menjadi hijau kembali. Sehari setelahnya, pohon itu hidup kembali, sempurna dengan daun-daun hijau dan segar. Semua jemaat yang melihat hal ini dan aku, bersama-sama bersuka cita dan memuliakan Allah. Aku sangat bahagia dan senang setelah mengalami bahwa pohon yang mati bisa hidup kembali. Dalam bulan September, ada satu pot tanaman krisantemum dipersembahkan pada gereja. Sambil melihat pada bunga-bunga yang indah, aku berpikir untuk mencoba apakah bunga-bunga itu akan mati kalau aku berdoa meminta supaya bunga-bunga itu mati. Sewaktu Yesus mengutuk pohon ara, pohon itu langsung menjadi kering. Jadi, seandainya aku berdoa agar krisantemum ini mati, apakah tanaman itu akan mati?

Aku berdoa dan memerintahkan agar bunga krisantemum itu mati hanya sekedar untuk mendapatkan pengalaman. Tetapi aku merasa gelisah dalam hatiku. Saat aku berdoa malam itu, aku mendengar suara Allah menegur aku dengan keras, walaupun tidak ada orang yang melihat aku mengutuk tanaman itu.

"Hamba-Ku, walau sebuah tanaman sekalipun, ia punya hak hidup dan dipelihara oleh Allah, bagaimana mungkin engkau mengutuknya? Apakah engkau sedang mencobai Aku? Hamba-Ku, engkau sungguh jahat. Bertobatlah. Engkau tidak bisa memberkati dan sekaligus mengutuk. Engkau hanya dapat melakukannya jika Roh Kudus menggerakkan hatimu."

Aku sangat terkejut sehingga aku berkeringat. Aku segera melakukan tiga hari puasa dan bertobat sungguh-sungguh. Sejak saat itu, walaupun ada banyak orang yang menganiaya, mengumpat dan mengutuk aku, aku tidak membenci mereka ataupun berdoa dengan penuh kebencian terhadap mereka. Seperti dikatakan dalam firman Allah, aku telah berdoa bagi mereka yang menyiksa aku dan memberkati mereka dengan kasih.

Tugas dari Misi Dunia

"Berserulah kepada-Ku, maka Aku akan menjawab engkau dan akan memberitahukan kepadamu hal-hal yang besar dan yang tidak terpahami, yakni hal-hal yang tidak kau ketahui" (Yeremia 33:3). Berpegang teguh pada ayat ini, aku terus berdoa dan bergumul dengan Allah seperti Yakub di tepi sungai Yabok. Saat aku berseru dalam doa, dan berpuasa dalam ketaatan pada firman Allah, dan berusaha untuk hidup sesuai dengan firman, Allah menggenapi firman-Nya. Aku mulai mendengar suara Allah, dan dari waktu ke waktu, aku mulai melihat hal-hal besar dan penuh kuasa. Kadang-kadang Allah memberitahu akan apa

yang akan terjadi di negara ini, dan di dunia pada umumnya. Pada saat peresmian gereja kami, Allah memberi tahu kami bahwa melalui gereja kami Allah akan melakukan misi dunia secara besar-besaran dan bahwa kami akan membangun Bait Agung bagi-Nya.

Karena aku dipanggil untuk menjadi hamba-Nya, aku berdoa agar aku menjadi hamba yang mampu menyebarkan Injil kepada semua bangsa dan menyelamatkan banyak jiwa. Kemudian Allah memberikan aku tugas untuk melakukan Misi Dunia, dan aku mendapatkan firman yang mengatakan, *"Engkau akan melintasi gunung-gunung dan sungai-sungai dan lautan dan membuat tanda-tanda dan mukjizat."* Selain itu, Allah juga memberi aku tugas untuk mewartakan Injil kepada bangsa pilihan, Israel, di hari-hari terakhir ini. Allah membuat aku mengerti bahwa Injil akan kembali ke tanah asalnya, dan bahkan bangsa Yahudi yang tidak mengakui Yesus sebagai Juru Selamat mereka akan bertobat.

Visi Pembangunan Bait Agung

Tepat setelah peresmian gereja, kami mengadakan sesi-sesi penyembuhan dalam kebaktian Jumat-semalaman, dan Allah memberikan salah satu anggota jemaat karunia penglihatan - untuk melihat sebuah visi setiap minggu. Secara pribadi aku memeriksa setiap anggota jemaatku apakah karunia yang mereka peroleh sungguh berasal dari Allah. Allah memberikan kita karunia-karunia Roh Kudus karena karunia-karunia itu menguntungkan bagi kita, tetapi kadang-kadang, orang menerima bukan karya Allah melainkan karya iblis dan mereka melihat hal-hal yang sangat berbeda. Karena itulah kita harus membedakan roh dengan cermat.

Satu hari di bulan September 1982, Allah memperlihatkan sebuah visi kepada tujuh belas anggota jemaat bahwa kami akan membangun sebuah Bait Agung. Satu orang melihat atapnya, beberapa orang lain melihat bagian dalamnya, dan orang lain lagi melihat bagian belakang, dan masih ada orang lain lagi yang melihat pilar-pilar marmer yang indah. Bagian tengah dari langit-langit dapat terbuka menyerupai bentuk salib sehingga sinar matahari dapat masuk. Mimbar dari Bait Agung ini terletak di tengah-tengah tempat ibadah dan berputar dengan perlahan-lahan. Satu anggota jemaat melihat aku berkotbah di sana dan rumah ibadah penuh sesak.

Mengumpulkan dan menyatukan semua hal-hal yang dilihat para anggota jemaat, kami berkonsultasi dengan seorang ahli dan membuat gambaran konstruksi pemandangan dari atas bait tersebut. Bahkan sampai sekarang, kami tetap memakai gambar udara dari Bait Agung pada halaman pertama buletin mingguan kami. Untuk memenuhi impian yang Allah berikan kepada kami di awal pembukaan gereja, kami terus menerus berdoa dengan penuh iman.

Allah menjelaskan kepada kami mengapa Bait Agung pada akhirnya diperlukan, dan bagaimana rumah itu akan dibangun. Bait Agung di mana Allah ingin dimuliakan tidak dapat dibangun hanya karena kami mempunyai dana. Allah ingin Bait-Nya dibangun oleh anak-anak-Nya yang sangat mengasihi Allah dan telah menyunat hatinya dan menjadi kudus.

Kebaktian Kebangunan Rohani Pertama di Kota Kelahiranku

Pada bulan Febuari 1983, aku memimpin kebaktian kebangunan rohani pertama di kota kelahiranku. Acara itu diadakan di sebuah gereja di kabupaten Heje, di kecamatan Muan, Cholla Nam-Do. Tetapi anggota jemaat gereja itu sendiri tidak hadir. Melainkan, orang-orang lain dari desa yang memenuhi gereja itu.

Mereka mempunyai cerita yang mengharukan. Ada satu gereja lain di desa tetangga, milik dari sebuah denominasi besar, sedang menggoda anggota jemaat gereja ini dengan iming-iming uang, dan sebagian besar anggota jemaat hampir pindah ke gereja tersebut. Maka, pendetanya mengadakan kebangunan rohani ini untuk menahan anggota jemaatnya yang ingin pindah, tetapi justru merekalah yang tidak bekerja sama dan bahkan mereka juga tidak datang. Alasan mengapa mereka tidak hadir di kebangunan rohani itu adalah karena pendetanya tidak mengundang pembicara terkenal melainkan mengundang pendeta yang belum ditahbiskan dan tidak terkenal bernama Jaerock Lee.

Allah mengadakan mukjizat-mukjizat besar sejak dari awal acara. Seorang wanita yang tidak bisa berjalan selama sepuluh tahun, dan tidak bisa tidur karena sakit yang menusuk di tulang-tulangnya, mendengarkan pengajaran yang disampaikan dan dia memperoleh iman. Melalui doa, dia datang dan berdiri, berjalan dan melompat. Segera berita ini menyebar ke seluruh pelosok desa-desa, dan mulai hari berikutnya, para pendeta dan anggota jemaat berdatangan dari jauh sampai sekitar delapan belas mil jaraknya. Kebangunan rohani berjalan terus dan gereja penuh dengan orang-orang yang datang dari berbagai tempat.

Ada seorang wanita tua dengan punggungnya yang bungkuk sembilan puluh derajat. Dia selalu harus berjalan dengan menunduk. Wanita tua ini melayaniku, yang saat itu menjadi pembicara, dengan membawakan minuman hangat setiap pagi, siang dan malam, bahkan di saat udara dingin sekalipun. Sesungguhnya aku tidak suka jenis minuman yang dibawakannya untukku, tetapi aku tetap meminumnya karena aku menghargai usahanya. Dan pada hari terakhir kebangunan rohani tersebut, punggungnya yang bungkuk menjadi lurus dan tegak. Selain itu, banyak orang yang mengalami karya penyembuhan Allah dan memberi kemuliaan kepada Allah. Baru kemudian para jemaat gereja itu datang untuk melihat pekerjaan-pekerjaan besar Allah, dan menyadari bahwa mereka bersalah, maka mereka bertobat di hadapan pendeta mereka, dan mereka hadir di sesi-sesi akhir kebangunan rohani.

Memerintahkan Karbon Monoksida Dalam Nama Yesus Kristus

Pada waktu itu, hampir semua rumah memakai briket batu bara untuk sistem pemanasan. Karena itu, di musim dingin banyak terjadi musibah. Setiap hari, kami mendengar berita tentang orang mati atau masuk rumah sakit karena keracunan gas. Pada tanggal 12 Febuari 1983, kami mengadakan kebaktian Jumat-semalaman tepat sebelum Tahun Baru Imlek. Pada waktu itu, lantai dasar gedung aku pergunakan sebagai tempat tinggalku. Ada kamar tidur, ruang duduk, dan ruang petugas kebersihan, juga ada kantor.

Sebelum kebaktian Jumat-semalaman, ada seorang pria bernama Suk-ki Park berpendapat bahwa karena keesokan hari adalah hari libur Tahun Baru Imlek, dia berpikir untuk tidak menghadiri kebaktian Minggu dan ingin pergi bersama teman-temannya. Seketika itu ia merasa ngantuk, dan dia ingin istirahat sejenak dan kemudian kembali ke kebaktian. Dia turun ke lantai bawah ke tempat tinggalku.

Dia berpikir dia hanya akan istirahat sebentar, namun ternyata dia tertidur lelap. Di kamar tidurku, ada tiga putriku sedang tidur. Tempat ibadah yang hanya 540 kaki luasnya, dipenuhi lebih dari 150 orang, sehingga tidak ada lagi ruang untuk anak-anak. Gereja sangat penuh dengan mereka yang mengikuti kebaktian. Mereka bahkan memenuhi ruang-ruang doa kecil dan berdiri di tangga di luar tempat ibadah.

Karena hari itu langit tertutup mendung tebal, gas karbon monooksida dari batubara tidak bisa terbuang sempurna keluar. Karena doa semalaman setiap Jumat dimulai pukul sebelas malam dan berakhir pukul enam keesokan paginya, pria itu dan ketiga putriku menghirup gas beracun selama lebih kurang tujuh jam. Pria itu mengatakan dia terbangun dan sadar tetapi badannya terasa kaku sehingga dia tidak bisa bergerak. Setelah kebaktian, pada waktu para jemaat pulang, petugas turun dan menjadi saksi mata pertama yang melihat kejadian ini. Sewaktu menemukan mereka, dia berteriak, "Mereka sudah mati!" Karena teriakan itu, mereka yang berada di tempat ibadah berkumpul kembali. Para jemaat membawa ketiga anakku dan pria tadi yang semuanya telah tidak sadarkan diri, ke tempat ibadah. Mata mereka sudah menjadi putih, dan mulut mereka mengeluarkan busa.

Ketiga putriku hampir tidak bernapas, tetapi pria itu, Sukki Park sudah sama sekali tidak bernapas. Tubuhnya juga sudah kaku. Sebenarnya dia sudah menjadi mayat. Aku mengerti benar bahayanya gas karbon monoksida, tetapi karena aku belum pernah mempunyai pengalaman seperti ini sebelumnya, aku tidak terpikirkan bahwa mereka masih bisa hidup kembali. Sangatlah tidak bisa dipercaya bahwa Allah akan menghidupkan mereka kembali melalui doa-doaku. Walaupun mereka dibawa ke rumah sakit untuk perawatan dan bisa hidup kembali, mereka akan mengalami kerusakan mental atau fisik atau menjadi mahluk hidup tanpa daya seumur hidup mereka.

Aku baru saja memulai pelayananku, dan jika ada seseorang meninggal karena kecelakaan tepat setelah peresmian gereja, bagaimana aku bisa melanjutkan pekerjaan pelayananku? Aku tidak bisa mempermalukan Allah dengan kejadian seperti ini. Aku naik ke altar dan berdoa, "Ya Allah, Engkaulah yang memberi hidup dan mengambilnya kembali. Aku bersyukur karena putri-putriku ada bersama Tuhan di surga di mana tidak ada lagi airmata, kesusahan dan sakit penyakit. Tetapi orang muda ini adalah anggota jemaat gereja, dan jika dia mati, hal ini akan memalukan di hadapan Engkau. Kumohon, ya Allah, izinkan orang ini kembali hidup."

Setelah aku berdoa dan mengucap syukur kepada Allah, banyak anggota jemaat juga bertekuk lutut dan berdoa kepada Allah memohon adanya kehidupan kembali bagi mereka. Pertama, aku mendekati pria yang sudah mati itu, menumpangkan tanganku kepadanya dan berdoa, "Aku perintahkan dalam nama Yesus Kristus, gas karbon monoksida, keluar! Bapa, hidupkanlah kembali rohnya dan dimuliakanlah

Engkau." Aku kemudian mendoakan masing-masing putriku, satu per satu. Setelah aku mendoakan pria itu, aku berdoa untuk putri bungsuku, Soojin. Sementara aku sedang berdoa untuk Soojin, pria itu bangun dan dia duduk di sebelah bangku paduan suara. Tampaknya dia tidak tahu apa yang sedang terjadi karena dia hanya bisa mengingat bahwa dia tidur di ruang bawah. Kemudian, saat aku sedang mendoakan putriku yang kedua, anak bungsuku Soojin, mulai sadar dan duduk. Tidak sampai satu menit kemudian, setelah aku mendoakan ketiga anakku, mereka semua bangkit dan duduk. Anggota jemaat yang menyaksikan semua ini memberi kemuliaan kepada Allah dengan sukacita yang sungguh penuh dengan roh. Kemudian, pria itu berkata bahwa rohnya, yang telah meninggalkan tubuhnya, melihat apa yang sedang terjadi dari kejauhan di udara. Dia juga melihat sewaktu petugas kebersihan membawa tubuhnya ke ruang doa dan didoakan olehku.

Karena gas karbon monoksida merusak sel-sel otak, jelas sekali bahwa mereka seharusnya sudah mati setelah menghirup gas tersebut selama tujuh jam. Walaunpun mereka sempat dibawa ke rumah sakit dan jika bisa bertahan hidup, mereka pasti akan mengalami penderitaan sebagai akibat dari keracunan gas. Tetapi karena Allah yang menyembuhkan mereka, dan membersihkan mereka dari gas dan semua akibat yang mungkin bisa terjadi, pria itu dan ketiga putriku hidup sehat tanpa terlihat ada akibat sampingannya. Setiap kali ujian semacam ini menimpa aku, aku hanya mengandalkan Allah dan aku sama sekali tidak terpikirkan untuk mengandalkan dunia. Setelah aku melalui ujian ini dengan ucapan syukur, aku menyadari bahwa Allah memberi aku kuasa untuk mengontrol dan memerintah bahkan atas hal-hal yang tidak bernyawa seperti gas karbon monoksida.

Setelah itu, Allah mengajarkan aku bagaimana caranya mengusir gas karbon monoksida. Karena gas itu pertama kali akan melumpuhkan sel-sel otak dan lalu syaraf-syaraf seluruh tubuh, maka orang yang terkena gas akan pertama-tama kehilangan kesadaran dan kemudian seluruh tubuhnya menjadi kaku. Jadi, untuk mereka yang terkena gas beracun, Allah mengajarkan aku untuk berdoa dan mengatakan, "Aku memerintahkan demi nama Yesus Kristus, keluarlah segera melalui lubang hidung, mulut, dan kedua telinga, dan melalui semua sel tubuh." Dengan demikian gas yang melumpuhkan seluruh tubuh akan taat pada perintah untuk lepas dari badan itu dan segera pergi.

Bukankah Ada Sepuluh Orang Yang Disembuhkan? Tetapi, di Mana yang Sembilan Orang?

Aku Berdoa dan Allah Menunjukkan Kepadaku

Selama dua tahun pertama sejak peresmian gereja, aku mengunjungi dan melayani jemaatku sendiri. Kalau ada anggota jemaatku yang tidak datang pada kebaktian Minggu, atau mereka mengalami kesulitan, aku berpuasa dan berdoa sepanjang malam untuk mereka dan aku melakukan pertobatan hingga menangis mewakili mereka. Sebagian besar anggota jemaatku tinggal cukup jauh dari gereja. Selain itu, banyak dari mereka yang secara finansial bukan orang bekecukupan, dan beberapa di antara mereka mengalami kebangkrutan dan dalam keadaan putus asa.

Sewaktu anggota jemaat masih berjumlah ratusan saja, sekilas aku dapat melihat siapa saja yang tidak hadir di kebaktian Minggu. Aku berpuasa untuk anggota jemaatku, dan bila aku mengalami kesulitan untuk mengunjungi mereka, aku mengirimkan beberapa petugas sebagai penggantiku. Aku berusaha jangan sampai kehilangan satu jiwa pun yang Allah telah percayakan kepadaku.

Menasihati Dengan Kasih

Dengan kasih aku memberi nasihat atau menunjukkan sesuatu kepada jemaatku dengan harapan mereka mau berubah dan bertumbuh dalam iman. Ketika aku merasa kuatir akan seorang anggota jemaat,dan jika aku berdoa untuk orang itu selama sepuluh menit, Allah menunjukkan kepadaku dan membuat aku mengerti permasalahan dalam keluarga orang tersebut ataupun permasalahan di pekerjaannya.

Suatu hari Minggu seorang anggota jemaat, yang tidak pernah absen dari kebaktian, tidak hadir. Aku tidak dapat menahan diriku untuk tidak merasa kuatir akan dia. Aku berdoa, "Ya Allah, anggota ini tidak hadir di kebaktian Minggu. Apakah yang terjadi kepadanya?" Allah memperlihatkan kepadaku bahwa orang ini berada di pub pada hari Minggu. Selang beberapa waktu, aku mengatakan kepada orang ini apa yang aku lihat karena aku merasa yakin bahwa dia tidak akan tersinggung atau marah akan apa yang aku katakan. Wajahnya memerah namun dia mengakui kejadiannya.

Ada juga seorang anggota yang hanya menghadiri kebaktian pagi, dan aku tidak pernah melihatnya di kebaktian malam. Dia juga orang yang selalu memelihara dan menjalankan hari Sabat dengan baik. Saat aku mendoakan dia, Allah menunjukkan kepadaku bahwa dia sedang minum pada sebuah resepsi pernikahan. Beberapa hari kemudian aku katakan kepadanya, "Seseorang yang memakai baju dengan warna tertentu memaksa kamu minum beberapa kali. Kamu beberapa kali menolaknya tetapi akhirnya kamu menyerah dan minum." Wajahnya memerah dan dia merasa sangat malu.

Namun demikian, dalam kejadian-kejadian seperti ini aku dapat merasakan anggota-anggota jemaatku yang melakukan hal-hal dosa menjadi takut kepadaku dan berusaha menghindar dariku. Karena aku melihat anggota-anggota jemaatku berbuat dosa, menipu dan kelakuan mereka yang tidak baik, berbuat zinah, aku sangat sedih dan aku berdoa kepada Allah dengan cucuran airmata.

Suatu hari dalam doaku, aku mendengar Tuhan berbicara kepadaku,

"Janganlah melihat kondisi jemaatmu saat ini, Namun lihatlah mereka dengan mata iman dan harapan untuk mereka berubah di masa mendatang. Kalau mereka membohongimu, dengarkan saja dan jangan berusaha mengetahui lebih banyak lagi. . Kalau engkau hanya melihat kondisi jemaatmu sekarang ini, hatimu akan hancur dan jiwamu akan membusuk, kamu menjadi tidak sehat, sehingga kamu tidak mampu melakukan tugasmu."

Sejak saat itu, aku menyerahkan segalanya ke dalam tangan Allah dan aku berhenti berdoa untuk mengetahui apa yang dilakukan anggota jemaatku.

Bukan hanya mereka yang datang ke gereja dari seluruh penjuru negeri menerima kesembuhan, tetapi juga mereka yang telah mencari firman kehidupan dengan kehausan rohani. Ada orang-orang yang melayani Allah dan menyerahkan hidup mereka untuk Allah mencari dan mengharap kebenaran surgawi setelah masalah mereka terselesaikan dan mereka disembuhkan, tetapi ada juga orang lain yang kemudian kembali pada kehidupan dunia mencari keuntungannya sendiri.

Membuang Berhala dan Menuju Pada Terang

Kyengsoon Park berasal dari keluarga yang memuja berhala sebelum dia datang ke gereja. Ibu mertuanya mempunyai anak perempuan yang mengalami gangguan pikiran, dan ibu ini paling sedikit melakukan ritual pengusiran setan sekali sebulan untuk menyembuhkan putrinya.

Selain itu, dia juga memasang banyak guna-guna dan jimat di perabotan rumah, di bantal, dan bahkan menggantungkannya di langit-langit. Dia memasang guna-guna dan jimat di setiap sudut rumah.

Tidak lama setelah peresmian gereja, aku mengunjungi rumah ini untuk sebuah kebaktian penyembahan, dan aku dapat melihat bentuk-bentuk setan dan memberitahu ibu ini "Engkau pasti masih menyimpan jimat-jimat di dalam rumah ini." Dia bersikeras, "Tidak, pendeta. Saya sudah mencari di semua tempat dan membuang semuanya." Sekali lagi aku katakan kepadanya, "Masih ada setan di rumah ini yang belum pergi. Pasti masih ada jimat-jimat. Cari dan bakarlah."

Sewaktu Kyeongsoon Park sekali lagi mencari di seluruh rumah, dia menemukan lagi jimat-jimat. Seluruh keluarga membuang semua berhalanya, mendaftarkan diri di gereja dan datang untuk hidup di dalam Kristus. Kyongsoon Park disembuhkan dari penyakit jantung yang telah dideritanya sejak lama. Ibu mertuanya juga disembuhkan dari gangguan pada perutnya.

Seorang Pria Dengan TBC Parah

Pada waktu itu, ada banyak orang menderita TBC paru-paru. Daehee Cho dari Kwangju pernah menderita TBC paru sewaktu dia masih di sekolah menengah. Dia mengambil obat dari pusat pelayanan kesehatan umum dan sembuh, tetapi saat dia masih kuliah, dia mulai minum dan merokok, dan penyakitnya kambuh lagi. Tetapi kali ini, walaupun dia sudah minum obat dan menjalani perawatan, tidak ada hasilnya. Ibunya mencari apa saja yang dianggap sebagai 'terapi yang baik' untuk penyakit anaknya dan memberikannya kepada anaknya. "Obat-obatan" ini termasuk juga ular, kucing, hati yang masih segar, cairan dari kotoran manusia, dan bahkan obat untuk penyakit kusta. Mereka juga melakukan pengusiran setan, memberi dia minum amniotic sac, mengambil potongan daging dari mayat di kuburan dan memberikan kepadanya karena ada orang yang mengatakan potongan daging itu 'baik untuk dijadikan obat.'

Pada bulan Januari 1982, dia didiagnosa di Rumah Sakit Severance di Universitas Yonsei. Paru-parunya sudah hilang dan tidak ada harapan untuk bisa sembuh. Dia dirawat di rumah sakit, tetapi tidak ada tanda-tanda kesembuhan. Ibunya mulai menyerah dan ingin membawanya pulang dari rumah sakit. Pada saat kritis ini, seorang nenek dalam keluarga datang mengunjungi dia. Wanita tua ini tinggal dekat gereja Manmin. Walaupun dia sendiri tidak pernah ke gereja, dia melihat banyak orang sakit datang dan mendapatkan kesembuhan. Dia melihat orang-orang itu berjalan-jalan dalam keadaan sehat. Karena itulah dia mendesak agar cucunya ini pergi ke gereja Manmin. Pada tanggal 13 Maret 1983, Daechee Cho hadir pada kebaktian semalaman hari Jumat. Dia merasa inilah harapan terakhirnya. Dia begitu kurusnya sehingga bola matanya menonjol keluar.

Dalam keadaan demikian, setiap hari dia datang ke persekutuan doa untuk orang sakit bersama ibunya, dan dia berpuasa selama tiga hari. Pada hari ketiga puasanya, Allah memberikan dia roh pertobatan, dan dia melakukan pertobatan total sebanyak tiga kali. Pada hari ke-13 sejak dia pertama kali datang ke gereja, Daechee Cho diyakinkan bahwa dia akan disembuhkan. Setelah persekutuan doa fajar, ia pergi ke kamar mandi dan membuang ludah. Tidak ada darah. Dia bahkan masih meludah darah pada hari sebelumnya. Tetapi pada hari itu, ludahnya bersih tidak ada darah. Sakit yang menekan dan menusuk di dadanya hilang, dan tidak ada lagi lendir maupun darah. Kemudian, dia dipanggil untuk menjadi hamba Allah dan sekarang dia sedang melakukan pelayanannya sebagai pendeta muda di gereja kami.

Aku Berdoa untuk Kesembuhan Semua Pasien

Pada awalnya, jika pasien datang ke gereja, aku segera mendoakan mereka untuk kesembuhan yang cepat. Aku pikir, yang terbaik adalah membiarkan mereka mengalami sendiri rahmat Allah dan membebaskan mereka dari beban penyakit mereka. Dengan sederhana aku berdoa, "Ya Allah, sembuhkanlah para penderita ini pada saat mereka datang." Dan pada kenyataannya, Allah menjawabku pada saat aku berdoa. Setiap pasien yang datang ke gerejaku langsung mengalami kesembuhan Tetapi aku segera menyadari bahwa dengan begitu tidak terjadi buah-buah keselamatan, hal yang sangat penting. Banyak dari mereka segera meninggalkan Allah setelah mereka disembuhkan.

Pernah sekali, ada sepasang suami istri yang datang pada kebaktian semalaman hari Jumat. Mereka katakan kepadaku bahwa sang suami mengalami luka pada otot karena kecelakaan lalu lintas. Dia tidak bisa berjalan dengan baik, dan dia merasakan sakit yang amat sangat sehingga dia bahkan tidak bisa duduk pada saat kebaktian. Roh Kudus menggerakkanku dan aku menumpangkan tangan kepadanya. Tepat setelah selesai doa, dia berdiri dan melompat. Tetapi dia tidak lagi datang ke gereja setelah datang hanya beberapa kali saja.

Seorang pendeta dari gereja mengunjungi dia, dan dia berkata, "Tidak cukupkah aku datang pada kebaktian beberapa kali dengan hati dan pikiran penuh syukur atas kesembuhanku? Adakah orang yang akan memberiku uang jika aku ke gereja?" Dan dengan kejadian itu dia tidak pernah lagi ke gereja. Dia tidak merasa perlu lagi untuk ke gereja karena dia merasa sudah sehat. Seandainya Allah tidak menyembuhkan dia, dia tidak akan bisa bekerja. Allah memberinya hidup dan rahmat dan menyembuhkan dia, tetapi karena dia tidak mempunyai firman yang hidup di dalam dia, dia hanya mencari keuntungan diri sendiri.

Ada sepasang suami istri yang anaknya terpaksa lahir pada saat usia kandungan baru tujuh bulan. Bayi itu harus masuk inkubator di rumah sakit selama tiga bulan, tetapi bayi itu tidak juga membaik. Dokter mengatakan sudah tidak ada harapan lagi. Ayahnya pernah mengatakan, "Jika bayi ini berusia satu tahun kita akan mengadakan pesta dan mengundang semua anggota gereja untuk datang." Karena orangtuanya menyadari bahwa ilmu kedokteran tidak lagi mampu menolong mereka, mereka membawa bayinya ke gereja. Bayi itu didoakan dan disembuhkan, dan menjadi bayi yang sehat dalam waktu lima belas hari.

"Pendeta, terima kasih banyak. Pada ulang tahun pertama bayi kami, kami akan mengundang anda dan semua anggota jemaat gereja dan kita mengadakan pesta besar."

"Baik, silakan."

Ayah bayi itu sangat gembira saat itu karena bayinya sembuh, dan ia sendiri yang mengusulkan untuk diadakan pesta. Tetapi perlahan-lahan dia mulai meninggalkan kebaktian Minggu di gereja, dan pada saat ulang tahun pertama anaknya tiba, dia mengadakan pesta, tetapi hanya mengundang sanak familinya saja dan orang-orang duniawi kenalannya.

Seorang pemuda dari Kang-won Do mempunyai badan yang sehat, tetapi dia sangat sombong. Namun karena dia sering mendengarkan renungan di gereja, dia mulai bertobat. Sewaktu aku berdoa untuk orang ini mengusir roh-roh jahat yang ada di dalam dia, mulutnya mengeluarkan busa dan dia jatuh. Setelah roh jahat diusir keluar dari dia, dia menjadi orang biasa dengan karakter yang lembut. Tetapi dia kembali ke gerejanya dan tidak pernah kelihatan lagi.

Ada juga seorang wanita tua yang kehilangan penglihatannya hingga sampai pada tahap dapat dikatakan buta. Setelah mendengar berita tentang gereja kami, sanak keluarganya datang bersama dia, dan dia memperoleh kembali penglihatannya. Tetapi segera setelah dia disembuhkan, mereka pergi meninggalkan gereja.

Janganlah Berbuat Dosa Lagi

Dalam Yohanes 5:14, setelah menyembuhkan seorang sakit, Yesus bertemu dengan dia dalam Bait Allah dan berkata kepadanya, *"Engkau telah sembuh; jangan berbuat dosa lagi, supaya padamu jangan terjadi yang lebih buruk."*

Karena mereka telah disembuhkan dengan kasih dan kuasa Allah, mereka seharusnya sekarang hidup dalam firman Allah dan bersyukur atas rahmat yang diterima. Tetapi, kalau mereka berbuat dosa lagi, bagaimana Allah dapat melindungi mereka? Karena Allah harus memalingkan wajah-Nya dari mereka dan tidak bisa memelihara mereka, maka dengan karya Iblis mereka kembali terkena penyakit lagi, dan karena mereka mengabaikan rahmat Allah, mereka mengalami sakit yang lebih serius dari sebelumnya.

Kita Akan Dilindungi Kalau Kita Hidup Dalam Firman

Ada suatu kejadian pada bulan November 1982. Pada waktu itu kami sedang mengadakan kebaktian semalaman pada hari Jumat hingga jam enam pagi. Tidak lama setelah lewat tengah malam, sepasang suami istri datang ke ruang doa membawa seorang anak perempuan berusia sekitar lima tahun. Anak perempuan itu menangis karena tidak tahan dengan rasa sakit yang dideritanya. Dia tinggal di Busan, dan dia didiagnosa menderita kanker pankreas stadium akhir.

Dokter berusaha melakukan operasi, tetapi karena tumornya terlalu besar, operasi tidak bisa dilakukan. Selain itu, karena tumornya tumbuh di lambung, sangatlah bahaya untuk dijahit setelah operasi. Dokter hanya memasang kawat halus bagaikan benang dengan longgar pada lambungnya. Benar-benar mengerikan.

Nama anak ini Wonmi. Dia diberi morfin beberapa kali dalam sehari. Hanya itulah satu-satunya cara agar dia dapat menahan rasa sakit. Dengan masker oksigen masih terpasang, Wonmi hampir mati. Bibinya, saudara perempuan ayahnya, membujuk orangtua gadis ini, katanya, "Saudaraku, ada sebuah gereja di Seoul yang dipenuhi rahmat Allah. Ayo kita pergi ke sana dan meminta doa untuk dia. Allah akan menyembuhkan Wonmi." Orangtuanya memang sudah putus asa dan merasa tidak ada harapan lagi, maka mereka patuh kepada bibinya. Mereka membawa Wonmi dan datang ke Seoul ke gereja kami.

Aku berdoa untuk anak perempuan itu selama lima belas hari. Pada waktu dia didoakan untuk pertama kalinya, sakitnya hilang. Setelah beberapa hari, pekerjaan penyembuhan mulai bekerja nyata. Sakitnya hilang dan perut yang bengkak kembali normal. Maka kemudian, orangtuanya mulai mempunyai iman. Aku menganjurkan mereka pergi ke rumah sakit untuk melepaskan kawat-kawat jahitan, tetapi mereka tidak pergi ke rumah sakit dan mereka melepaskan kawat halus itu sendiri dengan penuh iman. Dengan cara yang sangat mengagumkan, dalam beberapa hari, Allah membuat luka yang terbuka itu sembuh dan menutup.

Wonmi telah sekarat karena menahan rasa sakit yang luar

biasa menyiksa bagi dia, tetapi sekarang dia sudah sembuh dalam waktu sepuluh hari. Dia belajar lagu-lagu pujian dan menari di sekolah Minggu, dan dia bernyanyi dan menari bersama dengan teman-temannya. Mereka yang memperhatikan dia sungguh bahagia melihat keadaannya sekarang. Anak itu pintar, dan dikasihi oleh banyak orang.

Mereka tinggal di gereja selama lima belas hari untuk didoakan, dan kemudian mereka kembali ke kota asal mereka. Pada waktu aku berdoa untuk orangtua anak ini, Tuhan berbicara kepadaku.

"Kalau mereka pulang, mereka harus menjalankan Sepuluh Perintah Allah, maka anak perempuan mereka akan bertumbuh dengan sehat. Tetapi kalau mereka tidak menjalankan Sepuluh Perintah Allah, Allah akan memalingkan wajah-Nya."

Aku mengingatkan mereka, "Kalian harus menjalankan hari Sabat, memberikan persembahan perpuluhan, dan melayani Allah dengan baik. Kalian sebagai orangtua harus menjalankan Sepuluh Perintah Allah supaya anak ini selalu sehat." Ayah Wonmi mengatakan, "Terima kasih pendeta! Tentu, kami harus melakukannya. Dan saya melihat melihat bahwa gereja ini tidak memiliki sebuah bis besar. Kalau saya pulang nanti, saya akan mengirimkan sebuah bis besar untuk gereja."

Tetapi, tidak lama kemudian aku mendapat berita bahwa anak itu meninggal. Orangtua Wonmi, pada awalnya saja datang ke gereja setelah mereka kembali ke rumah mereka, tetapi dengan berjalannya waktu, tampaknya mereka tidak lagi memelihara Hari Tuhan. Tetapi ada satu hal yang patut disyukuri yaitu roh Wonmi sudah diselamatkan, dan dia akan hidup bahagia selamanya di kerajaan surga di mana tidak ada lagi airmata dan kesusahan.

Allah Menyembuhkan Mereka Sesuai Dengan Iman Mereka.

Pada awal mula pelayananku, aku sangat bersedih hati melihat orang-orang dengan mudahnya mengabaikan rahmat Allah, meninggalkan gereja dan kembali pada dunia.

"Allah Bapa, mereka bertemu Engkau, mengalami pekerjaan-Mu, dan disembuhkan, bagaimana mereka bisa meninggalkan-Mu seperti ini?" Aku menangis bercucuran airmata dalam doaku dengan hati yang hancur, dan suatu hari aku mendengar suara Tuhan.

"Hamba-Ku, sewaktu Aku menyembuhkan sepuluh orang kusta, sembilan orang dari mereka pergi dan hanya satu orang yang kembali untuk memberi kemuliaan kepada Allah. Sama halnya, sewaktu kamu meminta kepada Bapa dan menyembuhkan mereka dengan imanmu, jika mereka tidak memiliki kebenaran dan kehidupan di dalam mereka, mereka akan mengabaikan rahmat dan meninggalkan gereja. Karena itu, mereka tidak akan pergi hanya jika mereka mendengar firman dan memiliki iman. Kemudian, setelah mereka disembuhkan dengan iman mereka, mereka tidak akan meninggalkan gereja. Karena engkau berdoa, Aku menyembuhkan mereka melalui kekuatanmu, tetapi mulai sekarang ubahlah isi doamu. Kamu harus berdoa agar mereka disembuhkan sesuai dengan iman mereka."

Tujuan utama menjalankan kehidupan Kristiani adalah keselamatan roh dan jiwa kita, dan agar kita dapat masuk kerajaan surga. Maka itu, hal yang paling penting adalah mengerti kehendak Allah dan mempunyai iman untuk bisa masuk ke kerajaan surga. Sewaktu Yesus menyembuhkan sepuluh orang kusta, hanya satu dari mereka yang kembali kepada Yesus dan memuliakan Allah (Lukas 17:11-19). Sembilan orang lainnya pergi meninggalkan Allah dan kembali pada dunia. Hanya ada satu orang yang diselamatkan.

Orang datang ke gereja karena mereka mengalami sakit penyakit atau masalah-masalah lain, tetapi saat mereka mengikuti kebaktian penyembahan, mendengarkan pengajaran dan datang untuk mengenal kehendak Allah, mereka mendapatkan iman dan kehidupan. Adalah kehendak Allah untuk menyembuhkan mereka saat mereka menerima Roh Kudus, percaya kepada surga dan neraka dan mempunyai iman untuk diselamatkan. Jika mereka disembuhkan tanpa dasar iman, kecuali mereka yang memiliki hati nurani yang baik, kebanyakan mereka akan kembali kepada dunia. Pada akhirnya mereka tidak akan diselamatkan. Karenanya, sejak saat itu, aku merubah isi doaku, aku mengatakan, "Ya Allah, sembuhkanlah mereka sesuai dengan iman mereka." Allah sungguh menyatakan karya penyembuhan-Nya kalau mereka menunjukkan iman mereka.

Iman yang Mengatur Cuaca

Pada tanggal 1 Agustus 1983, kami mengadakan retret musim panas pertama kali di Pulau Daebu dekat Inchon. Tetapi, malam sebelum retret, hujan turun sangat deras disertai petir dan kilat. Feri yang menuju ke Pulau Daebu hanya ada satu kali sehari. Aku bertanya kepada Allah, "Ya Allah, bagaimana kami bisa pergi retret dalam hujan lebat ini? Tolong hentikan hujan!"

Kami dijadwalkan untuk berangkat pada jam lima pagi dari

gereja, karena itu beberapa murid yang tinggal jauh dari gereja tidur di tempat ibadah. Aku ingin tidur di rumah tetapi aku tidak bisa tidur karena kerasnya suara petir. Aku hanya berbaring, tidak bisa tidur dengan baik. Aku hanya berdoa dalam hati ketika sekitar jam tiga pagi aku mendengar suara Roh Kudus mengatakan kepadaku agar jangan kuatir. Aku pergi ke tempat ibadah untuk memimpin doa fajar pada jam empat pagi, dan di sana sudah ada beberapa anak muda anggota jemaat. Doa fajar selesai pada jam 4.55, tetapi hujan badai menjadi semakin ganas. Petir dan kilat semakin sering, dan hujan deraspun menerpa kaca-kaca jendela.

Aku berkata, "Mari berdoa bersama supaya hujan berhenti!" Karena mereka telah menyaksikan banyak tanda keajaiban terjadi dalam doa semalaman setiap Jumat, para murid dan anak-anak muda ini memiliki iman yang teguh. Mereka yang berada di tempat ibadah, berdoa dengan sungguh-sungguh selama beberapa menit, tetapi petir dan kilat tetap berlangsung.

Aku mendengar, "Jangan kuatir. Angkat barangmu dan turunlah ke lantai pertama. Jika ada orang menginjak tanah, maka hujan akan berhenti!"

Saat aku dengan tegas menyatakannya, setiap orang menanggapi dengan seruan 'Amin' Mereka semua berdiri dan turun ke lantai bawah. Saat orang pertama dalam antrian menginjak tanah di luar, hujan lebat pun berhenti seketika, petir dan kilat juga berhenti. Melalui pengalaman ini, Allah memberikan kami karunia iman yang besar.

Menerima Penjelasan Akan Perikop-Perikop Sulit dan "Pesan Salib"

Setelah peresmian gereja, aku diundang untuk berbicara pada banyak kebangunan rohani. Aku mewartakan firman untuk menanamkan benih iman kepada setiap orang yang hadir dan untuk memberi mereka kesempatan mengerti kasih Allah. Setiapkali aku berdoa untuk mereka yang sakit, banyak orang disembuhkan. Yang lumpuh bisa berjalan dan yang buta melihat. Banyak mukjizat terjadi. Allah juga mengajarkan aku bagaimana berkhotbah pada kebangunan-kebangunan rohani tersebut. Aku mengajarkan tentang Yesus Kristus, Allah Bapa, iman yang benar dan kehidupan kekal, mukjizat-mukjizat, kebangkitan, dan Kedatangan Tuhan Yang Kedua Kalinya dan tentang kerajaan surga.

Biasanya, persekutuan-persekutuan ini berlangsung dari Senin hingga Kamis. Mereka mulai pada jam enam sore, dan sekitar jam 7.30 pengajaran dimulai. Aku biasanya meneruskan hingga jam sebelas malam atau tengah malam karena pendeta dan mereka yang hadir meminta aku untuk melanjutkan pengajaranku. Setelah sesi malam, aku akan tidur beberapa jam dan kemudian memimpin kebaktian fajar. Pada tahun 1983, aku keliling seluruh negeri ini sebagai pembicara pada kebaktian-kebaktian kebangunan rohani. Suatu hari Tuhan memerintahkan aku untuk berhenti menjadi pembicara pada kebangunan rohani dan pergi ke bukit untuk berdoa.

Allah ingin memberi penjelasan tentang perikop-perikop dalam Alkitab yang sulit untuk dimengerti. Selama tujuh tahun aku telah berdoa meminta penjelasan akan perikop-perikop yang sulit dimengerti, dan akhirnya aku menerima jawaban dari Tuhan. Maka, sejak bulan Mei 1983, aku berhenti menjadi pembicara di kebangunan rohani, dan aku pergi ke Bukit Doa Kwangju di Kwangju, Kyeong-gi Dong. Setelah kebaktian Minggu malam, aku akan pergi ke sana dan berdoa sepanjang hari, dan pada hari Jumat aku kembali ke gereja memimpin kebaktian semalaman. Kehidupan seperti ini berjalan selama bertahun-tahun lamanya.

Berjuang Dalam Dinginnya Musim Dingin dan Panasnya Musim Panas

Di musim panas, matahari bersinar sangat terik, dan di musim dingin suhu udara turun hingga minus 10 sampai 15 derajat Celcius (kira-kira +10 Farenheit). Tetapi aku hanya meletakkan sebuah selimut tentara di atas batu karang, dan dalam doaku aku berseru-seru menatap ke surga. Walau dalam musim dingin sekalipun, aku akan pergi ke bukit, dan aku berdoa sepanjang hari hingga malam. Aku berjuang setengah mati melawan hawa dingin sepanjang hari. Kalau suhu turun hingga minus sepuluh derajat Celcius, aku tidak berkeringat sama sekali walaupun aku berteriak dan berjuang dengan segala kekuatanku dalam doa.

Karena aku tidak mempunyai uang, aku tidak mampu memiliki tempat berlindung yang hangat dan nyaman. Aku hanya mampu menyediakan satu briket batu bara untuk pemanasan per hari. Udara dalam ruangan cukup dingin. Kertas jendela robek, dan angin dingin masuk. Di dalam ruangan aku mempunyai tinta yang aku bisa pakai untuk menuliskan penjelasan-penjelasan dari Tuhan tentang perikop-perikop Alkitab yang sulit. Ruangan itu begitu dingin sehingga tintapun membeku. Aku harus mencairkannya supaya aku bisa menulis. Karena akupun tidak mempunyai selimut yang layak, aku harus tidur seadanya dan tidak nyaman menutupi diriku dengan sebuah selimut tentara. Aku bangun pagi sekali dan pergi ke ruang doa untuk mengikuti kebaktian fajar. Setelah makan pagi, aku pergi ke bukit dan berdoa sepanjang hari.

Penjelasan Akan Perikop-perikop Sulit Dalam Alkitab yang Mengandung Banyak Makna

Kadang-kadang aku memecahkan es dan membasuh diriku dengan air dingin, dan kemudian aku berdoa dan membaca Alkitab sepanjang hari. Pada jam tujuh malam, orang-orang datang menghadiri sesi malam, maka keadaan pun menjadi hening. Dan aku akan masuk ke ruang doa khusus dan aku berjuang dalam doaku hingga aku berkeringat. Tuhan menjelaskan kepadaku tentang perikop-perikop Alkitab yang aku doakan sepanjang hari. Ia menjelaskan kepadaku mulai dari perikop yang paling sulit untuk kumengerti, dan penjelasan ini terasa lebih manis dari madu. Terutama karena ayat-ayat perikop ini mengandung kehendak Allah yang tak terduga dan tak berkesudahan. Mari kita lihat salah satu perikop yang sulit yang Tuhan jabarkan kepadaku. Dalam Injil Yohanes pasal dua, dikatakan bahwa Yesus pergi ke pesta pernikahan di Kana dan membuat air menjadi anggur. Umumnya, perjamuan nikah adalah kesempatan untuk orang minum-minum dan menjadi mabuk. Pasti orang akan heran mengapa Yesus, yang datang untuk menyelamatkan umat manusia, datang pada perjamuan nikah seperti ini dan memperlihatkan tanda yang pertama dari pelayanan-Nya.

Perjamuan nikah adalah lambang akhir zaman di mana orang makan dan minum dan dosa merajalela. Tanda pertama yang Yesus lakukan secara simbolis merupakan tanda awal dan akhir dari pelayanan Yesus. Yesus diundang ke perjamuan nikah di Kana, dan ini berarti bahwa saat orang-orang duniawi mengundang Yesus, tujuannya adalah untuk menyalibkan Dia. Dia membiarkan mereka menyalibkan Dia, dan memang akhirnya Dia sungguh disalibkan. Air melambangkan air kehidupan kekal (Yohanes 4:14), dan air ini adalah firman Allah yang memberikan kehidupan kekal. Firman adalah Yesus Kristus yang datang ke dunia dalam rupa manusia. Anggur melambangkan darah Yesus yang maha kudus. Semua ini melambangkan bahwa nantinya Yesus adalah firman yang datang ke dunia dalam rupa manusia, akan digantung di salib dan mencurahkan darah-Nya yang kudus. Yesus turun ke dunia yang penuh dengan dosa akan menyerahkan tubuh-Nya yang kudus untuk di salib dan mencurahkan darah-Nya dan air. Ayat ini menunjukkan kepada kita akan kasih Tuhan.

Merubah air menjadi anggur berarti bahwa darah Yesus yang ditumpahkan di kayu salib akan menjadi darah yang memberikan kehidupan kekal. Anggur yang Yesus buat di perjamuan nikah adalah sari buah anggur murni tanpa ada campuran bahan lain yang membuat orang mabuk. Dan juga orang yang mencicip anggur yang dibuat dari air mengatakan anggur itu baik. Semua ini merupakan simbol bahwa orang akan bahagia jika dosa-dosanya diampuni dengan minum darah Yesus dan mereka mempunyai harapan akan kerajaan surga.

Akhirnya, dikatakan juga, *"Hal itu dibuat Yesus di Kana yang di Galilea, sebagai yang pertama dari tanda-tandaNya dan dengan itu Ia telah menyatakan kemuliaan-Nya, dan murid-muridNya percaya kepadaNya."* (Yohanes 2:11) Disini, 'menyatakan kemuliaanNya' ada kaitannya dengan keempat Injil yang menyebutkan Yesus akan disalibkan, tetapi pada hari ketiga setelah kematian-Nya, Dia akan mematahkan semua autoritas kematian dan bangkit untuk menyatakan kemuliaan-Nya. Karena itulah, ungkapan sederhana ini mengandung banyak arti.

Para murid tercerai berai ketika Yesus disalibkan, dan bahkan orang-orang yang telah menyaksikan Tuhan yang bangkit memberitahu mereka bahwa Yesus sudah bangkit, mereka tidak mempercayainya. Hanya setelah mereka bertemu dengan Tuhan sungguh telah bangkit barulah mereka percaya. Para murid percaya kepada Yesus, bukan setelah mereka melihat tanda yang pertama dalam pelayanan Yesus, tetapi mereka menjadi percaya sewaktu Tuhan menyatakan kemuliaan-Nya pada saat Ia disalib, mengalahkan maut dan bangkit. Melalui tanda pertama yang Yesus nyatakan kepada kita, kita sekarang bisa menyadari bahwa yang dilakukan-Nya bukan sekedar untuk membantu perayaan pernikahan dalam arti jasmaniah dan duniawi.

Pesan Salib, Rahasia yang Tersembunyi Sejak Sebelum Permulaan Waktu

Sewaktu aku mulai semakin mengerti akan rahmat dan kasih Allah pada saat aku membaca keempat Injil yang menuliskan tentang pelayanan Yesus, aku tidak sanggup meneruskan membaca karena hidungku terus beringus dan aku menangis sangat terharu. Aku mulai berlinang airmata pada kejadian saat Yesus diadili di hadapan Pilatus. Waktu aku membaca tentang Yesus dicambuk, dipakaikan mahkota duri di kepala-Nya, dan kemudian disalibkan, aku menangis lama sekali. Aku tidak dapat berhenti menangis, dan aku terpaksa menutup Alkitabku.

Walaupun aku berusaha mengontrol diriku, aku perlu waktu beberapa hari untuk bisa membaca keempat Injil. Selama beberapa tahun sejak peresmian gereja, setiap kali aku membaca Alkitab, aku pasti menangis. Aku juga hampir tidak bisa ikut aktif dalam Komuni Kudus karena harus mengontrol dorongan untuk menangis. Tetapi setelahnya, aku sudah mampu mengontrol airmataku karena aku sudah mengerti sepenuhnya betapa bersyukurnya dan terberkatinya kita bahwa Yesus mengambil alih salib sebagai jalan keselamatan bagi kita. Aku sekarang sudah bisa membaca Alkitab dan mengikuti *Holy Communion* [Komuni Kudus] dengan sukacita dan penuh syukur. Setelah aku menerima 'Pesan Salib' yang Tuhan ajarkan kepadaku lewat ilham aku semakin dalam menyadari akan kasih Allah.

Pada tahun 1983, sewaktu aku sedang berdoa di Bukit Doa Kwangju, ternyata Tuhan juga menjelaskan kepadaku arti dari 'Pesan Salib.' Allah menjelaskan kepadaku mengapa Yesuslah satu-satunya Juru Selamat kita, mengapa kita bisa memperoleh keselamatan jika kita percaya bahwa Dia adalah Juru Selamat, dan mengapa Allah meletakkan pohon pengetahuan baik dan buruk, dan mengapa Allah mendekatkan diri dengan kita manusia di dunia ini. Allah menjelaskan kepadaku 'Pesan Salib' yang adalah suatu rahasia yang tersembunyi sejak awal penciptaan. Ia juga menyatakan dan menjelaskan kepadaku tentang alam roh yang tertulis dalam Kitab Kejadian.

Allah juga membuat aku sepenuhnya mengerti dan menyimpannya dalam-dalam arti dan cara bagaimana kita ikut ambil bagian dalam kehidupan ilahi melalui 'Sembilan Buah Roh', 'Kata-Kata Berkat (dalam khotbah di bukit),' dan 'Kasih Rohani.'

Bagaimana Aku Dapat Memberi Makan Sekumpulan Orang Dengan Firman Rohani?

Kalau aku berdoa di suatu tempat yang sama untuk jangka waktu yang cukup lama, maka tersebarlah berita dan banyak orang datang meminta didoakan. Karena semakin banyak orang yang mengenal aku, maka aku harus pindah ke tempat lain. Untuk bisa berkomunikasi dan menyatu dengan Allah dalam doa, seperti yang dituliskan oleh Rasul Yohanes dalam Kitab Wahyu di pulau Patmos, aku juga memerlukan suatu tempat yang sunyi dan terpencil jauh dari hal-hal yang sekuler.

Karena itu, aku pergi ke suatu tempat di Kangwon Do, dan Jochiwon. Sewaktu aku berdoa di siang hari yang panas pada musim panas tanpa memakai kipas angin, aku basah karena keringat, tetapi aku tidak mengeluh dan tidak merasa terganggu.

Aku punya dua pertanyaan, "Bagaimana aku bisa membuat

orang banyak itu mengerti firman Allah dengan benar dan memberikan mereka pengajaran-pengajaran rohani, sehingga aku mampu memelihara mereka secara roh hingga mencapai iman yang sempurna?" dan "Bagaimana aku bisa berdoa lebih banyak dan menerima kuasa Allah seperti yang dilakukan oleh para nabi dan rasul sehingga aku mampu menyelesaikan misi dunia dengan luar biasa dan membangun Tempat Ibadah yang Megah?" Karena aku begitu terpaku untuk menggenapi kedua tujuan ini, aku hampir tidak mempunyai waktu memikirkan hal-hal lain.

Pada bulan Mei 1984, beberapa hari sebelum hari ulang tahunku. Diaken Senior Geumsun Vin, yang saat itu adalah ketua dari Kelompok Great United Women's Mission, menunjukkan aku sebuah rumah milik satu keluarga di Kangwon Do, dan aku berdoa di sana selama beberapa waktu. Tempat itu harus kucapai dengan perahu dayung.

Hari Jumat aku harus kembali ke Seoul dan memberi pengajaran di kebaktian semalaman hari Jumat dan pada kebaktian Minggu, tetapi Allah menggerakkan hatiku untuk tetap tinggal di sana dan berpuasa selama tiga hari. Setelah tiga-hari-puasa, Allah mengajarkan aku tentang realita rohani yang mendalam dan tentang kerajaan surga dengan sangat terperinci. Sebenarnya aku bisa merayakan ulang tahunku dengan penuh sukacita bersama anggota jemaatku, tetapi daripada begitu, jauh lebih bermanfaat dan berharga untuk menerima karunia yang besar dari Allah setelah berdoa dan puasa. Pengetahuan akan kerajaan surga yang Tuhan ajarkan kepadaku lebih merupakan suatu pengajaran yang lengkap. Pengajaran itu merangkum semua ayat-ayat yang tertulis dalam Alkitab. Kemudian, aku menyampaikan pengajaran ini dalam kebaktian-kebaktian

Minggu pagi selama beberapa tahun, dan semua ini diterbitkan dalam dua buku.

Para Tetangga di Pasar pun Mengatakan "Pergilah ke Gereja Manmin"

Tidak jauh dari gereja ada sebuah pasar. Karena gerejaku terletak di pinggir pasar, banyak orang harus melewati pasar setelah turun dari bis untuk pergi ke gereja. Maka, para pedagang di pasar seringkali melihat orang-orang membawa anak-anak dalam kondisi yang mengancam nyawanya seperti baru saja terkena kecelakaan lalu lintas.

Sekarang ini, kursi roda sudah menjadi hal biasa, tetapi pada waktu itu bukanlah hal yang umum di Korea. Setiap kali para pedagang melihat pasien dalam keadaan gawat, mereka berkata, "Mereka pasti sedang mencari dan ingin bertemu dengan pendeta dari Gereja Manmin." Bila orang-orang yang sama tadi menjadi sehat dalam sehari atau dua hari berikutnya, dan mereka berbelanja di pasar, para pedagang tersebut sangat heran.

"Bukankah anda orang yang diusung dengan tandu kemarin?"

"Ya, memang benar"

"Kalau begitu, bagaimana mungkin anda bisa berjalan kembali seperti ini?"

"Kemarin, saya disembuhkan melalui doa."

Karena para pedagang itu seringkali melihat kejadian

seperti ini, mereka pun mengakui bahwa Allah sungguh hidup. Tetapi ketika kami memberitakan Injil kepada mereka, mereka mengatakan bahwa mereka tahu Allah sungguh hidup, tetapi mereka terlalu sibuk mencari nafkah dan tidak bisa ke gereja. Walaupun mereka tidak ke gereja, bila mereka melihat seseorang yang sakit, mereka menyuruh orang sakit tersebut pergi ke gereja Manmin.

Tuhan Bekerja Bersama Kita

Pindah ke Tempat Ibadah yang Kedua

Kira-kira satu tahun setelah kebaktian peresmian gereja, ruang doa sudah tidak mampu lagi menampung sekian banyak orang, sudah tidak ada lagi tempat tersedia. Bila kami mengadakan kebaktian penyembahan, ruang-ruang doa pribadi, lorong dan bahkan ruang duduk semua penuh sesak. Betul-betul tidak ada lagi tempat tersisa. Maka, kamipun berdoa untuk bisa pindah ke tempat yang lebih besar.

Kami harus mempunyai tempat dengan luas paling sedikit tujuh ribu kaki, tetapi iman para anggota jemaat gereja belum sedemikian besarnya. Pada saat aku berdoa lagi untuk mendapatkan tempat ibadah yang baru, Allah memberikan firmanNya. *"Pergilah dan bangunlah sebuah tempat sementara di ruang terbuka. Tempat itu akan rubuh, karena itu bangunlah kembali. Lalu akan rubuh lagi. Setelah itu, penyertaan-Ku akan dinyatakan. "*

Pada bulan September 1984, ada sebuah tempat kosong di atap sebuah bangunan berlantai satu dekat pasar. Allah memerintahkan kami untuk membangun tempat sementara, tetapi Ia tidak menginginkan aku memberi tahu anggota jemaat bahwa tempat itu akan rubuh. Tentunya, secara hukum, tidaklah diizinkan untuk membangun sesuatu yang permanen di atas atap sebuah bangunan. Aku baru saja menjelaskan bahwa inilah kehendak Allah untuk membangun sebuah bangunan sementara dan membiarkan mereka memulai pembangunannya. Pemilik bangunan setuju, dan dia mengatakan bahwa dia akan pergi ke pemerintah daerah dan meminta izin yang diperlukan untuk membangun sebuah bangunan sementara.

Kalau memakai akal dan pikiran manusia, sangatlah sulit untuk menerima bahwa kita harus membuat bangunan sementara di atap sebuah bangunan dan memakainya sebagai tempat ibadah. Tetapi, karena ini adalah perintah dari Allah, aku hanya mentaatinya. Aku juga sudah tahu bahwa bangunan sementara itu akan rubuh segera setelah selesai dibangun. Setelah anggota jemaat menata semen dan batubata, pekerja-pekerja bangunan dari kantor pemerintah setempat datang dan segera merubuhkannya. Ketika kami membangunnya kembali, mereka sekali lagi merubuhkannya. Dalam proses ini, ada beberapa anggota jemaat yang mengeluh, tetapi sebagian besar dari mereka menengadah kepada Allah yang telah menjadikan segalanya baik adanya, dan mereka berdoa dengan sungguh-sungguh dengan kesatuan hati. Penduduk setempat yang melihat semua kejadian ini mulai berpikir, "Apakah pemerintah setempat perlu untuk ikut campur sebegitu jauhnya dalam hal ini?" dan merekapun mulai merasa kasihan pada gereja kami. Bahkan para pedagang di pasar sangat menyadari akan karya Allah yang telah terjadi di gereja Manmin. Karena para anggota jemaat kami sedang dihadapkan pada situasi sulit seperti ini, semangat untuk memiliki tempat ibadah yang baru menjadi semakin membara dan hati kami pun dipersatukan lebih erat lagi. Dalam keadaan seperti ini, Allah sudah menyediakan sebuah bangunan baru.

Sampai saat itu tidak ada satu bangunan pun yang dapat dipakai oleh gereja kami. Tetapi tidak jauh dari lokasi kami, ada sebuah bangunan dengan luas sekitar tujuh ribu kaki yang sudah selesai dan kami boleh memakainya. Allah memerintahkan kami untuk pindah ke gedung tersebut. Kami mempunyai sekitar tiga ratus anggota jemaat saat itu, dan jumlah persembahan tidaklah mencukupi, bahkan untuk tujuan misi sekalipun tidaklah cukup. Kebanyakan anggota kami bukan orang kaya, jadi tidaklah mudah untuk menyediakan walau hanya beberapa juta won. Karena itu, bila sejak awal aku sudah mengusulkan kepada semua anggota bahwa kami akan pindah ke sebuah gedung seluas tujuh ribu kaki, pastilah mereka akan banyak mengeluh. Hanya untuk menyewa tempat kami memerlukan 40 juta won (40 ribudolar AS). Selain itu kami perlu 20 juta won lagi untuk membangun tempat itu agar layak menjadi tempat kudus untuk berdoa. Dengan iman seperti yang dimiliki oleh para jemaat kami, rasanya akan sulit mendapatkan semua ini. Tetapi karena para anggota jemaat telah melalui masa-masa sulit dan berbagai pencobaan, mereka semakin haus untuk bisa mempunyai tempat ibadah yang baru, karena itu mereka semakin bersatu hati, pikiran dan kekuatan dalam memanjatkan doa-doa mereka dengan sungguh-sungguh. Rasanya, dalam sekejap kami akan bisa mengumpulkan sejumlah uang yang kami perlukan untuk memindahkan tempat ibadah kami. Akhirnya, pada tanggal 31 Desember 1984, kami menyewa gedung di Dae-Bahng Dong,

Dong-jak Gu, dan mengadakan kebaktian pertama di sana. Allah menambahkan iman anggota jemaat melalui ujian seperti ini.

Menyusun Organisasi Gereja

Gereja bertumbuh semakin besar dengan sangat cepat karena Allah sendiri yang mengirimkan banyak anggota baru. Iman anggota jemaat pun semakin cepat bertumbuh karena karya dan kuasa Allah yang selalu menyertai kami dalam rupa tanda dan mukjizat yang terus menerus terjadi. Ada orang-orang yang datang ke gereja hanya untuk mendapatkan kesembuhan, tetapi ada juga yang datang karena haus dan mereka mencari firman hidup.

Pada bulan Oktober 1983, Pusat Doa Manmin selesai dibangun. Allah membimbing istriku, Boknim Lee, untuk mengadakan pelayanan penyembuhan setiap hari untuk menyembuhkan pasien-pasien baik secara rohani maupun jasmani. Allah memberinya tugas sebagai presiden dari Pusat Doa. Istriku mengadakan pelayanan penyembuhan setiap hari, dan ia konsentrasi pada pelayanan konseling, kunjungan rumah kepada para anggota dan juga pelayanan doa. Pada bulan Januari 1984, 'Prayer Devotee's Mission' dengan tugas untuk berdoa bagi kerajaan Allah dan segala kebenarannya selesai didirikan. Para pendoa bukan hanya berdoa, tetapi mereka juga menghadiri pelayanan penyembuhan dan membantu para pasien dengan dukungan doa-doa mereka. Pada bulan Maret 1984, Taman Kanak-kanak Manmin dibuka untuk melayani anak-anak. Dalam waktu hanya beberapa tahun setelah pembukaan gereja, bentuk dan struktur organisasi gereja sudah terbentuk.

Pada bulan Oktober 1985, saat istriku melakukan tugasnya

sebagai presiden dari pusat doa, ia mulai melakukan persekutuan doa malam dengan beberapa orang. Persekutuan doa ini menjadi cikal bakal dari Persekutuan Doa Daniel sekarang ini di mana ribuan anggota jemaat berkumpul dan berdoa setiap malam. Presiden Boknim Lee memusatkan perhatian pada doa dan puasa. Dia tidak sekedar mencari kebahagiaan sendiri dari keluarga, tetapi dia juga hidup bagi jiwa-jiwa yang lain. Allah bekerja melalui suara Roh Kudus yang sangat jelas dan memberkati dia agar mampu melakukan pekerjaan-pekerjaan yang penuh kuasa. Bahkan sekarang pun dia memimpin Persekutuan Doa Daniel setiap malam. Banyak anggota jemaat mengalami kuasa Allah dan menerima jawaban-jawaban yang diberikan pada saat mereka berdoa dan memuji di tempat ibadah. Melalui Persekutuan Doa Daniel, jiwa-jiwa para anggota jemaat menjadi sejahtera. Inilah kekuatan yang mendorong kebangkitan gereja.

Mereka yang rindu akan firman kehidupan datang dan mendengarkan pengajaran-pengajaran rohani yang disampaikan, dan mereka menemukan damai sejahtera dan ketenangan. Mereka yang menerima jawaban dan jalan keluar akan masalah-masalah mereka tetap tinggal di gereja, dan gereja berdiri dengan teguh.

Mahasiswa Kedokteran Dengan Tumor Otak

Sooyeol Cho, dilahirkan dalam keluarga Kristen. Dia mengalami suatu penyakit disebut, *'nasopharyngal fibroma.'* Pembuluh darah di hidung menjadi bengkak dan akhirnya berubah menjadi tumor. Kemudian berkembang menjadi tumor otak.

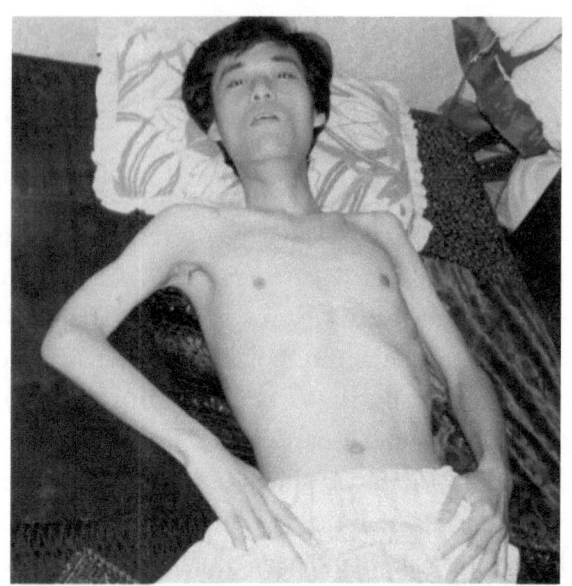

Sooyeol Cho menderita pneumonia

Dia adalah seorang pendeta yang sehat hari ini

Pada waktu itu, salah satu keluarga Sooyeol Cho adalah wakil direktur dari Seoul National University Hospital (Rumah Sakit Universitas Nasional Seoul). Dia menjalani operasi selama delapan jam. Tetapi setelah operasi dia tetap mengalami penyumbatan hidung. Tetapi pada saat dia masuk kuliah, dia mulai berkenalan dengan kehidupan duniawi, dan keadaannya bertambah buruk. Tiga bulan setelah operasi, hidungnya buntu dan terjadi pendarahan lagi dari hidungnya. Ia kembali ke rumah sakit dan dokter mengatakan penyakitnya kambuh kembali.

Sebelum operasinya yang pertama, dokter sudah mengatakan bahwa ada kemungkinan besar tumornya akan menyebar ke otak, dan akar tumor itu ternyata sudah sampai di otak, dan sekarang dia mengalami tumor otak. Dalam bulan Desember 1984, dia menyadari bahwa dia tidak mungkin bisa disembuhkan secara medis. Dia tahu tentang gereja kami dan mendaftar bersama anggota keluarganya.

Pada bulan Januari 1985, dia mendapatkan rahmat dalam suatu kebangunan rohani, dan dia menjadi lebih sehat. Pada waktu itu dokter menganjurkan untuk dilakukan operasi lagi, dan dia masih berpikir akan kemungkinan bisa disembuhkan dengan perawatan medis.

Tetapi pada tahun 1986, ketika dia mengalami pendarahan hebat lebih dari sepuluh kali, dia sungguh menyadari bahwa dia hanya bisa hidup dari rahmat Allah. Dua kali dia mengalami pendarahan *profuse rectal* yang sangat melelahkan dia.

Pada waktu aku sedang berdoa di Jochiwon, suatu hari dalam doaku, aku merasakan kedukaan yang amat besar dalam hatiku, dan aku sadar bahwa Sooyeol Cho sedang dalam kondisi sangat kritis. Aku berdoa kepada Allah dengan bercucuran airmata.

Pada waktu itu juga, seorang diaken yang rajin berdoa

di gereja kami mendapatkan sebuah penglihatan, dan dia mengatakan bahwa aku sedang sungguh-sungguh berpegang pada ujung jubah Yesus meminta Dia memberi kehidupan untuk anak muda ini. Sejak saat itu, setiapkali anak muda ini dalam keadaan yang membahayakan hidupnya, Roh Kudus memberitahu aku tentang keadaan anak ini, dan dia bisa melewati masa kritis setelah aku doakan. Sejak saat itu, Sooyeol Cho mulai bertumbuh imannya dan sampai pada tingkat di mana keadaannya semakin membaik.

Jika dia tidak berdoa dan jika tidak dipenuhi Roh Kudus, benjolan di hidungnya tumbuh sangat besar dan tenggorokannya buntu, atau sesuatu seperti lidah akan keluar dari mulutnya, atau benjolan itu akan menonjol keluar melalui lubang hidungnya. Pada saat demikian, kalau dia bertobat dan didoakan maka dia akan tampak bersih. Melalui proses ini, pemuda itu menyadari akan adanya pikiran-pikiran kedagingan dan jahat yang ada dalam dirinya, dan dia kemudian berpuasa sambil berpikir, "Kalau aku harus mati, biarlah aku mati."

Dia berusaha sekuat tenaganya untuk berubah. Akhirnya dia menjadi orang yang benar-benar sehat. Sekarang dia melayani di gereja sebagai salah satu pendeta muda. Dia mempunyai keluarga bahagia bersama istri dan satu anak laki-laki.

Tubuh Kaku Karena Keracunan Gas Karbon Monoksida

Dalam bulan Febuari 1985, suatu Sabtu sore, aku sedang berdoa di kamarku. Di luar ada kumpulan orang banyak dan aku mendengar seseorang berteriak bahwa ada orang yang meninggal. Sewaktu aku keluar setelah selesai berdoa, ada seorang saudari dari gereja yang telah keracunan gas karbon monoksida.

Setelah kebaktian semalaman pada hari Jumat, dia pulang lalu menyalakan briket batubara, dan pergi tidur.

Tetapi setelah jam dua Sabtu pagi, dia ditemukan dalam keadaan keracunan gas. Waktu dia ditemukan, dia sudah menghirup gas beracun selama beberapa jam, sehingga tubuhnya sudah lumpuh dan mulutnya berbuih. Salah satu tetangga menemukannya dan membawanya ke tempatku, tetapi dia kelihatan seperti sudah meninggal. Dia dalam keadaan tidak sadar, dan tubuhnya sudah kaku dan dingin.

Aku menumpangkan tangan kepada dia dan berdoa, "Dalam nama Yesus Kristus, aku perintahkan gas karbon monoksida keluar! Keluar melalui kedua mata, kedua lubang hidung, melalui mulut dan melalui semua sel di seluruh tubuh!" Pada saat aku selesai berdoa dan mengangkat tanganku dari tubuhnya, badannya mulai menjadi hangat dan perlahan-lahan dia membuka mata. Lalu, tubuhnya yang kaku juga mulai menjadi lemas. Orang-orang di sekitarnya memijat dia selama beberapa menit, dan kemudian dia sudah bisa bergerak kembali. Dia duduk dan menjadi sehat kembali tanpa ada akibat sampingnya.

Seandainya dia dibawa ke rumah sakit sewaktu dia ditemukan, sedikit kemungkinan dia akan pulih. Walaupun dia bisa bertahan hidup, dia pasti akan menderita trauma seumur hidupnya dan mengalami kerusakan otak. Tetapi Allah Yang Mahakuasa yang menghidupkan orang yang sudah mati menyatakan kuasa-Nya, wanita ini kembali normal dalam dua menit. Dia adalah Minsun Lee, yang di kemudian hari menikah dengan Pendeta Jeon-hwan Cha dari gereja kami.

"Pergilah ke Shindaebang Dong"

Kadang-kadang aku juga berdoa untuk mereka yang telah meninggal. Pada bulan Juni 1985, sesuatu terjadi kepada Seung-ah, anak perempuan diaken Seok-hee Cho yang baru berumur dua tahun. Ibu anak ini sedang memasak sosis, lalu anak ini menghampiri dan mengulurkan tangan. Maka ibunya memberikan sepotong kecil sosis kepada anak ini. Tidak lama kemudian, ibunya tidak mendengar suara apapun dari putrinya, rumah menjadi sepi sekali. Ibunya kemudian mencari di seluruh rumah, dan akhirnya dia menemukan Seung-ah dalam keadaan sekarat dengan mulut berbuih, dan megap-megap kehabisan nafas, dan wajahnya membiru.

Semua ini terjadi hanya dalam waktu beberapa menit, dan ibunya sangat terkejut. Ibunya dengan segera memanggul anak ini dan memanggil taksi. Karena dia sudah mendengar dan melihat banyak penyakit parah disembuhkan dan orang mati hidup kembali di gereja, dia tunjukkan imannya di hadapan Allah. Dia minta supir taksi untuk membawanya ke Shindaebang Dong. Supir taksi menjawab bahwa ada banyak rumah sakit di sekitar ini, mengapa harus pergi ke tempat yang sejauh itu?

"Tidak, di sana, di Shindaebang, ada seorang dokter yang sangat handal."

Kebetulan aku sedang berada di rumah saat dia datang, sehingga aku dapat mendoakannya. Aku dengar kabar bahwa anak kecil itu sudah berhenti bernafas, dan badannya sudah dingin selama perjalanan di taksi. Dengan sungguh-sungguh aku berdoa kepada Allah untuk mengembalikan roh anak kecil yang sudah meninggal ini. Segera setelah doa selesai, anak itu bangkit dan nafasnya pulih kembali. Sejak saat itu dia tumbuh dengan sehat tanpa ada efek samping lainnya. Sekarang ini anak kecil tersebut sedang belajar di Universitas Kyung-hee, dan orangtuanya melayani sebagai pendeta di Gereja Manmin Jinjoomun di Sacheon.

Luka Bakar Tingkat Ketiga Disembuhkan Oleh Kuasa Allah

Pada hari Minggu tanggal 6 April 1986, Diaken Senior Eun-deuk Kim, yang saat itu berusia 62 tahun, mengalami kecelakaan saat sedang bekerja di dapur gereja. Di atas kompor ada sebuah panci besar sekali berisi air yang sedang mendidih karena mereka sedang bersiap untuk memasak mie.

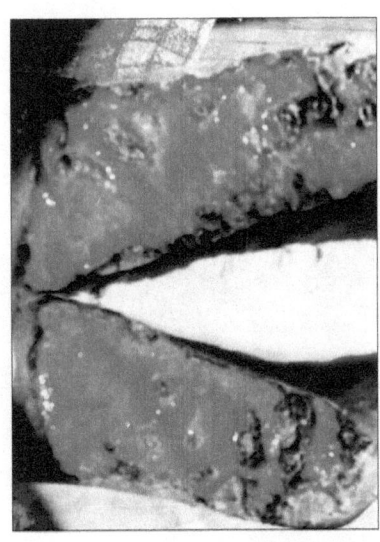

Disembuhkan dari luka bakar tingkat 3

Diaken perempuan senior Eun-deuk Kim terpeleset dan tanpa sadar dia meraih pegangan panci yang ada di atas kompor, akibatnya, air mendidih dalam panci tumpah semua. Air panas itu tumpah di dada, perut, lengan dan kakinya membuat luka bakar serius. Sangat beruntung bahwa dia tidak mengalami luka bakar di kepala dan wajahnya.

Sewaktu aku mendengar kejadian ini, aku segera ke dapur. Aku berdoa untuk dia sementara dia berbaring di lantai. Luka-luka bakarnya sangat parah dan kulitnya melepuh, melekat satu sama lain dan juga melekat pada pakaiannya. Dia masih dalam keadaan setengah sadar. Panasnya luar biasa tidak tertahankan bagi dia, tetapi saat aku berdoa untuknya, dia katakan bahwa

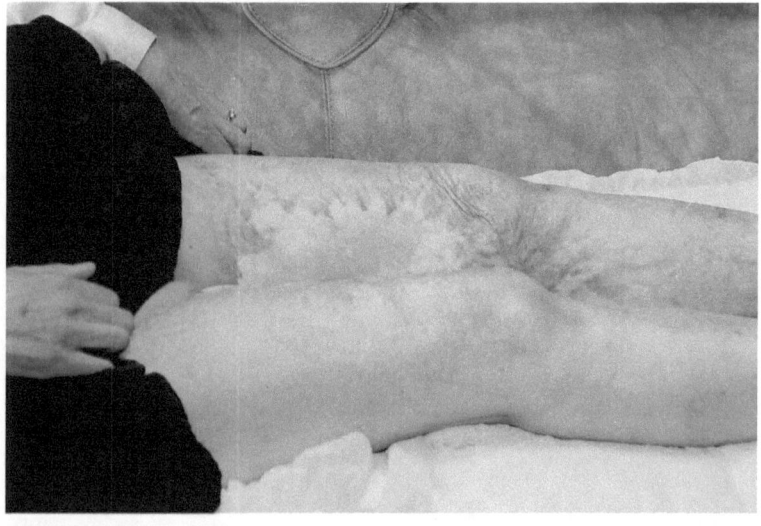

Disembuhkan total dan sedang menumbuhkan daging yang baru setelah berdoa

dia merasa panasnya keluar dari tubuhnya. Panasnya keluar dari bagian kiri dadanya melalui dada kanan dan turun ke bawah lalu keluar dari tubuhnya melalui kaki kanannya.

Walaupun panasnya sudah hilang, bagian-bagian yang terkena air panas tampak seperti daging panggang, dan bagian di mana bajunya melekat dengan kulit, kulitnya terkelupas. Sungguh suatu mukjizat. Seandainya tadi dia pergi ke rumah sakit, hidupnya belum tentu dapat tertolong. Kalau toh dia bisa bertahan hidup, dia perlu waktu beberapa tahun untuk memulihkan kulitnya. Walaupun dengan beberapa kali operasi, pasti akan ada sisa luka parut dan bekas-bekas luka lainnya. Dia dibawa ke rumahku, dan aku berdoa untuk dia setiap hari. Dia sama sekali tidak minum obat ataupun menerima suntikan apapun, tetapi dalam pekerjaan Allah dia pulih dengan cepat.

Sel-sel kulitnya yang matang karena panas dan juga sel-sel yang mati segera mengering bagaikan kulit pohon, dan tidak lama kemudian kulit kering itu mengelupas dan kulit baru muncul. Kulit baru muncul dari bagian-bagian yang terkena luka bakar, dan juga ada pembuluh darah baru yang terbentuk. Kulit yang mati menjadi hidup kembali. Anggota jemaat yang mengunjunginya melihat terjadinya semua proses ini.

Diaken senior Eun-deuk Kim sembuh total hanya dalam waktu tiga bulan setelah kecelakaan tersebut. Dia sudah pulih dan normal kembali. Pada tahun 2007, usianya 82, dan dia tetap rajin menjalani kehidupan Kristiani.

Pekerjaan Berapi-api

"Sesudah Tuhan Yesus berbicara demikian kepada mereka,

terangkatlah Ia ke surga, lalu duduk di sebelah kanan Allah.
Merekapun pergilah memberitakan Injil ke segala penjuru,
dan Tuhan turut bekerja dan meneguhkan firman itu dengan
tanda-tanda yang menyertainya" (Markus 16:19-20).

Pada waktu para murid pergi untuk mengabarkan Injil, Tuhan menyertai mereka. Demikian juga yang terjadi, pada saat aku menumpangkan tangan kepada para pasien, sesungguhnya yang terjadi adalah tangan Tuhan yang berlumuran darahlah yang tertumpang kepada mereka. Mereka yang mempunyai karunia penglihatan, atau mereka yang mampu melihat hal-hal rohani menjelaskan bahwa pada saat aku sedang berdoa, Tuhan bersama dengan aku menumpangkan tangan di bagian yang sakit dari para pasien.

Aku berdoa bagi mereka yang sakit dalam setiap kebaktian, dan banyak orang melihat adanya lidah api keluar dari tanganku. Api ini, yang adalah api Roh Kudus, hinggap pada setiap mereka yang sakit sesuai dengan iman mereka dan mereka disembuhkan dari luka bakar dan penyakit mereka. Sambil menumpangkan tanganku kepada mereka, aku dengan segenap hati berdoa dan dengan iman berusaha menyembuhkan mereka dan mencarikan jalan keluar bagi persoalan mereka, dan Allah menjawab doa-doa ini melalui pekerjaan berapi-api Roh Kudus.

Inspirasi Roh Kudus Tentang Hal-hal yang Akan Datang

Ditahbiskan Sebagai Seorang Pendeta

Pada bulan Mei 1986, 4 tahun setelah aku meresmikan gerejaku, aku ditahbiskan sebagai seorang pendeta. Kami mempersembahkan *Church Entrusting Service* (Kebaktian Penyerahan Gereja) pada bulan Juni. Pada hari itu, anggota jemaat memberi aku sebuah kunci besar terbuat dari emas sebagai simbol akan kepercayaan dan kasih mereka. Ini berarti bahwa semua autoritas penuh berkenaan dengan gereja dipercayakan kepadaku sebagai seorang pendeta, dan bahwa mereka akan percaya dan taat kepadaku. Aku masih menyimpan hadiah dari jemaat tersebut yang mereka berikan dengan tulus sebagai suatu harta yang berharga.

Setelah pentahbisan tersebut, Tuhan membimbingku agar mempersembahkan bagi Dia doa Daniel selama 21 hari. Aku berusaha berkomunikasi dengan Allah dengan cara berpuasa dan berdoa di tempat doaku di Jochiwon. Kemudian, Tuhan mulai menjelaskan kepadaku tentang Kitab Wahyu yang menuliskan tentang hal-hal yang akan terjadi pada hari-hari terakhir.

Sejak Kebaktian hari Minggu tanggal 20 Juli 1986, aku memulai serangkaian pengajaran mengenai Kitab Wahyu. Rangkaian pengajaran ini berlangsung lebih kurang selama empat tahun sampai tanggal 20 Desember 1989. Mereka yang hanya tahu sedikit mengenai alam rohani, ingin mengetahui dan belajar lebih banyak lagi, karena itu mereka mendengarkan pengajaran-pengajaran yang kusampaikan dengan penuh sukacita.

Kebaktian Semalaman-Setiap-Jumat, Bersama Orang-orang dari Seluruh Penjuru Negeri.

Setelah kami pindah ke gedung baru dan kami mengadakan kebangunan rohani, maka gerejapun segera menjadi penuh kembali. Kami tidak sempat lagi membangun gedung-gedung gereja karena cepatnya pertambahan jumlah jemaat setelah kebangunan rohani.

Pada tahun 1987, kami menyewa sebuah gedung di Shindaebang Dong, Dongjak Gu, dan kami pindah ke sana. Inilah rumah doa kami yang ketiga. Tiga bulan setelah kami menyelesaikan kebangunan rohani memperingati kepindahan kami ke gedung baru, gereja kembali menjadi penuh. Jumlah anggota yang terdaftar mencapai tiga ribu orang lebih. Kami memakai lantai dua dan tiga sebagai tempat berdoa, tetapi kami tidak mampu menampung semua orang karena tempatnya tidak cukup. Beberapa orang terpaksa harus pulang.

Pada bulan Juni 1989, kami bertumbuh dan berkembang menjadi gereja yang sangat besar dengan jumlah anggota terdaftar mencapai enam ribu orang. Sejak pembukaan gereja, aku hanya ingin konsentrasi pada firman Allah dan doa untuk menjalankan tugas dari Allah dengan sempurna. Maka, aku menyerahkan pengurusan anggota jemaat kepada para pendeta muda. Pada zaman gereja mula-mula, mereka memilih tujuh orang diaken untuk melaksanakan tugas gereja karena sudah terlalu banyak yang harus dikerjakan para rasul dengan berkembang pesatnya gereja saat itu. Para rasul hanya memusatkan pikiran dalam doa dan pelayanan Firman (Kisah Para Rasul 6: 3-4). Demikian juga yang aku lakukan, aku tidak terlibat dalam urusan keuangan gereja, dan ada setiap departemen yang mengurusi pekerjaan-pekerjaan lain juga.

Kami mengadakan konferensi para pendeta satu atau dua kali dalam setahun untuk memberi semangat kepada para pendeta dan membuat mereka menjadi pelayan-pelayan yang penuh kuasa. Sejujurnya aku ingin sekali mendapatkan pendeta-pendeta yang penuh kuasa dan dikasihi Allah dan para anggota jemaat yang lebih dari diriku, maka aku lakukan yang terbaik untuk mendidik sebanyak mungkin pendeta muda.

Kebaktian semalaman-setiap-Jumat sangat dikenal di seluruh negeri karena penuh dengan kuasa Roh Kudus, dan banyak orang datang tanpa memandang denominasi mereka. Betapa indahnya ketika mereka dipenuhi Roh Kudus sepanjang malam dan mereka kembali ke gereja mereka masing-masing untuk melayani di gereja mereka setiap hari Minggu! Diawali dengan kebaktian semalaman pada Jumat pada tanggal 12 Desember 1986, aku mulai memberikan rangkaian pengajaran tentang Kitab Ayub yang telah dijelaskan oleh Tuhan kepadaku.

Rangkaian pengajaran ini berakhir pada kebaktian malam Jumat pada tanggal 11 Desember 1992.

Pengajaran ini merupakan pengajaran-pengajaran rohani yang berbeda dari interpretasi-interpretasi lain dari Kitab Ayub. Sebuah pengajaran yang sangat berharga yang menjelaskan dengan rinci tentang hati seseorang yang bernama Ayub. Pengajaran ini disampaikan supaya kita bisa menemukan kejahatan dalam hati kita dan juga hati yang tidak tulus. Selain itu, sejak tahun 1989, Tuhan mulai mengajarkan mengenai 'Roh, Jiwa, dan Tubuh' manusia dengan sangat rinci. Setelah itu, Ia mengajarkan kepadaku tentang bermacam-macam 'Dimensi.' Saat aku menyampaikan pengajaran-pengajaran ini kepada para anggota jemaat, mata rohani mereka tercelikkan, dan aku dapat dengan jelas melihat perubahan pada mereka. Sampai pada tingkat di mana iman mereka bertambah, aku harus mengajarkan mereka hal-hal yang baru lagi. Karena itu, aku harus terus menggali semakin dalam tentang hal-hal rohani.

Ubahlah Walau Hanya Satu Orang Menjadi Gandum

Suatu hari ketika aku sedang berdoa, Tuhan berbicara kepadaku dengan sangat sedih hati.

"Hamba-Ku, segeralah cetak dan edarkan buku-buku yang berisikan pesan-pesan yang Kuajarkan kepadamu. Saat ini, hanya sedikit orang yang beriman sungguh-sungguh dan dapat diselamatkan. Mereka mengatakan mereka orang percaya tetapi mereka melakukan hal-hal terlarang. Mereka menyalibkan Aku kembali. Mereka tidak percaya, tetapi mereka mengira bahwa mereka percaya."

Yesus berkata, *"Jika Anak Manusia datang, adakah Ia mendapati iman di bumi?"* (Lukas 18:8). Sekarang ini, dosa dan pelanggaran sangat banyak ditemukan di muka bumi, sehingga sangat sulit mendapatkan orang-orang yang sungguh-sungguh mempunyai iman rohani seperti yang diinginkan Allah.

Pada waktu petani mengambil hasil panen, mereka hanya akan mengumpulkan gandum, dan sekamnya akan dibuang dan dibakar. Demikian juga dengan Allah, Allah lebih menginginkan sebutir gandum daripada sejumlah sekam. Ia akan mengumpulkan gandumnya untuk kerajaan-Nya (Matius 3:12). Allah ingin kita rajin berdoa, berbuat sesuai dengan Firman-Nya untuk membuang keinginan daging dan memperoleh hati seperti Tuhan, yang merupakan roh yang penuh (1 Tesalonika 5:23).

Ketika para anggota jemaat belajar mengenai 'Roh, Jiwa dan Tubuh,' dan juga mengenai 'Dimensi,' mereka mulai mengerti dasar iman mereka dan berusaha menyingkirkan dosa. Jika tidak ada seorangpun memberitahu kita akan dosa, kita tidak akan tahu atau hanya sedikit tahu tentang dosa. Jika orang tidak menyadari akan kompromi dengan dunia, kemungkinan mereka akan menjadi orang-orang percaya buangan yang tidak dapat diselamatkan. Karena itulah para pendeta harus mengajarkan kepada orang-orang percaya tentang apa dosa itu sebenarnya.

Hanya Mengandalkan Allah Untuk Pesan-PesanNya

Ketika Yesus mengutus murid-muridNya, Ia berkata, *"Apabila mereka menyerahkan kamu, janganlah kamu kuatir akan bagaimana dan akan apa yang harus kamu katakan, karena semuanya itu akan dikaruniakan kepadamu saat itu juga. 'Karena bukan kamu yang berkata-kata, melainkan*

Roh Bapamu; Dia yang akan berkata-kata di dalam kamu.'" (Matius10:19-20). Pada tahun aku membuka gereja, aku adalah seorang senior di seminari. Aku harus mengerjakan tugas untuk di rumah dan hadir di sekolah. Aku juga harus mempersiapkan lebih dari sepuluh pengajaran setiap minggu untuk kebaktian fajar setiap pagi, kebaktian semalaman setiap Jumat, dan kebaktian Minggu pagi dan malam. Aku juga harus mengunjungi dan memberikan konseling kepada para anggota jemaat, dan secara pribadi aku harus mendoakan orang-orang sakit, aku selalu merasa terlalu sibuk.

Aku bahkan tidak sempat menuliskan khotbahku dalam buku catatanku, tetapi ketika aku berdoa, Allah memberikan aku judul dan bahan bacaannya. Ketika aku berdoa akan hal ini, Allah memberik aku inspirasiNya selama khotbah. Ketika aku berdiri di mimbar, Firman Allah mengalir melalui pikiranku.

Sekarang ini, kebaktian puji-pujian disiarkan langsung ke seluruh negeri, dan ke berbagai negara melalui satelit atau internet, karena itu aku mempersiapkan berbagai catatanku sebelumnya. Tetapi sejak awal gereja hingga penyiaran khotbah dimulai, aku telah berkhotbah tanpa ada catatan sekalipun.

Aku Hanya Hamba yang Tidak Berguna

Satu hari di bulan April 1987, karena aku tidak mempunyai cukup waktu untuk berdoa, aku tidak menerima inspirasi apapun selama khotbahku. Akupun merasa bahwa khotbahku tidak berjalan lancar. Setelah khotbah, aku memohon ampun kepada Allah karena aku tidak mempersiapkan khotbahku dengan lebih banyak berdoa. Setiap kali aku menghadapi situasi seperti ini, aku sangat merasa bahwa aku tidak mampu berbuat apa-

apa, dan aku bukanlah apa-apa jika Allah tidak besertaku. Jika Allah meninggalkan aku, aku tidak akan mampu menyampaikan pengajaran apapun, tidak akan terjadi karya-karya penyembuhan walaupun aku berdoa, dan Roh Kudus tidak akan berkarya saat aku berkotbah, sehingga anggota jemaatku tidak akan berubah. Walaupun aku telah berhasil melakukan beberapa hal, aku hanyalah seorang hamba yang tidak berguna di hadapan Allah. Karena itu, walaupun aku sudah menerima kuasa yang besar dari Allah, dan telah dipakai sebagai alat Allah, aku tidak pernah boleh merasa sombong akan hal ini.

Pada bulan April 1987, tulisan akan kesaksianku, *Merasakan Kehidupan Kekal sebelum Kematian* diterbitkan. Buku ini dicetak berulang kali dan tetap menjadi buku yang laris. Hingga saat ini, buku tersebut sudah diterjemahkan ke dalam berbagai bahasa dan tersebar di banyak negara di seluruh dunia. Melalui buku ini, banyak orang menjadi percaya akan Allah yang hidup, Allah yang menyembuhkan, Allah yang memberikan jawaban atas doa-doa, dan Allah yang penuh kasih.

Soojung Maeng yang saat itu tinggal di Jerman mendapatkan buku ini dari seorang pendeta terkenal di Jerman dan dia membacanya. Dia mendapatkan kesan sangat baik akan buku ini. Pada waktu dia datang ke Korea, dia datang ke gereja kami menghadiri kebaktian pujian dan penyembahan, dan akhirnya menjadi anggota gereja kami. Dia mengalami perubahan dalam hidupnya karena Firman yang hidup. Dia dipenuhi dorongan untuk mengabarkan Injil, dan sekarang dia adalah seorang misionaris di Washington DC, membaktikan dirinya untuk penyebaran Injil.

"Ini Radio AM 837 Khz, Radio Siaran Kristen. Hari ini, dalam program 'Anda Bersama Saya,' kami akan menyampaikan kepada anda kisah tentang Pdt. Jaerock Lee dari Gereja Manmin

Joong-ang."

Sejak tanggal 1 Juni hingga tanggal 30 Juni, dalam program bernama 'Anda Bersama Saya,' dari radio CBS, kesaksianku disiarkan dalam bentuk drama berseri. Selama satu bulan, program ini disiarkan dua kali sehari, pagi dan malam hari. Melalui program ini, banyak orang di seluruh negeri ini datang untuk menerima rahmat Allah melalui kesaksian-kesaksian dan mengingat namaku. Sebagian mengatakan bahwa mereka menjadi percaya kepada Allah.

Pada tanggal 18 Agustus, aku muncul dalam satu acara yang bernama 'Perbaharuilah Aku' di CBS, dan aku memberikan kesaksianku. Pada waktu itu, produsernya meminta aku untuk tidak menyebutkan bahwa Allah telah menyembuhkanku. Alasannya, jika kita membahas tentang mukjizat, akan banyak timbul keberatan. Aku tidak dapat menerimanya, maka aku pun hanya tersenyum saja. Akhirnya, pada saat aku sedang rekaman untuk disiarkan, aku menceritakan seluruh kisahku dan proses bagaimana Allah menyembuhkan aku. Tetapi setelah lewat waktu penyiaran yang seharusnya, kisahku belum juga disiarkan, sehingga aku bertanya kepada penyiarnya tentang hal ini. Kaset rekamanku hampir saja akan dihancurkan, tetapi kami masih bisa menemukan kaset itu dengan bantuan seseorang, dan kemudian disiarkan selama satu jam. Aku merasa akan jauh lebih baik bila mereka menyiarkan seluruh kebenaran seperti apa adanya.

Nubuatan Dengan Inspirasi Roh Kudus

Allah memberikan karunia-karunia Roh Kudus kepada setiap

orang untuk kepentingan bersama (1 Korintus 12:7). 1 Korintus 14: 1-5 mengatakan, *"Kejarlah kasih itu dan usahakanlah dirimu memperoleh karunia-karunia Roh, terutama karunia untuk bernubuat. Siapa yang berkata-kata dengan bahasa Roh, tidak berkata-kata kepada manusia, tetapi kepada Allah. Sebab tidak ada seorangpun yang mengerti bahasanya; oleh Roh ia mengucapkan hal-hal yang rahasia. Tetapi siapa yang bernubuat, ia berkata-kata kepada manusia, ia membangun, menasihati dan menghibur. Siapa yang berkata-kata dengan bahasa Roh, ia membangun dirinya sendiri, tetapi siapa yang bernubuat ia membangun jemaat. Aku suka, supaya kamu berkata-kata dengan bahasa Roh, tetapi lebih daripada itu, supaya kamu bernubuat. Sebab orang yang bernubuat lebih berharga daripada orang yang berkata-kata dalam bahasa roh, kecuali kalau orang itu juga menafsirkannya, sehingga jemaat dapat dibangun."*

Rasul Paulus ingin agar anak-anak Allah menerima karunia berkata-kata dalam bahasa roh, dan ia mendorong orang-orang percaya untuk mendapatkan karunia bernubuat. Kadang-kadang, aku mengatakan kepada para jemaat akan apa yang akan terjadi melalui inspirasi Roh Kudus, untuk membangun dan menanamkan iman lebih dalam lagi kepada mereka. Sewaktu aku sedang berdoa fajar, aku minta dalam doaku, "Bapa, kirimkanlah kepadaku berapa jumlah orang yang akan datang ke kebaktian minggu depan." Kemudian aku menyatakan bahwa ada sejumlah tertentu akan hadir minggu depan. Pada saat itu, jumlah anggota jemaat bertambah dengan cepat.

"Akan ada 50 orang dalam kebaktian minggu depan."

Pada hari Minggu depannya, aku minta anggota jemaat menghitung jumlah total orang yang hadir. Benar, tepat 50 orang.

"65 orang akan hadir minggu depan."

Setiap minggu, jumlah anggota yang hadir terus bertambah dan aku bernubuat setiap hari Minggu. Pada hari Minggu berikutnya, jemaat akan menghitung jumlah mereka yang hadir, dan mereka semua selalu heran.

Tetapi sewaktu jumlahnya mencapai delapan puluh orang, jumlah tersebut tidak bertambah selama beberapa minggu. Sewaktu aku mendoakan keadaan ini, aku menyadari bahwa si iblis musuh sedang mengganggu, menghalangi jumlah tersebut mencapai lebih dari seratus orang yang hadir. Aku berpuasa dan berdoa bersama jemaat, dan mengusir iblis si musuh, dan sejak minggu tersebut jumlah mereka yang datang mulai bertambah lagi, dan pada saat hari peresmian pada tanggal 10 Oktober, jumlahnya sudah mencapai lebih dari seratus orang.

Dalam beberapa keadaan, Allah memberi tahuku sebelumnya akan jumlah persembahan. Setelah pembukaan gereja, saat itulah kami sudah memiliki sekitar enam juta won (enam ribu dolar AS) setiap minggu. Karena kami masih selalu fokus pada misi dunia, pengeluaran kami lebih besar daripada pemasukan. Kami selalu kekurangan dan keadaan keuangan gereja kami tidaklah begitu baik. Aku mulai berdoa kepada Allah untuk keadaan ini. Sewaktu aku sedang kusuk berdoa, Tuhan bekerja dengan cara yang khusus untuk menyelesaikan keadaan yang sulit ini. Melalui inpirasi Roh Kudus yang sangat jelas, Allah memberitahuku berapa jumlah persembahan sesungguhnya.

"Minggu depan, jumlah persembahan akan mencapai 33 juta won (33 ribu dolar AS)."

Aku menerima jawaban ini, dan aku memberitahu para pekerja yang bertanggung jawab atas keuangan gereja, berapa jumlah yang tepat, dengan tujuan menanamkan iman lebih dalam lagi pada mereka. Tetapi mereka tidak memberi tanggapan, mungkin karena sulit bagi mereka untuk mempercayai aku. Mereka meragukan bagaimana mungkin jumlah persembahan dapat meningkat lima kali lipat dalam waktu seminggu.

Tetapi, di sore hari minggu berikutnya, petugas keuangan menghitung jumlah persembahan, dan mereka melaporkan kepadaku bahwa jumlahnya tepat 33 juta won. Sejak saat itu, aku berdoa kepada Allah setiap kali kami mengalami kesulitan keuangan, dan setiap kali Allah memberkati kami berlimpah sehingga kami dapat mengatasi semua kesulitan kami dengan rahmat Allah. Khusus pada saat-saat Allah memberikan kami secara berlimpah-limpah dari biasanya, Ia memberitahuku sebelumnya, dan aku memberitahu petugas keuangan akan hal ini. Aku perhatikan bahwa iman mereka terus bertumbuh setelah mereka mengalami kejadian dan pengalaman ini beberapa kali.

Memberitahuku Akan Hal-Hal Mendatang di Korea dan di Dunia

Aku selalu berseru-seru dalam doaku dan hidup dalam kepenuhan Roh Kudus. Dan Tuhan dari waktu ke waktu memberitahuku akan hal-hal yang akan terjadi, dan juga akan hal-hal besar maupun yang rahasia. Tuhan memberikan suatu penglihatan kepada Petrus untuk memberitahu dia hal-

hal mendatang (Kisah Para Rasul 10), dan Stefanus melihat kemuliaan Allah dan Tuhan berdiri di sisi kanan Allah. Demikianlah, kuasa Allah dapat mengatasi berbagai hal. Baik dalam Perjanjian Lama dan Perjanjian Baru, dan hingga hari ini, Allah bekerja dengan cara yang sama.

Amos 3:7 mengatakan, *"Sungguh, TUHAN Allah tidak berbuat sesuatu tanpa menyatakan keputusan-Nya kepada hamba-hamba-Nya, para nabi."* Seperti telah dikatakan, ketika aku berdoa, Allah memberitahuku sebelumnya tentang anggota jemaatku, tentang negaraku dan keadaan dunia.

Pada waktu sedang di seminari pada tanggal 26 Oktober 1979, tiba-tiba aku mengalami suatu perasaan yang tidak enak sejak pagi hari. Aku mendoakan keadaan ini. Maka, Tuhan menyatakan kepadaku bahwa ada sebuah bintang besar di negaraku akan jatuh. Allah memberitahu bahwa Presiden Park Chung Hee akan meninggal. Aku memberitahu istriku bahwa akan ada suatu bencana besar dan aku pergi menghadiri kelas di seminari. Hatiku sangat gelisah. Aku terus mencucurkan airmata sepanjang hari. Keesokan paginya, kami mendengar berita bahwa Presiden Park Chung Hee telah dibunuh semalam sebelumnya.

Kecuali Jika Dia Tidak Menyingkapkan Rahasia-Nya kepada Hamba-Hamba-Nya Para Nabi

Allah memberitahuku sebelumnya bagaimana situasi dunia akan terjadi, dan kadang-kadang, Allah memberitahuku tentang orang-orang penting. Pada tahun 1984, Allah menyatakan bahwa I.P. Gandhi, perdana menteri wanita India, akan meninggal. Allah memberitahuku beberapa bulan sebelum ia meninggal, dan aku memberi tahu semua anggota jemaatku. Pada bulan Oktober tahun itu, aku membaca berita di koran bahwa dia dibunuh oleh orang-orang Sikh.

Pada tahun yang sama, Allah memberitahuku bahwa Presiden Reagan dan Perdana Menteri Thatcher akan terpilih kembali. Allah juga menjelaskan mengapa mereka akan terpilih kembali. Margaret Thatcher memiliki keberanian sama seperti seorang pria, dan dengan kerendahan hati dan kelemah lembutannya, dia berusaha tampil tanpa cela di hadapan Allah. Dia tidak memikirkan kekayaan ataupun kekuasaan, dan melayani rakyatnya dengan kasih. Allah menjelaskan kepadaku bahwa kedua orang ini sangat dicintai oleh rakyatnya karena mereka mencintai negara mereka dan mereka melayani serta mengasihi rakyatnya.

Pada tahun 1985, sekretaris jenderal partai komunis Uni Sovyet, K.U. Chernenko meninggal. Tetapi beberapa bulan sebelumnya, di tahun 1984, Allah memberikan aku suatu penglihatan akan hal ini. Dengan tujuan menanamkan iman kepada jemaatku, aku memberitahu mereka apa yang aku lihat. Beberapa bulan kemudian, ada berita-berita mengenai sakitnya dia, dan akhirnya dia meninggal.

Deklarasi 29 Juni dan Proses Demokrasi

Pada tanggal 29 Juni 1987, Taewoo Roh, presiden Partai Keadilan Demokrasi mengeluarkan Deklarasi 29 Juni. Setelah Pemilihan Umum pada tanggal 12 Febuari 1985, partai oposisi mengkritik keabsahan Presiden Doohwan Chun yang terpilih melalui pemilihan tidak langsung, dan mereka meminta diadakannya pemilihan presiden secara langsung. Mereka menuntut agar rakyat negeri ini melakukan pemilihan presiden secara langsung.

Untuk menentang gerakan-gerakan ini, pada tanggal 3 April 1987, Presiden Doohwan Chun mengeluarkan 'Perlindungan Konstitusi' untuk menghentikan semua pembahasan mengenai perubahan Konstitusi dan untuk melakukan serah terima pemerintahan sesuai dengan hukum yang berlaku. Pada tanggal 10 Juni, ia mengadakan konvensi Partai Keadilan Demokrasi dan memilih Taewoo Roh sebagai calon presiden dari partai tersebut dalam usaha mempertahankan pemerintahan militer.

Dalam situasi ini, salah satu mahasiswa yang dikenal sebagai Jongcheol Park meninggal setelah disiksa polisi. Sejak tanggal 10 Juni terjadi demonstrasi besar-besaran di seluruh negeri ini. Pada tanggal 26 Juni, ada lebih dari satu juta orang di 37 kota melakukan demonstrasi hingga larut malam. Karena polisi tidak cukup banyak untuk mengontrol para demonstran, pemerintah mempertimbangkan untuk melakukan kekerasan militer. Tetapi akhirnya kaum moderat menang. Mereka memutuskan untuk menerima tuntutan rakyat mengadakan pemilihan langsung, dan inilah yang disebut Deklarasi 29 Juni.

Pada tanggal 15 Juni 1987, aku memimpin suatu kebangunan rohani di Gereja Cheil dari Bupyeong. Pada tanggal 18 Juni, tiba-tiba Allah memberiku inspirasi dan penglihatan. Allah menjelaskan kepadaku bahwa Deklarasi 29 Juni akan disahkan dan juga menjelaskan isinya. Karena Allah memberitahuku bahwa akan ada perubahan besar di negara ini melalui inspirasi Roh Kudus, aku yakin segala sesuatunya akan berjalan cepat.

Hari berikutnya, tanggal 19 Juni, aku menyampaikan semua ini kepada jemaatku dalam bentuk singkatan-singkatan, dan singkatan-singkatan itu dicetak di buletin mingguan yang beredar hari Minggu mendatang. Pemerintah membahas semua ini secara rahasia, dan sebagai rakyat biasa sangatlah sulit untuk bisa membayangkan semua ini.

Menerbitkan Duluan Tentang Perkembangan Situasi Negara pada Buletin Mingguan Tanggal 21 Juni 1987

Mengingat keadaan politik di bawah pemerintahan diktator saat itu, aku mencetak beberapa akronim secara terbalik pada buletin Minggu terbitan yang akan datang. Kami masih mempunyai buletin mingguan ini. Akronim itu dituliskan dalam huruf Hangul, huruf-huruf Korea, "Min, Gey, Yak, Sei, Gye, Chong, Mo, Roh, Hu, Dae." Dan aku menjelaskan secara rinci tentang akronim tersebut pada hari Minggu tanggal 5 Juli, pada kebaktian Minggu.

Artinya, "Presiden (Dae) Chun mengeluarkan 'Perlindungan Konstitusi' untuk mendukung calon presiden (Hu) Taewoo Roh (Roh). Tetapi karena ada seseorang ditembak (Chong) di kepalanya (Mo), semua rencana (Gye) dari 'Perlindungan Konstitusi' akan gagal. Pengaruh (Sei) dari presiden (Dae) Cheon diperlemah (Yak) oleh pihak oposisi, dan untuk menerima tuntutan rakyat, dia akan mengeluarkan Deklarasi 29 Juni. Akan ada perubahan (Gey) pada Konstitusi untuk diadakan pemilihan langsung, dan ini akan merupakan awal terjadinya demokrasi (Min)."

Sebagai informasi, ada delapan persyaratan dari Deklarasi 29 Juni sebagai berikut:

1. Serah terima pemerintahan dengan damai pada bulan Febuari 1988 melalui amandemen konstitusi

2. Manajemen pemilihan umum yang adil dan jujur melalui amandemen undang-undang pemilihan presiden

3. Amnesti dan mensahkan Mr. Daejung Kim

4. Menghormati martabat manusia dan perbaikan undang-undang hak azasi

5. Memberikan kebebasan berbicara

6. Otonomi daerah, kebebasan kampus, dan otonomi pendidikan

7. Jaminan undang-undang untuk partai-partai

8. Penegakan undang-undang kebebasan masyarakat

Hasil dari Pemilihan Presiden

Pada bulan Desember 1987, sebelum pemilihan presiden yang ketiga belas, aku berdoa untuk semua ini. "Ya, Allah, apakah kehendakMu? Siapakah calon presiden yang paling tepat menurut kehendak-Mu? Siapakah yang sesungguhnya akan menjadi presiden?"

Allah memberitahuku bahwa Taewoo Roh adalah calon yang terpilih menjadi presiden pada pemilihan tersebut. Kemudian Allah memperlihatkan kepadaku calon lain Youngsam Kim dalam sebuah kereta bunga menuju *Blue House* (Gedung Biru), istana kepresidenan, setelah Mr. Roh dan calon lain Daejung Kim menuju Gedung Biru dalam kereta bunga.

Allah juga menjelaskan kepadaku bahwa jika Youngsam Kim dan Daejung Kim bersatu, maka Youngsam Kim akan menjadi presiden terlebih dahulu, dan Daejung Kim akan menjadi presiden. Sewaktu Tuhan memberiku penglihatan ini, Ia menjelaskan keinginan Allah kepadaku bahwa kedua calon ini harus bersatu, tetapi karena mereka tidak mau bersatu dalam pemilihan ini, maka Taewoo Roh akan menjadi calon terpilih untuk presiden.

Allah juga memberitahuku bahwa Roh akan mendapatkan lebih banyak suara daripada perkiraan, calon kedua adalah Youngsam Kim, dan ketiga adalah Daejung Kim, dan keempat adalah Jongpil Kim, semua akan mendapatkan suara jauh lebih sedikit. Allah juga memberitahuku secara rinci bagaimana Youngsam Kim dan Daejung Kim dapat dipersatukan dan kalau hal itu terjadi, maka Youngsam Kim akan lebih dahulu menjadi presiden.

Aku menulis surat tentang semua ini dan aku meminta salah satu anggota jemaatku menyerahkan surat ini kepada Youngsam Kim di kediamannnya di Sangdo Dong. Anggota jemat itu pergi ke kediaman Youngsam Kim, namun Youngsam Kim sedang pergi ke Busan untuk berkampanye, sehingga surat itu diberikan kepada istrinya. Istrinya segera membaca surat itu dan mengatakan dia akan menyerahkan surat itu kepada suaminya. Kami masih menyimpan kopi surat tersebut di gereja. Pada akhirnya, karena kedua calon itu tidak bersatu, maka Taewoo Roh terpilih menjadi presiden.

Bab 6

Pertumbuhan Gereja dan Ujian-ujian

Dibungkamnya Hak Bersuara dan Palu yang Patah

Sesungguhnya denominasi di mana gerejaku bergabung adalah *Union of the Korea Holiness Church* (Perserikatan Gereja-gereja Kudus Korea). Sejak peresmian gereja, aku melakukan yang terbaik untuk selalu bekerja sama dengan denominasi tersebut, dan gerejaku terus bertumbuh.

Setelah Bergabung Dengan Denominasi Lain

Tetapi pada tanggal 13 Desember 1988, denominasi kami bergabung dengan *Korea Holiness Church* di Anyang, dan kami melebur dalam denominasi di Anyang. Pendeta Taekgoo Sohn, dosenku di seminari, menjabat sebagai presiden dari Union of the Korea Holiness Church dan karena anjuran dialah maka kedua gereja kami digabung. Pada waktu itu, perkembangan gerejaku sangat menyolok mata. Pada waktu gerejaku membuka cabangnya yang kelima di Suwon, Majelis Gereja (*General Assembly*) dari denominasi keberatan akan nama dari gereja cabang tersebut. Mereka menyatakan keberatan bila memakai nama 'Manmin' untuk gereja cabang ini, sehingga kami harus menggantinya menjadi "Gereja Suwon Deokwoo"

Pada bulan Desember 1989, aku menerima surat resmi dari Majelis Gereja (*General Assembly*) bahwa akan ada pemeriksaan, maka aku harus hadir pada jam sebelas pagi. Pada tanggal 18 Desember, aku tiba di ruang pertemuan pada jam 10.30 pagi, tetapi tidak ada pemberitahuan mengenai perubahan apapun hingga sore hari. Hari sudah sore ketika aku dipanggil untuk masuk ke ruang pertemuan. Ada enam orang pendeta yang semuanya anggota Majelis Gereja (*General Assembly*). Begitu mereka melihat aku, mereka langsung mengajukan pertanyaan-pertanyaan kepadaku. Aku merasa kita seharusnya memulai dengan doa atau penyembahan karena ini adalah pertemuan para pendeta. Maka, aku merasa kecewa karena pertemuan ini tidak dimulai dengan doa dan penyembahan. Mereka menghujani aku dengan pertanyaan-pertanyaan dan tuduhan-tuduhan.

"Kami mendengar Anda mengatakan Yesus akan kembali dalam waktu tiga sampai empat tahun mendatang, benarkah itu?"

"Aku tidak pernah mengatakan hal seperti itu."
"Anda berbohong! Anda seorang pendeta penipu."

Aku terperangah mendapat serangan pertanyaan-pertanyaan seperti itu. Mereka katakan bahwa aku tidak perlu menjelaskan, cukup menjawab dengan 'Ya' atau 'Tidak.'

"Anda sangat pintar berbohong, dan karena itu anda menipu ribuan domba. Apakah Anda merasa kita tidak bisa mendapatkan begitu banyak anggota jemaat dengan menceritakan kebohongan-kebohongan?" "Mereka mengatakan Anda menerima wahyu. Jadi, apakah Anda mempunyai kitab lain selain 66 kitab dalam Alkitab?"

"Tidak pernah."

"Pembohong! Anda meminta anggota jemaat anda untuk tidak bekerja, dan anda mengatakan kepada para siswa untuk tidak perlu belajar!"

"Aku tidak pernah melakukannya."

"Anda melakukan tarian sihir di altar?"

"Aku tidak pernah melakukan hal demikian."

Pertanyaan-pertanyaan aneh ini terus berlangsung. Semua pertanyaan itu bermula dari kesalahpahaman. Mereka tidak memberiku kesempatan untuk menjelaskan semua tuduhan-tuduhan tersebut. Seorang pendeta, yang akan kusebut sebagai 'Pendeta S,' yang menanyai aku, memberikan aku sembilan pasal yang telah dipersiapkan sebelumnya. Aku bahkan tidak mengetahui bahwa pertanyaan-pertanyaan aneh tersebut merupakan bagian dari usaha untuk melakukan penghakiman. Kesembilan pasal tuduhan ini sudah dikirimkan ke gerejaku. Mereka mengatakan jika aku tidak memperbaiki kesembilan hal ini, mereka akan melanjutkan pemeriksaan ini. Pasal-pasalnya meliputi: melarang penjualan buku tentang kesaksianku,

Merasakan Kehidupan Kekal Sebelum Kematian; melarang penjualan kaset khotbahku; melarang pemakaian nama 'Manmin' jika kami mendirikan gereja-gereja cabang; dan melarang dilakukannya tarian-tarian kudus (tarian sebagai nyanyian pujian). Semua hal ini tidak dapat kuterima.

Berkenaan dengan 'surat resmi' ini, aku menyerahkan jawaban disertai keterangan jelas secara rinci. Aku menambahkan bahwa aku telah menulis surat itu karena aku tidak menemukan sesuatu pun yang bertentangan dengan firman Allah, dan jika ada sesuatu hal yang salah, aku minta mereka untuk memberitahuku. Beberapa bulan kemudian, Majelis Gereja mengirimkan jawaban kepadaku mengatakan bahwa mereka telah memutuskan untuk menolak menerima tanggapanku tanpa memberi alasan mengapa.

Kehilangan Hak Berbicara

Denominasi mengadakan Pertemuan Majelis Gereja selama dua hari, dari tanggal 30 April sampai 1 Mei. Aku adalah anggota perwakilan dalam dewan, dan aku hadir. Ada dua anggota lain dalam dewan yang adalah penatua di gerejaku. Tetapi kami tidak dapat menemukan tempat duduk yang ada namaku. Aku menyadari bahwa ada rencana untuk mengucilkan aku. Aku berusaha mencari namaku di mana-mana tetapi aku tidak menemukannya. Namaku bahkan tidak tercantum dalam daftar anggota dewan. Dengan tidak adanya tempat duduk berarti aku tidak punya hak untuk bicara. Tetapi, karena aku harus memberi tahu mereka akan semua kebenaran, aku mengikuti sidang dari belakang.

Ketika Sidang Umum dimulai pada tanggal 1 Mei, namaku

disebut. Pendeta 'S' pimpinan panitia penguji, mulai mengatakan hal-hal yang menjatuhkan aku. Mereka merampas hakku untuk bicara di depan sidang, dan kemudian sesuai dengan agenda yang direcanakan, mereka meneruskan jalannya sidang. Semua yang dibicarakan tentang aku tidaklah benar, misalnya:

"Pendeta Jaerock Lee mengatakan bahwa dia tahu kapan Tuhan akan datang kembali. Hal ini tertulis dalam buku kesaksiannya pada halaman sekian dan sekian."

Aku tidak pernah mengatakan aku mengetahui tanggal kedatangan Tuhan kembali. Aku tidak tahu tanggal yang sesungguhnya, dan tentunya, hal demikian tidak tertulis dalam buku kesaksianku, tetapi karena semua yang hadir saat itu tidak bisa membaca bukuku, mereka hanya percaya apa yang disampaikan dan mereka harus ikut melakukan pemungutan suara. "Karena Pendeta Jaerock Lee betul-betul bersalah, mari kita mengucilkan dia. Mohon angkat tangan jika Anda setuju."

Dalam rapat untuk menentukan apakah aku akan dikucilkan, sebagian besar dari 300 anggota dewan meninggalkan tempat, dan hanya sekitar 90 anggota yang tetap tinggal di tempat. Di antara mereka, sekitar 30 orang mengangkat tangan mereka, dan merekalah yang sejak semula menyetujui rencana ini. Anggota kami menghitung jumlah mereka yang mengangkat tangan. Hanya ada 30 orang, tetapi ketua sidang mengumumkan, "Empat puluh delapan anggota mengangkat tangan, berarti lebih dari separuh, maka keputusan dinyatakan sah." Ia kemudian mengetukkan palu, dan aku dikucilkan dengan hanya tiga puluh anggota dari tiga ratus anggota dewan yang setuju.

Palu yang Patah

Tetapi ketika ketua mengetukkan palu, tangkai palu tersebut patah dan palu jatuh ke lantai. Jelaslah hal itu bukan sesuatu yang biasa. Dengan hanya melihat bahwa tangkai palu tersebut patah, kami dapat merasa bahwa penghakiman tersebut tidak benar di hadapan Allah. Aku, sebagai korban, tidak diizinkan untuk berbicara sepatah katapun. Pada saat itu, Penatua Boaz Jungho Lee nyaris kehilangan hak berbicara, mengatakan, "Apapun yang telah dikatakan hingga sekarang, tidak ada yang benar. Bagaimana kalian dapat mengadili dia tanpa sekalipun mendengarkan dia? Dia hadir di sini, maka, bukankah seharusnya kita mendengarkan dia?"

"Selanjutnya, kita akan memberi dia hak untuk berbicara. Kembalilah ke tempat dudukmu."

Namun, ketua tetap tidak memberiku kesempatan untuk membela diri, tidak sesuai dengan janjinya. Biarpun Penatua Lee kembali ke tempat duduknya, aku tidak mendapat kesempatan untuk bicara, dan dia mulai berdebat dengan suara lantang.

"Ketua, saya kembali ke tempat duduk saya hanya karena Anda mengatakan Anda akan memberikan Pendeta Jaerock Lee hak untuk bicara, tetapi mengapa Anda tidak memberikan apa yang menjadi haknya?"

Ketua sidang mengabaikan protes keberatan Penatua Lee. Segala sesuatu diselesaikan begitu cepatnya. Hanya untuk mendapatkan satu kesempatan berbicara, aku sudah duduk menunggu selama tujuh jam sejak pagi hari sambil menerima dan menahan semua penghinaan, tetapi kesempatan itu tidak pernah diberikan. Seorang narapidana yang akan dihukum mati sekalipun akan diberikan kesempatan untuk berbicara dan membela diri. Kendati dalam suatu negara diktator ataupun dalam pengadilan oleh partai komunis, mereka akan mendengarkan si terdakwa. Tetapi, aku sama sekali tidak diberikan kesempatan untuk bicara, walaupun aku dihujani tuduhan-tuduhan salah di dalam denominasi.

Gugatan Sesuai Ajaran Alkitab

Alkitab mengajarkan kita untuk mengambil paling sedikit dua orang saksi sebelum menuduh seorang penatua (1 Timotius 5:19). Dan untuk seorang hamba Allah, seorang pendeta, jelaslah seharusnya mereka memberikan aku kesempatan untuk membela diri, tetapi mereka sungguh-sungguh menghalangi aku untuk tidak mengatakan sepatah katapun, dan mereka menyalahkan aku secara sepihak. Lebih parah lagi, semua tuduhan mereka tidaklah benar tetapi hanya merupakan tuduhan palsu.

Pada waktu Daud dikejar oleh Raja Saul yang merasa iri kepada Daud, Daud mempunyai satu kesempatan untuk membunuh Raja Saul, tetapi dia tidak melakukannya. Dia mengatakan, *"Dijauhkan TUHANlah kiranya dari padaku untuk melakukan hal yang demikian kepada tuanku, kepada orang yang diurapi TUHAN, yakni menjamah dia, sebab dialah orang yang diurapi TUHAN."* (1 Samuel 24:6). Walaupun Allah telah meninggalkan Saul, Allah pernah mengurapinya. Hanya Allah yang dapat berperkara dengan hamba-Nya yang telah diurapi-Nya, tetapi mereka mengucilkan aku atas kemauan mereka sendiri.

Aku Bisa Menghindarinya Dengan Satu Kali Mengatakan "Ya"

Beberapa pendeta yang hadir di sidang merasa kasihan kepadaku dan memberiku nasihat, kata mereka, "Pendeta, karena gereja Anda berkembang begitu pesat, Anda telah menjadi sumber kecemburuan dan iri hati. Mengapa Anda tidak sekali saja mengatakan 'Ya' atas apa yang dikatakan oleh para pendeta senior lainnya? Katakanlah 'Ya' satu kali saja. Kalau mereka mengatakan cola adalah jus apel, katakan saja 'Amin', dan kalau mereka mengatakan jus apel adalah cola, katakan juga 'Amin.'" Aku tidak bisa berkompromi dengan ketidakbenaran, tetapi aku hanya mengikuti jalan yang benar. Aku teringat akan Daniel sewaktu dia akan dibuang ke gua singa, diapun tidak mau berkompromi dengan ketidakbenaran. Kemudian aku teringat akan ketiga orang teman Daniel yang tidak mau kompromi sekalipun mereka akan dibuang ke tungku berapi. Saat aku memikirkan hal ini, aku tidak mengandalkan dunia ini tetapi hanya Allah.

Ketika berita ini tersebar di gereja kami, ratusan anggota jemaat mendatangi kedua pendeta yang memimpin gerakan untuk mengucilkan aku untuk menyampaikan protes. Selain itu, banyak pendeta lain yang tahu keadaan sebenarnya menelepon kedua pendeta tadi untuk protes. Maka kemudian presiden dari denominasi meminta aku untuk menemui dia. "Saya akan mengabaikan semua yang telah terjadi tanpa sepengetahuanku. "Katakanlah satu hal saja," katanya, "maka saya akan merehabilitasi nama Anda dan kita akan kembali pada hubungan kita seperti semula sebelum semua kejadian ini. Katakan kepada saya bahwa Anda mau mengatakan 'ya' atas kesembilan pasal itu dan mengakuinya." Tetapi, aku tidak dapat mengakui apa yang tidak benar. Bagaimana mungkin aku bisa berkompromi dengan ketidakbenaran hanya karena aku takut dikucilkan? Aku sangat sedih dan sangat menderita selama semingu sehingga berat badanku turun empat kilogram. Sewaktu aku mengingat kedua pendeta yang secara sepihak menyalahkan aku, aku tidak bisa menghindari dari perasaan menderita dan aku juga merasa kasihan kepada mereka. Salah satu dari pendeta itu, aku sebut saja sebagai 'Pendeta K,' yang adalah juga presiden dari denominasi, seringkali mengatakan, "Gereja Manmin Joong-an tidaklah alkitabiah."

Aku menerbitkan sebuah buku dengan judul, Surga Akan Menyatakan Kebenaran, dan mengirimkannya ke gereja-gereja tanpa memperhatikan denominasi mereka, di seluruh Korea. Setelah kejadian ini, pada waktu aku sedang berdoa, Allah berbicara kepadaku, inilah kata-kata-Nya,

"Sesungguhnya kamu bisa memilih untuk keluar sendiri dari denominasi, sehingga kamu tidak perlu mengalami penghinaan dengan dikucilkan. Tetapi kamu memilih untuk tidak melakukannya dengan tujuan agar tidak mengkhianati denominasimu dari sisimu. Inilah hamba dan anak yang kuinginkan. Kamu memilih jalan yang benar, dan tidak lama lagi, kamu akan menjadi pimpinan asosiasi gereja-gereja."

Allah membimbing kami untuk mendirikan sebuah denominasi baru sehingga kami dapat menghindari larangan-larangan yang tidak masuk akal dan bekerja untuk Kerajaan Allah dengan seluruh kekuatan kami. Pada tanggal 1 Juli 1991, Majelis Gereja dari United Holiness Church of Korea didirikan, dan aku terpilih sebagai presiden. Setelah kami melalui suatu pencobaan besar, aku merasa bahwa Allah memberikan kepadaku kekuatan yang lebih besar.

Memimpin Kebangunan Rohani di Seluruh Negeri

Sejak aku ditahbiskan sebagai seorang pendeta pada tahun 1986, aku diundang ke banyak tempat di seluruh negeri untuk menjadi pembicara pada pertemuan-pertemuan kebangunan rohani. Sejak tahun 1987, aku berbicara untuk kebangunan rohani antar denominasi setiap bulan termasuk di kota-kota Pohang dan Daegu. Aku banyak membahas tentang berdoa dan berseru kepada Allah dan mengapa Yesus adalah satu-satunya Juru Selamat kita. Keduanya adalah topik-topik yang dibahas dalam "Pesan Salib"

Pada hari kedua dan ketiga kebangunan rohani, para pendeta menerima rahmat dari firman yang disampaikan karena mereka mengerti arti rohani yang terkandung dalam firman Allah, dan tidak seperti di awal kebangunan, mereka berterimakasih kepadaku dengan sikap rendah hati.

Diaken Senior Boonhan Cho Disembuhkan dari Penyakit Herpes

Pada bulan Maret tahun 1990, aku menghadiri undangan dari gereja di Daegu. Aku juga sempat mengunjungi Diaken Senior Boonhan Cho di rumahnya. Saat itu dia sudah berusia 77 tahun, dan dia sangat menderita karena penyakit herpesnya. Pada waktu itu juga, cucu laki-lakinya Diaken Joonha Hwang sedang bekerja sebagai tenaga medis di angkatan bersenjata di Kota Junhae, sambil bersekolah mengambil gelar doktor dalam bidang kedokteran di Universitas Korea. Diaken Joonha Hwang memiliki iman yang tulus dan dia beberapa kali mengambil cuti untuk merawat neneknya. Dia juga menghadiri gereja kami beberapa kali karena rindu akan firman Allah yang hidup. Diaken Senior Boonhan Cho juga mengalami tumbuhnya benjolan-benjolan di kulitnya dan kemudian pecah, dan menyebabkan arthritis sebagai akibat sampingnya. Virus menyerang saraf-saraf bagian dalam, dan menimbulkan rasa sakit yang amat sangat sehingga dia berteriak siang dan malam. Dia sama sekali tidak bisa bergerak dan selalu berbaring sepanjang waktu. Anggota tubuhnya berkontraksi, dan dia mengalami kesulitan untuk makan dan tidur. Dia menjadi sangat kurus, tinggal tulang berbalut kulit. Dia mengharap agar dia bisa mati secepatnya. Tentunya, penderitaan anggota keluarga yang merawat dia juga cukup berat.

Aku menumpangkan tanganku dan mendoakannya, dan tepat pada saat doa selesai, dia tiba-tiba berteriak, "Iblis sudah keluar!" dan dia mengangkat lengan kanannya ke atas. Karena dia mengalami benjolan-benjolan di bagian kanan leher dan bahu kanan, pastilah lebih sulit bagi dia untuk menggerakkan lengan kanannya. Tetapi dia segera duduk, dan dia merasa bahwa iblis yang menyebabkan dia sakit telah pergi meninggalkannya. Dia sembuh total.

Menantunya, yang adalah seorang dosen di Universitas Nasional Kyoungbook di Daegu, dan anak-anaknya ingin merawat dia, tetapi dia memilih datang ke Seoul, menyewa sebuah rumah kecil dekat gereja, dan menjalani hidup Kristen yang benar dengan dipenuhi Roh Kudus.

Gangguan yang Menghalangi Kebangunan Rohani di Daegu

Pada tanggal 4 Mei 1990, aku diundang untuk menjadi pembicara di Pusat Doa Bukit Jooam di kota Daegu. Acara ini diadakan oleh Serikat Misi Propinsi Kyeong Sang. Begitu banyak yang hadir sehingga mereka duduk di altar bawah dan juga di altar atas. Namun, tidak semua orang dapat hadir di tempat ibadah. Karena itu, kami melepas daun-daun jendela untuk mereka yang berdiri dan mengikuti kebaktian di luar. Bahkan anggota paduan suara pun tidak dapat masuk, dan mereka harus bernyanyi di luar. Dengan rahmat Allah banyak pendeta juga hadir dan banyak kesembuhan terjadi.

Penyelenggara kebangunan rohani itu, karena acara kali ini sangat sukses, akan mengadakan acara yang lebih besar lagi tahun berikutnya. Mereka menyewa Gedung Olahraga Daegu. Banyak organisasi misi mendukung kegiatan ini dengan doa-doa mereka. Denominasi yang menghina aku berusaha untuk mengganggu kebangunan rohani ini.

Seminggu sebelum acara dimulai, dalam kebaktian semalaman hari Jumat, firman Allah turun kepadaku. Isinya meminta semua anggota jemaat untuk berpuasa sehari pada hari Minggu berikutnya untuk mengusir gerombolan iblis. Sampai saat itu aku belum menyadari apa yang sedang terjadi di Daegu. Pada hari Sabtu, aku menerima laporan dari para pekerja gereja yang mengunjungi Daegu dan mereka mengetahui apa yang sedang terjadi.

Denominasi yang menghina aku mengirim surat resmi kepada ketua panitia penyelenggara, pers, dan semua organisasi-organisasi terkait mengatakan bahwa aku telah dihukum dan didakwa sebagai penyembah berhala dan sudah dikucilkan, dalam suatu usaha untuk mengganggu acara ini. Maka, majelis dari denominasi "J" dari para pendeta yang mendukung acara ini mengirimkan surat resmi pada tiap gereja mereka yang isinya, "Karena Pdt. Jaerock Lee melakukan penyembahan berhala, kita akan menghukum mereka yang mendukung pertemuan yang juga bersifat berhala." Karena kejadian ini, banyak organisasi pendukung dan pendeta yang sebelumnya mendukung acara ini tidak lagi bersedia membantu. Ada banyak isu yang tidak benar beredar termasuk isu yang mengatakan bahwa acara kebangunan rohani dibatalkan.

Pada tanggal 18 Maret 1991, tanpa ada kesempatan untuk berbicara mengenai keadaan dan kebenaran gereja kami, pertemuan dimulai. Organisasi-organisasi yang percaya akan isi surat yang sudah dikirim tersebut, meninggalkan kami. Tetapi, walau banyak tekanan dari majelis denominasi tersebut, banyak pendeta tetap ikut ambil bagian dalam serangkaian pertemuan lanjutan. Sungguh, suatu hal yang patut disyukuri! Karena Allah menggerakkan hati para anggota jemaat kami, mereka pergi ke Daegu dan mempersiapkan acara tersebut. Tiba-tiba, saat itu gereja kami yang mengadakannya, namun begitu banyak orang yang datang, dan memang benar inilah rahmat dari Allah.

Iblis, si musuh, berusaha membatalkan acara ini dan menyebabkan timbulnya banyak pertentangan, tetapi karena Allah tahu apa yang ada dalam segala rencana dan pikiran manusia, Ia mengizinkan kami untuk berpuasa dan berdoa sebelumnya. Pada akhirnya, Allah bekerja untuk kebaikan segala sesuatu.

Lalu, apa yang harus kita katakan akan keadaan ini? Jika Allah bersama kita, siapakah yang akan menentang kita? Ia yang tidak menyayangkan anakNya sendiri, tetapi yang menyerahkan-Nya bagi kita semua, bagaimanakah mungkin Ia tidak mengaruniakan segala sesuatu kepada kita bersama-sama dengan Dia? Siapakah yang akan menggugat orang-orang pilihan Allah? Allah, yang membenarkan mereka; Siapakah yang akan menghukum mereka? Kristus Yesus, yang telah mati? Bahkan lebih lagi, yang telah bangkit, Yang juga duduk di sebelah kanan Allah, yang malah menjadi Pembela bagi kita? Siapa yang akan memisahkan kita dari kasih Kristus? Penindasan, atau kesesakan atau penganiayaan, atau kelaparan, atau ketelanjangan, atau bahaya, atau pedang? Seperti ada tertulis, 'Oleh karena Engkau kami ada dalam bahaya maut sepanjang hari; kami telah dianggap sebagai domba-domba sembelihan.' Tetapi dalam semuanya itu kita lebih dari pada orang-orang yang menang, oleh Dia yang telah mengasihi kita (Roma 8:31-37).

Pindah ke Tempat Ibadah yang Baru Karena Iman

Pada bulan Maret 1987, kami tidak dapat lagi menampung jemaat yang terus bertambah jumlahnya di dalam gereja kami, dan kami berdoa untuk memperoleh tempat baru yang besar. Di Shindaebang 2 Dong, di mana gereja kami dimulai, sebuah gedung baru telah dibangun, dan kami menyewa lantai kedua dan ketiga.

Dari tanggal 13 sampai dengan 17 April kami mengadakan kebangunan rohani memperingati kepindahan kami ke gedung baru. Tema kebangunan rohani tersebut adalah "Bukan Dia Yang Berseru 'Tuhan', 'Tuhan' Akan Masuk Surga," dan aku membahas tentang Rahmat, Roh Kudus, Iman dan Hidup Kekal. Tiga bulan setelah kebangunan rohani tersebut, tempat ibadah seluas 1.600 yard persegi telah penuh!

Saat Kami Berseru Dalam Doa

Seperti halnya hari ini, jemaat kami berdoa tiga jam setiap harinya dalam Kebaktian Malam Doa Daniel. Kami melapisi jendela dengan *Styrofoam* supaya untuk mencegah suara kami terdengar dari luar, namun karena gedung itu sendiri tidak kedap suara, kami tidak dapat mengatasi suara-suara yang terdengar dari luar. Untunglah, di depan gereja hanya ada sebuah pasar, bukan daerah pemukiman.

Pernah sekali waktu, dalam suatu pertemuan untuk membuat daerah itu menjadi pemukiman, ada seseorang yang mengajukan satu usulan untuk agenda pertemuan mengenai gangguan suara yang berasal dari gereja kami. Tetapi salah seorang anggota asosiasi wanita mengatakan, "Mereka menutup jendela bahkan di tengah musim panas, dan mereka juga melapisi bingkai-bingkai jendela dengan *Styrofoam*. Suara doa itu terdengar seperti lagu menjelang tidur bagi saya." Mereka kemudian tidak pernah membicarakannya lagi. Pernah juga, ada seorang penduduk di situ yang menyampaikan keberatannya ke kantor polisi. Polisi yang menerima keluhan itu mengatakan, "Anda tidur, sedangkan orang-orang ini berdoa untuk bangsa dan negara ini tanpa tidur. Jadi, ada apa sebenarnya dengan Anda?" Orang yang mengajukan keberatannya itu tidak bisa mengatakan sesuatupun.

Mengatasi Krisis Dengan Rahmat Allah

Allah tidak menginginkan kami tinggal diam dan terlena dengan semua yang ada pada saat itu. Ia mengizinkan terjadinya suatu pencobaan pada kami yang membuat kami pindah ke tempat yang lebih besar. Pada bulan April 1988, bukan hanya gedung utama tempat ibadah, tetapi tangga, dan bahkan lorong juga penuh dengan orang-orang yang hadir pada kebaktian penyembahan. Pada saat itu, di lantai dasar gedung yang sama ada beberapa supermarket. Karena penjualannya tidak baik, maka satu per satu mereka tutup. Kami mempunyai kontrak untuk juga membeli lantai dasar, tetapi dengan tiba-tiba para pedagang di pasar dan para penghuni mengajukan keberatan akan hal ini. Mereka menyebarkan gosip bahwa gereja kami akan menggusur semua pedagang dari tempat itu.

Orang-orang ini mengadakan ritual-ritual perdukunan di muka gerbang gereja setiap hari Minggu, dan mereka memainkan musik tradisional Korea dan genderang dengan suara keras. Walaupun kami memanggil polisi, polisi tiba dan memeriksa keadaan hanya setelah mereka semua bubar. Pemerintahan kota berada di belakang semua ini. Pada waktu itu, Tuan 'S' seorang anggota partai oposisi, mengunjungi gereja kami beberapa kali dan beramah-tamah denganku. Aku mendoakannya sebelum pemilihan, dan dia terpilih. Kemudian, calon dari partai mayoritas yang kalah dalam pemilihan, berpendapat bahwa karena gereja kami mendukung partai oposisi, akan sulitlah bagi dia untuk memenangkan pemilihan yang akan datang. Karena itu, ia menggunakan pengaruhnya pada kantor pemerintahan daerah dan kantor polisi setempat untuk memindahkan gereja kami. Aku memerlukan waktu yang cukup lama untuk bisa mengerti keadaan ini. Para pekerja gereja mengatakan mereka tidak tahan lagi menghadapi situasi ini dan mereka ingin pergi ke kantor pemerintah daerah untuk mengajukan protes. Mereka juga ingin mengambil tindakan hukum, tetapi aku membujuk mereka untuk tidak melakukan apa-apa. Aku meyakinkan mereka hanya dengan firman Allah yang mengatakan balaslah kejahatan dengan perbuatan baik.

Para anggota jemaat mematuhi perkataanku. Mereka bertahan terhadap perlawanan dari penduduk setempat dan tetap berusaha melayani mereka. Tetapi dengan berjalannya waktu, aniaya semakin bertambah parah. Kantor kelurahan, kantor kecamatan, pegawai kantor kecamatan setempat, presiden asosiasi wanita, dan bahkan para orang-orang lanjut usia semua dibawa ke sana untuk mengganggu kebaktian penyembahan, dan pemadam kebakaran datang untuk memeriksa fasilitas kami setiap hari untuk membuat segalanya menjadi sulit bagi kami.

Aku hanya bertelut di hadapan Allah dan berdoa. Dan suatu hari aku mendengar bahwa mereka yang berusaha menggusur gereja kami ingin bertemu denganku. Sewaktu aku pergi ke kantor kelurahan setempat di ruang rapat mereka, ada lebih dari 10 orang perwakilan dari berbagai sektor di daerah tersebut.

"Pendeta, selamatkan kami! Kami sangat menderita. Kami merasa seakan kami akan masuk neraka."

"Kami juga ingin meninggalkan tempat ini, tetapi kami tidak punya tempat yang cukup besar, dan kami tidak mempunyai cukup uang."

"Pendeta, berapa yang anda perlukan untuk memindahkan tempat ibadah anda?"

Mereka menceritakan semuanya kepadaku dan aku melihat pekerjaan Allah atas mereka. Di antara mereka yang sangat gigih memimpin protes untuk menggusur gereja dari lokasi di mana kami berada, banyak yang tiba-tiba jatuh sakit dan menderita berbagai macam penyakit. Isu akan kejadian ini dengan cepat menyebar luas. Ada orang yang menjadi takut setelah mendengar berita. Mereka yang aktif terlibat memimpin gerakan melawan kami merasa bahwa mereka seolah akan jatuh masuk neraka. Karena mereka tidak tahan lagi akan ketakutan itu, mereka ingin bertemu denganku. Mereka memberi kami 300 juta won (300 ribu dolar AS) pada waktu itu, jumlah yang memang kami perlukan untuk memindahkan tempat ibadah kami. Kami saat itu tidak punya uang, bahkan sepuluh apalagi seribu dolar, maka jumlah tersebut adalah jumlah yang sangat besar.

Pada saat Raja Abimelekh mengambil Sara karena ia mengira Sara adalah saudara perempuan Abraham, Allah mendatanginya dalam mimpi dan memberitahukan kepadanya bahwa Sara adalah istri Abraham, dan memerintahkannya untuk mengembalikan Sara kepada Abraham. Abimelek bukan hanya mengembalikan Sara, tetapi juga mengirimkan domba, lembu dan hamba kepada Abraham (Kejadian 20). Ketika Allah bekerja, Abraham dapat mengatasi kesulitannya dan malah diperlakukan dengan baik. Demikian halnya, gereja kami juga mengatasi kesulitan karena campur tangan Allah.

Lahan yang Allah Sediakan Ada di Hadapan Kami

Kami berdoa, "Ya Allah berikanlah kami lahan seluar 54.ribu kaki." Di dekat gereja ada sebuah gedung kira-kira seluas enam ribu *yard* persegi, dan kami berdoa dengan sungguh-sungguh agar bisa pindah ke gedung tersebut. Tetapi suatu hari di tahun 1990, Akademi Angkatan Udara, yang berlokasi di Taman Boramae (*Boramae Park*) mengumumkan bahwa mereka akan pindah dan tempat mereka akan dijadikan taman. Pemerintah Kota Seoul akan menjual lahan tersebut kepada investor swasta. Aku menyadari bahwa Allah menyediakan sebidang tanah untuk gereja kami di Taman Boramae (*Boramae Park*). Pasti akan banyak manfaatnya. Inilah alasan mengapa Allah membimbingku ke Shindaebang Dong untuk membuka gereja. Pada waktu kami berdoa untuk pergi ke Taman Boramae (*Boramae Park*), Tuhan berbicara kepada kami, *"Aku telah memberimu sebidang tanah, pergilah, dan ambillah. Seluruh umatmu harus menunjukkan iman mereka. Setelah engkau mengambil tanah terberkati itu, Aku akan mengambil alih segala perkara."* Gereja kami juga ikut dalam penawaran, tetapi sangat sulit untuk bisa membeli tanah seluas empat ribu yard persegi dengan keadaan iman umat kami saat itu. Hanya ada sejumlah anggota saja yang sungguh-sungguh menunjukkan iman mereka.

Allah membimbing bangsa Israel menuju tanah Kanaan, tetapi mereka tidak dapat masuk ke tanah tersebut karena mereka tidak patuh. Hanya anak-anak keturunan mereka yang dapat masuk ke tanah perjanjian tersebut. Karena kami tidak mampu menunjukkan iman kami seperti yang dikehendaki, Allah membimbing kami ke tempat lain di Guro Dong. Allah telah menyiapkan sebuah gedung di daerah perindustrian, kira-kira seluas sepuluh ribu yard persegi.

Kebaktian Pembukaan di Tempat Ibadah yang Baru dan Gangguan Terus-menerus

Kompleks Industri Guro adalah daerah yang membuka jalan bagi masuknya Korea ke era perindustrian. Pada waktu itu ada banyak pabrik di daerah tersebut. Tempat ibadah kami yang keempat, Gereja Guro Dong, sebelumnya adalah sebuah perusahaan yang bernama Shin Ae Electronics. Sebelum perusahaan ini bangkrut, aku sudah pernah bertemu dengan pemiliknya.

Ia mengatakan, "Pendeta Senior, aku ingin membangun Gereja Manmin Joong-ang di lokasi ini." Dia baru pertama kali bertemu denganku, tetapi dia berani mengatakan ingin membangun Gereja Manmin Joong-ang di tanah milik perusahaannya. Aku pegang kata-katanya dan aku percaya akan apa yang dikatakannya. Aku menanggapinya dengan, 'Amin.' Selanjutnya, Perusahaan Elektronik Shin Ae jatuh bangkrut, dan pemiliknya melarikan diri ke Amerika Serikat. Diaken

Senior Shin Ae Hyeon menjadi CEO menggantikannya. Tetapi karena besarnya hutang, pemogokan para pekerja menuntut pembayaran gaji yang belum dibayar, Shin Ae Hyeon mengalami kesulitan besar. Karena itu, dia berdoa agar lokasi perusahaannya dapat dipakai untuk kerajaan Allah oleh siapa saja di antara para pendeta terkenal. Pada waktu itu, ia menerima jawaban dari Allah yang menyuruh dia, *"Berikan lahan tersebut kepada Pdt. Jaerock Lee, hamba yang Kukasihi."* Setelah bertanya kemana-mana, akhirnya dia menemukan aku. Sewaktu aku menerima telpon darinya, aku segera pergi ke tempat di mana dia sedang mengadakan kebangunan rohani, tujuanku adalah untuk menemuinya secara resmi. Lokasinya berada di Yongsan, dan aku sudah pernah mengalami kesembuhan dari Allah di gereja ini pada tahun 1974. Setelah itu aku hanya sekali saja bertemu dia secara formal. Sejak saat itu kami tidak pernah lagi bertemu satu sama lain, sehingga dia sama sekali tidak ingat kepadaku.

Dia menceritakan semua proses yang telah dia lalui untuk mencariku. Allah menggerakkan hatiku dan akhirnya kami sepakat untuk membeli lokasi tersebut. Kami memerlukan 10 miliar won (10 juta dolar AS), dan untuk mengatasi masalah dengan para pekerja secepatnya, kami memerlukan 2 miliar won (2 juta dolar AS).

Kebaktian Peresmian Tempat Ibadah Baru

Pada tanggal 10 Febuari 1991, kami meninggalkan gereka Shindaebang Dong dan pindah ke Guro Dong, dan kami mengadakan kebaktian peresmian. Kami melunasi pembayaran kepada para kreditur dan membayar gaji yang belum dibayar. Kemudian kami mulai mengadakan renovasi bangunan menjadi gedung gereja.

Pada waktu kami pindah, kami hanya mempunyai 300 juta won (300.000 dolar AS), dana yang kami peroleh dari gedung lama. Maka, melihat kenyataan dan situasi yang ada, kami tidak mampu melangkah sama sekali untuk menggembalakan begitu banyak jemaat. Tetapi karena kami yakin bahwa Allah yang membimbing kami, kami melangkah dalam iman. Satu tahun setelah kami pindah, bank kembali menawarkannya untuk lelang, namun kami tetap belum mempunyai uang. Pihak bank mengatakan, "Anda, gereja Anda sudah menyelesaikan masalah sulit yang dihadapi perusahaan dengan serikat pekerja; dan anda mengeluarkan banyak uang untuk merenovasi bangunan ini menjadi gereja. Tetapi, siapakah menurut anda akan berspekulasi atas lahan ini?" Mereka menganjurkan kami untuk membeli lahan ini pada saat harga turun. Tetapi kenyataannya sangat berbeda. Sebuah perusahaan membeli lahan ini sebagai bagian dari spekulasi rencana proyek perumahan mereka. Mereka meminta kami untuk mengosongkan bangunan ini. Pastilah, kami tidak punya tempat kemana harus pergi, dan kami tidak bisa pergi ke mana pun juga.

Pada tanggal 15 Februari 1992, perusahaan yang membeli lahan ini mendatangkan seratus orang eksekutor dan mengeluarkan semua barang milik gereja. Beberapa pekerja gereja bahkan dipukuli karena berusaha menghentikan mereka. Tentunya, perusahaan itu mengajukan tuntutan hukum kepada kami dengan mengatakan kami melanggar hukum. Melalui semua kejadian ini, Allah membuat jemaat kami semakin mencintai gereja dan semakin banyak berdoa. Allah kemudian menyentuh hati mereka yang membeli lokasi lahan ini, dan mereka kemudian membuat perjanjian kontrak baru dengan kami. Kami kemudian membayar kembali harga dari lahan tersebut.

Gangguan Menentang KKR Penginjilan Seoul *(Seoul Evangelical Crusade)*

Dari tanggal 18 sampai 21 Mei 1992, 'KKR Penginjilan Seoul *(Seoul Evangelical Crusade)*' diadakan di gereja kami oleh Panitia Penyelenggara Kebaktian Peringatan dan Penyatuan Kembali Bangsa *(Nation's Re-Unification dan Jubilee Crusade)*. Acara ini diselenggarakan oleh Gerakan Penyatuan Kembali dan Penginjilan Bangsa dengan dukungan dari *Kukmin Ilbo*, Layanan Penyiaran Timur Jauh *(Far East Broadcasting Service)*, Sistem Penyiaran Kristen *(Christian Broadcasting System)*, *The Christian Newspaper, The Korea Church Newspaper,* dan *Police Chaplain's Office*. Musuh kita si iblis sekali lagi mencoba menggagalkan pertemuan ini.

Tetapi ada beberapa pendeta terkenal termasuk pendeta Hyeon Gyoon Shin dan Jaechul Hong yang akan menjadi pembicara. Mereka mendapatkan tekanan untuk tidak menjadi pembicara pada acara ini. Sekali lagi ada yang mengatakan bahwa aku melakukan hal-hal berhala, dan bahwa aku mempunyai latar belakang pernah dikucilkan dari denominasi. Kalau toh mereka tetap berbicara dalam acara ini, mereka akan mengalami situasi tidak menguntungkan di masa depan mereka. Tetapi para pembicara tersebut mengetahui bahwa aku adalah pendeta yang taat pada Injil dan mengimaninya dengan kasih akan Tuhan Yesus, dan mereka tidak menyerah pada keadaan ini. Acara ini berlangsung sukses berkat pekerjaan Roh Kudus. Selain itu, mulai tanggal 14 sampai dengan 17 September tahun yang sama, *'Seoul Citizen Evangelism United Crusade'* diadakan di gereja kami oleh Korean Christianity Revival Association, dan delapan pendeta termasuk pendeta Jongman Lee menjadi pembicara dalam pertemuan ini.

Rekonsiliasi dengan Denominasi Holiness (Anyang).

Pada bulan Februari 1992, *Holiness Christian Church of Korea* (Gereja Kristen Kudus Korea) (Anyang), denominasi yang telah menentang aku, mulai mengambil langkah-langkah terhadap gerejaku karena gereja kami membentuk denominasi mandiri dan bertumbuh sangat pesat. Pendeta 'Y' yang saat itu menjabat presiden dari denominasi telah banyak kali menyebarkan isu tidak benar pada *The Christian Council of Korea* dan pada pers. Karena fitnahan ini terus berlangsung, akibatnya bukan saja bersifat merusak nama baik, tetapi juga menyebabkan kerusakan pada pelayanan pekabaran Injil. Akhirnya kami memutuskan bahwa perwakilan gereja kami harus menuntut pendeta 'S' karena pencemaran nama baik.

Pendeta 'Y' sekarang harus membayar denda dan juga dia hampir dipenjarakan. Dia sangat terdesak dan beberapa kali meminta kami untuk mencabut tuntutan perkara melalui dosen di seminari, Pendeta Taekgu Sohn. Pendeta Taekgu Sohn juga memohon kepada kami untuk mencabut perkara tersebut dan berdamai karena pendeta 'Y' mengatakan bahwa dia tidak akan terlibat lagi dalam asosiasi gereja, tetapi hanya akan konsentrasi pada pelayanannya saja.

Pendeta 'Y' sudah tua dan aku merasa iba kepadanya. Pada

saat aku menerima permintaan pendeta Taekgu Sohn untuk membatalkan perkara tersebut, pengacara yang menangani perkara ini sangat keberatan akan pemikiran ini. Dia menasihati, "Anda sebaiknya tidak mencabut perkara ini sekarang. Saya telah mengamati tindakan-tindakan mereka sebelumnya, dan jika permasalahan ini tidak diselesaikan tuntas, mereka akan melakukan hal yang sama lagi." Dengan mengabaikan keberatan pengacara kami, aku menandatangani dokumen kesepakatan bersama dan membatalkan perkara tersebut.

Hari itu tanggal 20 April 1993 ketika kami berdua bertemu dan menandatangani kesepakatan itu. Kami masih menyimpan surat tersebut. Pendeta 'Y' menandatangani janji tertulis yang berbunyi, "Saya minta maaf karena saya telah menyebarkan berita-berita yang merusak nama baik Pdt. Jaerock Lee dan Gereja Manmin Joong-an. Saya akan berusaha sebaik mungkin menghindarkan diri dari tindakan serupa di masa mendatang, dan saya akan konsentrasi hanya pada pelayanan saya saja." Kami mencabut perkara tersebut dan mengampuni dia, tetapi seperti telah diduga oleh pengacara kami, bukannya mengucapkan terima kasih kepada kami, dia tetap mengganggu gereja kami. Dia memberikan alasan dan mengatakan, "Saya tidak meminta maaf sebagai presiden dari denominasi tetapi hanya sebatas pernyataan pribadi."

Sesat Menurut Alkitab

Karena suatu kebangkitan yang begitu cepatnya, aku menjadi terkenal, tetapi pada saat yang bersamaan ada orang yang mulai menganggap aku sebagai sesat karena dipersalahkan oleh *The Holiness Christian Church of Korea*. Mereka yang belum pernah bertemu aku, belum pernah mendengar pengajaran-pengajaran yang kusampaikan, atau belum pernah ke gereja kami mungkin akan menilai kami berdasarkan apa yang mereka dengar dari orang-orang lain di sekitar mereka. Bahkan di dalam Alkitab, rasul Paulus yang sangat mencintai Yesus dan menyebarkan Injil dengan seluruh kehidupannya mengalami penyiksaan dan dihukum sebagai 'gila,' 'suatu penyakit,' dan sebagai 'tokoh dari sekte orang Nasrani.' (Kisah Para Rasul 24:5).

Pada keadaan ini kami harus memikirkan apa sebenarnya arti sesat menurut Kitab Suci. Dalam 2 Petrus 2:1 dikatakan, *"Sebagaimana nabi-nabi palsu dahulu tampil d itengah-*

tengah umat Allah, demikian pula di antara kamu akan ada guru-guru palsu. Mereka akan memasukkan pengajaran-pengajaran sesat yang membinasakan, bahkan mereka akan menyangkal Penguasa yang telah menebus mereka dan dengan jalan demikian segera mendatangkan kebinasaan atas diri mereka. " Dalam hal ini, 'Penguasa yang telah menebus mereka' adalah Yesus Kristus. Karena itu, sebelum Yesus disalibkan, bangkit dan menyelesaikan tugasnya sebagai Juru Selamat, tidak ada perkataan sesat dalam Kitab Suci. Inilah alasan mengapa tidak ada kata 'sesat' dalam Perjanjian Lama dan di dalam keempat Injil, yaitu Matius, Markus, Lukas dan Yohanes.

Di dalam keempat Injil, para ahli taurat, orang-orang Farisi, imam-imam, dan imam agung tidak memakai kata 'sesat' walaupun mereka sedang menganiaya Yesus. Hanya setelah Yesus bangkit dan menyelesaikan tugas-Nya sebagai Kristus, mereka yang semula menyangkal 'Penguasa yang menebus mereka' menyadarinya, dan dalam 2 Petrus, Alkitab memperingatkan mereka akan guru-guru palsu ini. Nama Yesus berarti 'Dia yang menyelamatkan umat-Nya dari dosa mereka' (Matius 1: 21), dan Kristus berarti 'Yang Diurapi.' Hanya setelah Yesus disalibkan dan bangkit kembali, Ia memenuhi tugasnya sebagai Kristus dan menjadi Juru Selamat kita.

Karena itu, ketika kita mengakhiri doa-doa kita, daripada mengatakan, "Dalam nama Yesus kami berdoa," akan lebih baik dan lebih sempurna dan mendalam arti rohaninya bila mengatakan, "Dalam nama Yesus Kristus kami berdoa" Dalam 1 Yohanes 2: 22, dikatakan, *"Siapakah pendusta itu? Bukankah dia yang menyangkal bahwa Yesus adalah Kristus? Dia itu adalah antikristus, yaitu dia yang menyangkal baik Bapa maupun Anak.* " Karena itu, menyangkal Allah Tritunggal (Allah Bapa, Allah Putra, dan Roh Kudus) dianggap sesat. Karena itu, tidaklah berkenan di hadapan Allah jika menghakimi secara sembarangan atau menghujat seseorang atau sebuah gereja yang percaya akan Allah Bapa, dan menerima Yesus Kristus sebagai Juru Selamat.

Menyalahkan sebuah gereja di mana karya Roh Kudus bekerja dalam nama Yesus Kristus sama halnya dengan menyalahkan dan menentang Roh Kudus, dan Alkitab mengingatkan kita bahwa dosa ini tidak dapat diampuni. Roh Kudus adalah satu dari ketiga Pribadi Allah, dan jika ada orang mengatakan bahwa karya-karya Roh Kudus adalah karya iblis, sama artinya dengan mengatakan Allah adalah iblis dan sesat, dan bagaimanakah orang-orang seperti ini dapat diselamatkan? Dari Matius 12:22 dan seterusnya, diceritakan bagaimana Yesus menyembuhkan seseorang yang buta dan tuli karena perbuatan iblis. Kemudian orang-orang Farisi menuduh Yesus dengan mengatakan, *"Orang ini mengusir setan dengan kekuatan Beelzebul penghulu setan."* Yesus menjawab, *"Sebab itu Aku berkata kepadamu, segala dosa dan hujat manusia akan diampuni, tetapi hujat terhadap Roh Kudus tidak akan diampuni. Apabila seorang mengucapkan sesuatu menentang Anak Manusia, ia akan diampuni, tetapi jika ia menentang Roh Kudus, ia tidak akan diampuni, di dunia ini tidak, dan di dunia yang akan datangpun tidak"* (Matius 12:31-32).

Pada saat orang Farisi menentang pekerjaan Roh Kudus yang dilakukan Yesus dengan kuasa Allah, mereka menghujat karya Roh Kudus. Ini adalah dosa berat yang tidak dapat diampuni, dan mereka tidak dapat diselamatkan.

Ujian : Pendarahan Sampai Hampir Mati

Pada bulan Juni 1992, karena banyak sekali masalah sulit di gereja yang tidak bisa aku ceritakan kepada siapapun, selama beberapa hari aku tidak beristirahat sama sekali dan aku pun tidak bisa tidur selama beberapa hari. Tingkat kelelahanku sudah di luar batas kemampuanku untuk mengontrolnya. Beban utama adalah, beberapa pendeta muda dan para pekerja berhenti berdoa dan mereka selalu tidak patuh, dan akhirnya Allah mengizinkan terjadinya suatu pencobaan. Sebelum aku memikul semua beban berat ini sendiri, aku hampir mengalami pendarahan di otakku. Pada saat anggota jemaat jatuh sakit, aku hanya bisa berdoa untuk mereka. Bagaimanakah bila aku sendiri jatuh sakit dengan pendarahan di otak? Allah bekerja sedemikian rupa sehingga sebelum aku jatuh karena pendarahan di otak, Allah membiarkan satu pembuluh darahku pecah di hidung dan mengeluarkan darah dari hidung.

Hari itu adalah hari Sabtu, tanggal 13 Juni 1992. Karena ada pernikahan yang harus diberkati, aku sedang mempersiapkan diri untuk keluar. Tiba-tiba aku mengalami pendarahan di hidung, dan aku meminta seorang pendeta lain memberkati perkawinan tersebut. Darah mengalir dari kedua lubang hidungku dan dari mulut. Sepanjang sore itu, aku mengeluarkan darah selama hampir satu setengah jam. Malam hari, aku mengalami pendarahan lagi selama satu jam. Aku harus duduk dengan kepala menunduk. Kalau aku tegakkan kepalaku, darah akan segera mengalir turun ke tenggorokanku dan menyebabkan sesak napas.

Minggu pagi, pada waktu aku mau mandi, aku mulai mengalami pendarahan lagi, dan aku tidak bisa pergi ke gereja. Banyak sekali darah yang keluar dari hidungku dan turun ke tenggorokanku juga. Waktu sedang mengalami pendarahan itu, aku merasa heran dari mana keluarnya darah sebanyak itu.

Lebih dari seratus pendeta muda dan pekerja gereja mendengar berita ini dari gereja dan mereka datang ke tempat tinggalku. Pada mulanya orang-orang membantuku membersihkan darah dengan menggunakan kertas tisu, kemudian mereka memakai handuk, tetapi karena pendarahan tidak juga berhenti tetapi terus mengalir, akhirnya mereka tidak bisa lagi mengatasinya dengan cara demikian. Aku meletakkan sebuah baskom di hadapanku. Tetapi karena semua orang tahu bahwa dengan imanku aku tidak mengandalkan cara-cara duniawi sama sekali, tidak seorangpun membicarakan untuk pergi ke rumah sakit.

Tiba-tiba aku ingin mendengarkan lagu-lagu himne pujian dan aku memintanya kepada orang-orang di sana. Ada seseorang datang dan menyanyikan lagu-lagu pujian dan penyembahan. Saat aku mendengarkannya, aku merasakan damai di hatiku, dan aku ingin sekali pergi ke surga. Perlahan-lahan aku mulai kehilangan tenaga dan aku juga mulai kehilangan kesadaranku. Tetapi aku dapat merasakan bahwa rohku menjadi lebih terang dan penuh dengan Roh Kudus.

Di Persimpangan Pilihan Antara Hidup Atau Mati

Pada saat itu juga, dengan inspirasi yang jelas, Allah memberitahuku akan kondisi rohani sesungguhnya dari beberapa orang yang berkumpul di sana. Aku mendesak orang-orang itu untuk membuang keangkuhan dan ketidakbenaran yang dibenci Allah, dan aku mengatakan keinginan terakhirku kepada anggota keluargaku. Kemudian, aku mengetahui bahwa seluruh kongregasi gereja mulai mendoakan aku.

Denyut nadiku berhenti dan aku juga berhenti bernafas. Pada saat aku kehilangan kesadaranku, aku dapat merasakan rohku meninggalkan badanku. Aku mendengar Penatua Boaz Lee dan yang lainnya yang ada di situ berdoa, "Ya Allah, izinkanlah pendeta kami hidup kembali!" sambil menangis dan bercucuran airmata. Mereka katakan kepadaku bahwa saat mereka memegang pergelangan tanganku, mereka tidak merasakan adanya denyut nadi, dan sewaktu mereka memegang dadaku, terasa dingin. Pada saat itu juga, Tuhan datang kepadaku.

"Hamba-Ku, maukah kamu datang kepada-Ku atau kamu ingin kembali dan menyelesaikan tugasmu?"

"Ya Tuhan, aku ingin berada di sisi-Mu."

Pada waktu itu, kami tinggal di rumah kontrakan yang

kami bayar per bulan. Aku tidak punya rumah dan juga tidak punya tabungan di bank. Namun, aku tidak kuatir akan anggota keluargaku, aku hanya ingin pergi ke surga. Maka Tuhan memperlihatkan kepadaku kedua kejadian ini. Setelah aku berada di sisi Tuhan, iblis si musuh menghancurkan gereja kami. Tempat Ibadah hancur dan banyak orang percaya menjadi seperti domba yang tercecer dan mereka kembali pada kehidupan duniawi, menuju jalan kematian. Beberapa anggota tetap hidup untuk menuju surga dengan berdoa dan puasa, tetapi sebagian besar anggota jemaat kehilangan arah, dan mereka mulai menuju kehidupan duniawi dan kehidupan yang akan membawa mereka ke neraka. Pada saat itu juga aku sadar kembali.

"Ya, Tuhan izinkan aku kembali. Aku ingin datang ke hadapanMu bersama dengan anggota jemaatku setelah kami membangun Bait Agung."

Aku berdoa dengan keinginan besar untuk hidup. Pada saat itu juga ada cahaya turun dari atas, dan ada kekuatan besar turun atasku. Aku duduk tegak sebentar, dan aku minta minum. Setelah itu, aku menyadari bahwa air yang kuminum berubah menjadi darah dalam tubuhku. Aku berdiri dan pergi keluar menuju ruang duduk. Beberapa anggota jemaat yang tidak dapat masuk ke kamarku sedang berdoa dan menangis di ruang duduk. Mereka sangat terkejut namun gembira. Aku menyalami mereka satu per satu dan menyempatkan untuk berbicara dengan mereka. Wajahku mulai menjadi merah. Tidak tampak ada tanda-tanda bahwa aku baru mengalami pendarahan dan hampir mati. Namun kesadaranku belum pulih benar, aku hanya mampu mengingat apa yang kudengar dari orang lain, dan aku tidak ingat semuanya dengan detail.

Sejak saat itu, aku akan minum air jika aku mengalami pendarahan. Biasanya aku minum minuman ringan bukan air, namun sekarang aku ingin minum air. Karena aku mengeluarkan darah begitu banyak, aku pasti akan mati seandainya tidak ada persediaan darah. Seperti halnya Tuhan mengubah air menjadi anggur, aku percaya bahwa air dapat diubahkan menjadi darah dengan kuasa Allah setiap kali aku minum air. Karena aku tahu bahwa pendarahan yang kualami adalah seizin Allah, aku sama sekali tidak mau bergantung pada obat dari dunia ini. Karena aku hanya percaya dan pasrah kepada Allah Yang Mahakuasa, aku menyerahkan segalanya ke dalam tanganNya.

Aku sama sekali tidak berkeinginan untuk pergi ke rumah sakit agar bisa hidup. Jika Allah ingin mengambil rohku, tidak ada alasan bagiku untuk mencoba bertahan hidup. Hanya bila ini kehendak Allah, aku rela memilih untuk mati. Aku mengenal Allah Yang Mahakuasa lebih daripada siapa pun dan aku telah menyembuhkan begitu banyak orang sakit dengan kuasa Allah, dan kalau aku sendiri tidak bisa disembuhkan dengan iman, bagaimana aku bisa mengajarkan kongregasiku untuk bisa menerima kesembuhan melalui iman? Karena itulah aku lebih memilih untuk mati daripada mengandalkan rumah sakit. Aku menghadapi kematianku dengan kebahagiaan, meninggalkan pesan terakhirku kepada anggota keluargaku dengan damai, tetapi karena bukan kehendak Allah untuk aku mati, maka Allah membuat aku kembali hidup saat itu juga.

Lulus Ujian Abraham

Karena pendarahannya berhenti malam itu, aku makan malam dan pergi ke tempat aku berdoa. Tetapi malam itu, aku kembali mengalami pendarahan selama satu setengah jam, dan keesokan paginya aku mengalami pendarahan lagi. Aku tidak bisa makan dan tidak bisa berbaring. Kalau aku berbaring, darah dari dadaku akan keluar, karena itu aku harus duduk agak miring dengan kepala tunduk. Pada hari Minggu aku masih berada di tempat doaku. Aku melakukan penyembahan dengan video khotbah 'Allah Sang Penyembuh' yang pernah aku khotbahkan sebelumnya. Saat masuk pada 'Mendoakan Orang sakit,' aku menumpangkan tanganku di kepalaku dan aku berdoa, dan sejak saat itu pendarahan berhenti total. Melalui pengalaman ini, sekali lagi aku menyadari dan sangat kagum bahwa doa untuk orang sakit sangat manjur dan penuh kuasa.

Aku menghitung lamanya waktu aku mengalami pendarahan. Selama delapan hari, dalam tiga puluh kali kesempatan berbeda, aku mengalaminya selama 24 jam. Rasanya cukup untuk bisa menguras semua darah yang ada dalam tubuhku berkali-kali. Jika aku mengalami pendarahan, aku minum air, dan air ini berubah menjadi darah, kejadian ini berlangsung selama delapan hari. Allah mengujiku selama delapan hari, tetapi aku tidak pernah mengeluh ataupun menolaknya seperti yang dilakukan Ayub. Aku hanya bersyukur. Walau aku harus mati, aku tahu aku akan berada di sisi Tuhan, dan aku akan hidup bahagia di surga, sehingga tidak ada alasan bagiku untuk merasa sedih.

Karena aku akan mengalami pendarahan lebih banyak jika aku berbaring, maka aku harus duduk dengan kepala menunduk selama itu. Aku tak hentinya berpikir. Allah memberiku lebih banyak lagi kuasa, tetapi aku tidak menggiring kongregasiku pada iman, aku tidak mengontrol pekerja gereja dengan benar, dan kami belum juga membangun tempat ibadah. Aku menjadi lebih dan lebih merasa bersalah di hadapan Allah setiap kali aku memikirkannya. Aku melewati delapan hari tanpa tidur, dengan hati penuh pertobatan di hadapan Allah.

Karena aku dengan penuh rasa syukur bersedia melepaskan kehidupanku ketika Allah memintanya, Allah memulihkan aku dalam delapan hari. Kemudian Allah memberitahuku bahwa sama seperti Abraham lulus ujiannya untuk mengorbankan Ishak, anak satu-satunya, aku juga berhasil lulus dari ujian untuk menyerahkan seluruh hidupku. Karena aku berhasil lulus ujian ini, kepercayaan Allah kepadaku semakin besar, dan Ia memberkati aku untuk menyatakan karya-karya yang lebih penuh kuasa. Kejadian ini juga merupakan suatu kesempatan bagi para pekerja gereja dan anggota jemaat untuk bangkit kembali dan membangun gereja di atas dasar batu karang yang kokoh.

Walaupun Aku Memperingatkan akan Eskatologi (Perihal Akhir Zaman) Waktu Terbatas

Pada tahun 1984, setelah gereja kami diresmikan, aku berkhotbah mengenai tanda-tanda akhir zaman berdasarkan hal-hal yang aku pelajari melalui inspirasi dari Allah. Aku menjelaskan mengenai hubungan antara Korea Selatan dan Utara, mengenai arti angka '666', dan Perserikatan Eropa menjadi satu Negara dan seterusnya. Tetapi hubungan antara Korea Selatan dan Utara sedang dalam keadaan buruk, dan bahkan kartu kredit belumlah dikenal umum, karena itu jemaat merasa tidak paham akan apa yang aku sampaikan.

Yesus menangis sambil mengatakan, "Saat Anak Manusia datang, masih adakah iman di dunia ini?" karena itu aku melakukan yang terbaik untuk dapat menanam iman kepada orang-orang percaya dan menjadikan mereka biji gandum murni yang memiliki iman sejati pada akhir zaman ini. Tetapi ketika aku mengajarkan mengenai tanda-tanda akhir zaman, aku dikenal seolah aku telah menetapkan batasan waktu dari akhir dari sejarah. Tulisan-tulisanku terbit di koran, majalah dan siaran radio, aku kembali dikenal dunia.

Beberapa artikel yang dipublikasikan memuat sesuatu yang tidak pernah aku katakan, dan satu pendeta 'L' yang merasa memiliki eskatologi-waktu-terbatas (*time-limited eschatology*) mengatakan bahwa aku juga mengatakan hal yang sama dengan apa yang dikatakannya. Kebanyakan pers menuliskan artikel-artikel yang memihak kepadaku, tetapi seorang Tuan 'T' dari sebuah majalah bulanan menuduh bahwa aku mengatakan aku mengetahui kapan hari kedatangan Tuhan. Tetapi karena segala sesuatu akan diungkapkan pada waktunya, aku tidak melakukan tindakan hukum apapun juga atau membuat penyangkalan.

Semua khotbahku direkam dan dijual ke masyarakat umum. Sejak pendirian gereja, aku selalu mengajarkan kongregasiku untuk bangkit dalam kehidupan Kristiani mereka seperti kelima gadis bijaksana yang digambarkan dalam pasal 25 Injil Matius. Inilah beberapa ringkasan dari pengajaranku pada tanggal-tanggal tertentu sejak dari awal dan sampai pertengahan 1992, yang merupakan contoh dari pengajaranku tentang hal ini.

"Hari ini ada di antara anda yang membaca buku atau mendengar dari orang lain, adakah di antara anda yang mengatakan atau percaya bahwa Tuhan akan datang pada tanggal 10 atau 28 Oktober? Anda jangan pernah melakukan hal tersebut! Pernahkah anda mendengar aku berbicara tentang tahun 1992? Belum pernah, bukan? Aku hanya mengajarkan Firman Allah, dan aku mengajarkan anda sekalian untuk membuang dosa dan hidup dalam terang dan kebenaran agar serupa dengan Tuhan dan berhias seperti pengantin Tuhan yang cantik dengan airmata dan doa. Walaupun Tuhan akan datang besok, aku mengajarkan anda sekalian bahwa kita tetap harus menanam sebuah pohon apel hari ini." (Ringkasan dari Kebaktian Minggu pada 19 Januari 1992, "Bangkitlah")

"Dalam Injil Matius pasal 24, para murid bertanya kepada Tuhan tentang kedatangan-Nya dan tanda-tanda akhir zaman. Yesus mengajarkan mereka mengenai tanda-tanda sekitar waktu kedatangan Yesus kembali. Karena itulah kita tahu akan tanda-tanda akhir zaman. Orang-orang yang mempercayai tentang bulan Oktober 1992 adalah orang-orang yang tertipu dan sebagian dari mereka ada yang gila. Apa maksudmu? Kalau anda mengasihi Allah dan tahu akan kehendak-Nya, anda tidak boleh melakukan apapun. Anda tidak perlu menghiraukan pernyataan seperti itu. Kita dapat diselamatkan oleh iman, bukan karena pengetahuan akan hari dan bulan kapan Tuhan akan datang kembali. Yesuslah Juru Selamat kita, dan Ia menyelamatkan kita dari dosa-dosa kita, sehingga kita dapat diampuni dari dosa-dosa kita karena iman, menjadi anak-anak Allah dan masuk kerajaan surga. Tetapi mereka mengatakan bahwa kita dapat diselamatkan jika kita percaya dan meyakini bulan dan hari apa, dan kita tidak dapat diselamatkan jika kita tidak melakukannya. Betapa anehnya. Hal ini sama sekali tidak benar menurut Kitab Suci."

(Disarikan dari Kebaktian Minggu pada 31 Mei, 1992, "Apa yang akan menjadi Tanda?")

Bab 7

Allah Memperluas Lingkup Pelayanan

Pintu ke Penginjilan Dunia Dibukakan

Pada KKR Penginjilan Dunia Dengan Roh Kudus *(World Holy Spirit Evangelization Crusade)*

Pada bulan Mei 1992, aku diundang menghadiri acara tahunan doa pagi, yang dihadiri oleh Presiden dan para politikus penting, dan aku datang dengan membawa Rombongan Orkestra Nissi (*Nissi Orchestra*). Pada tahun yang sama, tanggal 14 dan 15 Agustus, aku ikut ambil bagian dalam rangkaian "KKR Ledakan Roh Kudus Bagi Dunia 1992 (*1992 World Holy Spirit Explosion Crusade*)" yang diadakan di Lapangan Yoido (*Yoido Square*). Acara KKR Ledakan Roh Kudus Bagi Dunia (*World Holy Spirit Explosion Crusade*) ini diadakan dan diberi tema 'Dunia bagi Roh Kudus' dan merupakan suatu acara besar yang dihadiri oleh lebih dari satu juta orang. Gereja kami ikut partisipasi dengan mengirimkan 200 anggota paduan suara, Grup Musik Orkestra Nissi, dan 400 anggota jemaat yang bekerja sukarela mengatur lalu lintas dan keamanan di area kampanye diadakan.

Pada acara tersebut, aku bertemu dengan Pendeta Gwangsam Rah, Presiden *Holy Spirit Club* di Washington D.C., dan Ketua *Holy Spirit Evangelization Crusade*. Dia adalah teman sekolahku, dan dia melakukan pelayanan di Washington D.C. Aku tidak pernah bertemu dia sejak lulus sekolah, dan kami bertemu lagi sebagai pendeta di acara ini.

Dia mengatakan kepadaku bahwa dia merasa heran dari gereja manakah para sukarelawan ini berasal, dan dia sangat terkejut ketika mengetahui mereka semua adalah dari gerejaku. Melalui pertemuan ini, pelayananku mulai berkembang sampai ke benua Amerika.

KKR Gabungan Penginjilan Washington D.C.
(Washington D.C. Evangelism United Crusade)

Pada tahun 1993, Allah membuka pintu untuk misi dunia. Aku menerima permohonan untuk menjadi pembicara pada acara 'KKR Gabungan Penginjilan Washington D.C. (*Washington DC Evangelism United Crusade*),' yang diadakan oleh Himpunan Gereja-Gereja Korea di Washington D.C, dari tanggal 6 sampai dengan 8 Agustus, 1993. Sebenarnya sudah ada banyak permintaan untuk mengadakan persekutuan dan kebaktian di negara-negara lain, tetapi aku belum bisa menyanggupinya. Tetapi karena permintaan kali ini datang dari ibu kota Amerika Serikat, dan aku merasa bahwa ini adalah rencana Allah, maka aku memutuskan untuk berangkat.

Penyelenggara acara *Washington D.C. United Crusade* ini mengatakan bahwa mereka mempersiapkan persekutuan ini untuk menanamkan iman yang benar pada orang-orang Korea di sana dan membuat mereka mengalami perubahan dalam hidup melalui karya-karya Roh Kudus. Acara ini diadakan di gedung olah raga SMA Wheaton dengan disponsori oleh gabungan 180 gereja di Amerika Bagian Timur, termasuk Washington D.C., New York dan Baltimore. Acara itu sungguh dipenuhi Roh Kudus selama tiga hari.

Pada hari pertama aku mengajarkan tentang 'Pesan Salib', pada hari kedua tentang 'Iman Kedagingan dan Iman Rohani', dan pada hari ketiga mengenai, 'Berkat Kehidupan Kekal.' Mereka yang hadir memang rindu akan firman dan menerima pengajaran yang disampaikan dengan mengatakan 'Amin.'

Mendesak Orang-orang Agar Hidup Dalam Terang

Setelah acara di *Washington Crusade* berakhir dengan sukses, aku diundang lagi sebagai pembicara dan presiden kehormatan dari *'1993 LA Evangelism Crusade,'* yang diadakan oleh Asosiasi Perkampungan Korea, untuk merayakan 20 tahun Korea Town Day pada tanggal 19 September tahun yang sama. Sebelum acara ini, Allah membiarkan aku mengadakan persiapan dengan banyak berdoa. Aku menyediakan waktu khusus untuk berdoa bagi acara ini. Aku pergi ke bukit doa selama tiga minggu, dan aku mempersiapkan diri, berseru-seru dalam doaku.

Penyelenggara acara KKR - KebaktianKebangunan Rohani Penginjilan LA (*LA Evangelism Crusade*) meminta aku menyampaikan pengajaran penghiburan bagi orang-orang Korea di sana, tetapi aku tidak melakukannya. Yang mereka perlukan bukanlah penghiburan. Mereka harus bertobat karena tidak menjalankan hidup Kristiani dengan baik, dan mereka harus menguduskan Hari Tuhan, dan hidup benar dalam terang.

Pada tanggal 29 April 1992, ada kerusuhan yang dilakukan oleh orang-orang Amerika keturunan Afrika di daerah LA, dan orang-orang Korea merasa ketakutan dan terancam. Pada mulanya kerusuhan itu disebabkan oleh perbedaan rasial antara kulit putih dan kulit hitam, tetapi kemudian berkembang dan tanpa pandang bulu mulai menjarah dan membakar toko-toko milik orang Korea di sana. Banyak keluarga Korea yang hancur baik secara materi maupun mental.

Alkitab mengajarkan bahwa jika kita hidup dalam firman, dan jika kita berubah dengan hati murni dan iman sempurna, jiwa kita akan sejahtera, dan segala perkara akan baik adanya dan kita akan sehat. Dengan kata lain, jika kita menjalankan firman Allah, kita akan dilindungi dari segala malapetaka dan bencana. Aku memakai perikop dari bacaan Kisah Para Rasul 4:11-12 dengan judul, "Mengapa Yesuslah satu-satunya Juru Selamat kita?" Aku menyampaikan pengajaran tentang 'Pesan Salib' dan berusaha menanamkan iman pada mereka. Aku mendesak mereka menjadi orang-orang Kristen sejati yang hidup menurut firman Allah diatas segalanya.

Aku juga diundang ke gereja di Irvine dan mengabarkan Injil di sana. Setelah semua acara selesai, pada tanggal 21 September, aku mengunjungi Balai Kota LA. Anggota Dewan menghentikan pertemuan mereka sejenak dan memintaku untuk berdoa, maka akupun berdoa untuk berkat bagi mereka. Hari itu aku menerima Kewarganegaraan Kehormatan dari kota LA , dan aku mendengar bahwa ini baru pertama kali mereka melakukannya. Aku ikut serta dalam 'Parade Bunga,' yang merupakan bagian penting dari Festival Hari Korea Kota Los Angeles (*Los Angeles Korean Day Festival*), dan aku ikut naik di kendaraan hias. Doa yang aku naikkan dan saat aku mengendarai kendaraan hias ditayangkan dan dilaporkan oleh jaringan KTAN, KATV, KTE dan dalam Koran Harian The Hankook (*The Hankook Daily*), dan juga Koran Harian Joong-ang (*Joong-ang Daily*), dan inilah kesempatan aku menjadi dikenal di daerah tersebut. Semua adalah rahmat dari Allah.

Kotbah Disiarkan Secara Aktif

Sejak bulan Maret 1990, khotbahku mulai disiarkan dalam suatu program bernama 'Negeri yang Jauh, Kabar Baik (*Faraway Land, Good News*)', dari *Far Eastern Broadcasting Company.* Acara ini disiarkan di Cina dan beberapa tempat di Rusia. Sejak saat itu, aku menerima surat ucapan terima kasih dari banyak orang Cina keturunan Korea, dan beberapa dari mereka mengunjungi gereja kami.

Sejak bulan Agustus tahun itu, khotbahku disiarkan di area Washington D.C. oleh radio Korea. Sejak bulan Desember 1992 semuanya disiarkan oleh '*This Gospel*' dari *Busan Christian Broadcasting System*, dalam bulan November 1993 di Iri Christian Broadcasting System, dan awal Februari 1994 *Cheongju Christian Broadcasting System* mulai menyiarkan khotbahku setiap minggu. Setiap tahun, waktu penyiaran khotbahku semakin bertambah, dan khotbah itu disiarkan dalam waktu lebih dari 900 menit setiap minggu. Aku harus merekam semua khotbahku, dan ini bukan pekerjaan mudah. Sejak tanggal 20 hingga 22 Mei 1994, aku menyampaikan suatu pengajaran dalam suatu pertemuan untuk orang-orang Korea di Washington D.C, dan Baltimore yang diadakan oleh *Washington Christian Radio System* (WCRS). Sesudahnya, Penatua Yeong Ho Kim, pimpinan (CEO) dari WCRS memintaku untuk menjadi Ketua

Pengurus dari WCRS, dan aku menerima tawaran ini.

Banyak pendengar dari WCRS menunjukkan tanggapan yang baik, dan melalui acara itu aku menjadi terkenal di daerah tersebut. Penatua Kim, CEO, mengirimkan kepadaku tanggapan-tanggapan dari banyak orang yang mengatakan bahwa pengajaran-pengajaran yang disampaikan sungguh merupakan Injil murni. Dia sangat senang menerima banyak tanggapan baik dari para pendengar.

Iman adalah Dasar dari Segala Sesuatu yang Kita Harapkan

Diakui Sebagai Salah Satu dari 50 Gereja Terkemuka di Dunia

Pada bulan Febuari 1991, saat kami pindah ke tempat ibadah yang baru di Guro Dong, kami mengadakan Kebangunan Rohani selama dua minggu. Pada hari terakhir Kebangunan Rohani tersebut, dalam doa semalaman-hari-Jumat, jumlah anggota yang tercatat melebihi sepuluh ribu orang. Allah mengirimkan kepada kami begitu banyak orang dari berbagai kalangan, budaya, sosial dan latar belakang ekonomi. Setelah enam bulan, gereja menjadi penuh. Setelah tiga tahun, gereja sudah tidak mampu lagi menampung lebih banyak orang.

Pada tanggal 11 Febuari 1993, koran-koran besar Korea dan Koran-koran Cina menuliskan tentang pemilihan 50 gereja terkemuka di dunia oleh *'Christian World Magazine'* dari Amerika Serikat, dan gereja kami merupakan salah satu dari ke 50 gereja tersebut. Baru sepuluh tahun lebih sedikit sejak peresmian, namun Allah sudah mengizinkan gereja kami bertumbuh menjadi gereja yang mendunia. Bukan aku melainkan Allahlah yang melakukannya, dan aku hanya bisa mengucap syukur dan memberi kemuliaan kepada Allah Bapa.

Apa Pun yang Kita Doakan dengan Pengharapan

Amsal 29:18 mengatakan, *"Bila tidak ada wahyu, menjadi liarlah rakyat. Berbahagialah orang yang berpegang pada hukum."* Wahyu adalah apa yang Allah sampaikan kepada kita melalui para nabi-Nya. Jika tidak ada wahyu, kita tidak akan mempunyai aturan-aturan yang membatasi, artinya kita tidak akan mengindahkan hukum Allah dan akan bertindak sesuai dengan kemauan kita sendiri, sehingga kita akan berjalan menuju kehancuran.

Pada waktu aku sedang berpuasa selama empat puluh hari sebelum pembukaan gereja, Allah memberi aku banyak mimpi dan penglihatan. Allah bekerja di dalam kita supaya kita berkehendak dan bekerja untuk kebaikan dan memperkenan Allah. Allah memberi aku mimpi dan membimbing aku. Aku banyak berdoa sehingga sewaktu aku membuka sebuah gereja, Allah membuat gereja itu menjadi sebuah gereja dengan misi dunia, sebuah gereja yang sangat dikasihi Allah.

Untuk bisa melakukan misi dunia, aku harus mempersiapkan para pekerjanya. Aku harus mendidik banyak pemimpin yang benar di hadapan Allah bukan hanya dengan tujuan agar mereka dipakai dalam misi di dalam negeri tetapi juga agar mereka dipakai sebagai misionaris dunia. Aku berdoa agar aku dapat mendidik pendeta-pendeta yang baik. Pada waktu aku masih belajar di sekolah teologi, para mahasiswa saat itu seringkali hanya melakukan pekerjaan membersihkan kamar mandi di gereja, membuat buletin mingguan dan mengerjakan semua pekerjaan sulit yang seharusnya dikerjakan oleh para pendeta dan anggota jemaat. Dan biasanya mereka tidak menerima penghargaan. Kalau mereka melakukan kesalahan, mereka akan dimarahi oleh para pendeta, dan lebih parah lagi mereka bisa dikeluarkan dari gereja. Aku sangat kasihan melihat keadaan para mahasiswa seminari itu. Setelah aku membuka gereja ini, aku membantu uang kuliah dan biaya hidup para mahasiswa teologi dari gerejaku. Aku ingin membantu mereka sedemikian rupa sehingga hati mereka tidak teralihkan pada dunia, tetapi agar mereka bertumbuh menjadi pelayan Allah yang penuh kuasa. Allah menggerakkan hatiku untuk mendidik banyak pendeta. Tetapi karena keadaan finansial gereja tidak begitu baik, maka hal ini tidaklah mudah bagi kami. Kadang-kadang, mereka yang bertanggung jawab akan keuangan gereja mengeluh akan keadaan ini. Aku meyakinkan mereka dan berusaha untuk membuat mereka mengerti dan bekerja dalam damai sejahtera.

Selain itu, untuk mencapai misi dunia, aku memerlukan tim pujian yang baik, dan aku berdoa dengan suatu impian aku mendapatkannya. Saat aku berpuasa empat puluh hari, aku melihat beberapa tim pujian memimpin pujian dalam setiap kebaktian. Setiap kali aku berdoa, "Ya, Allah, kalau aku membuka gereja, berikan aku tim pujian yang baik." Aku berharap dengan penuh iman. Berikutnya, aku berdoa bukan hanya untuk mendapatkan tim pujian tetapi juga untuk sebuah orkestra untuk memuliakan Allah. Dalam 1 Tawarikh 23:5 dikatakan, *"empat ribu orang menjadi penunggu pintu gerbang; dan empat ribu orang menjadi pemuji TUHAN dengan alat-alat musik yang telah kubuat untuk melagukan puji-pujian, kata Daud.* " Di sini kita dapat melihat bahwa ada empat ribu orang memainkan alat musik di Bait Allah. Mazmur 150 mengajarkan kita untuk memuji dengan sangkakala, dengan gambus dan kecapi, dengan seruling dan dengan ceracap.

Saat aku berdoa meminta sebuah orkestra, aku menunggu beberapa tahun untuk mendapatkan bimbingan Allah. Allah memanggil pemusik profesional yang mampu memainkan bermacam alat musik. Allah membuat mereka tumbuh dalam firman kehidupan, dan menggerakkan hati mereka untuk mempunyai satu impian. Umumnya, para pemusik memiliki karakter mereka sendiri, dan bukanlah hal mudah bagi mereka mengorbankan diri dan pengetahuan mereka untuk melakukan pelayanan memuji dan memuliakan Allah. Namun, ada juga para pemusik profesional yang hanya ingin memberi kemuliaan kepada Allah dengan penuh rasa syukur akan anugerah Allah, dan mereka mendirikan sebuah orkestra. Inilah Orkestra Nissi. Pada tanggal 1 Maret 1992, kami mengadakan kebaktian meresmikan berdirinya Orkestra tersebut, dan sejak saat itu mereka sangat aktif dalam perkumpulan gereja. Mereka bermain dalam KKR – Kebaktian Kebangunan Rohani Perayaan 50 Tahun Kemerdekaan (*Jubilee Crusade*) yang diadakan di Taman Yoido, dan konser-konser lain yang diadakan gereja-gereja, dan juga konser amal baik di Korea maupun di luar Korea.

Allah juga memberi kami paduan suara yang indah. Sekarang, ada 20 tim pujian, dan mereka memuliakan Allah dengan puji-pujian mereka bukan hanya di Korea tetapi juga sampai ke luar negeri.

Pujilah Dia Dengan Sangkakala dan Tarian

Impian untuk mencapai misi dunia menjadikan suatu dasar tumbuhnya tim pujian, dan juga tim penari. Aku merenungkan Alkitab dan mencari tahu sikap apa yang menyenangkan Bapa kita pada saat kita memuji Dia. Aku mendapatkan jawaban melalui apa yang ditulis oleh Daud. Daud menari penuh sukacita saat Tabut TUHAN kembali kepadanya (2 Samuel 6:12-23). Tetapi Mikhal istrinya memandang rendah Daud dalam hatinya. Kemudian Daud berkata, *"Di hadapan TUHAN, yang telah memilih aku dengan menyisihkan ayahmu dan segenap keluarganya untuk menunjuk aku menjadi raja atas umat TUHAN, yakni atas Israel. Di hadapan TUHAN aku menari-nari"* (2 Samuel 6:21). Mikhal yang menghina Daud karena menari di hadapan Allah, tidak mendapatkan anak sampai hari matinya. Jelaslah bahwa kita harus taat pada Firman Allah dan menyenangkan Dia, bukannya takut akan apa yang dikatakan orang lain.

Mereka Melakukan Tarian Sihir

Pada bulan Maret 1986, Kelompok Tari *'Holy Dance Team'* dibentuk dengan tujuan untuk memberikan kemuliaan kepada Allah melalui tari-tarian yang indah dan bersemangat mengiringi lagu-lagu pujian. Tujuannya untuk membuat mereka yang menonton mendapatkan gambaran dan harapan akan surga. Nama *'Holy Dance Team'* kemudian diganti menjadi *'Arts Mission Team.'*

Sekarang ini, karena perkembangan dan dukungan media, menari sudah merupakan hal yang biasa dalam budaya Kristen, namun tidaklah demikian halnya pada waktu-waktu lalu. Gereja kami mendirikan 'Komite Puji-pujian' dan 'Komite Pertunjukan Misi Kesenian.' Kedua Komite ini mengurusi berbagai acara dan mendidik penyanyi, penari dan pelaku kesenian profesional. Tetapi karena gereja kami berkembang demikian pesatnya, beberapa pihak merasa iri dan mereka menyebarkan berita palsu dan berbagai kebohongan. Namun, isu mengenai "Mereka melakukan tarian sihir dalam kebaktian mereka!" mulai tersiar. Beberapa kali dalam setahun kami mempersiapkan pertunjukan tari-tarian khusus untuk acara-acara spesial atau untuk pesta-pesta yang berkenaan dengan Alkitab, dan kelompok-kelompok ini menari di hadapan kongregasi. Tetapi isu yang beredar mengatakan kami dikuasai iblis dan kami menari dalam setiap kebaktian.

Ditengah isu-isu ini, tim penari kami *'Holy Dance Team'* diundang oleh Pendeta Hyeon Gyoon Shin ke *'1991 Halleluyah Soviet Union Crusade'*. Inilah pertunjukan internasional mereka yang pertama untuk memberikan kemuliaan kepada Allah dengan tarian mereka. Sejak saat itu, mereka semakin dicintai dan didukung oleh banyak orang karena pertunjukan-pertunjukan mereka di Korea dan di negara-negara lain. Mereka tetap melakukan pelayanan mereka memuliakan Allah.

Diakui Karena Talenta Mereka

Saat ini ada banyak tim/kelompok kesenian di gereja. Mereka telah mengembangkan bakat mereka dalam Allah dan mereka aktif dalam pelayanan mereka. Pada tanggal 1 Juni 1991 salah satu dari tim gereja kami ikut dalam 'Lomba

Musik Rohani Nasional ke 10' yang diadakan oleh Far Eastern Broadcasting Company, dan tim kami memenangkan Hadiah Utama. Pada tanggal 17 Juni 1995, dalam Lomba yang ke 14, *'The Sound of Light Chorus'* dari gereja kami juga memenangkan hadiah utama. Kelompok ini, *'The Sound of Light Chorus'* terdiri dari tiga orang, salah satunya adalah anakku yang ketiga, putri bungsuku, Soojin. Allah sudah memanggil dia sebagai hamba-Nya sejak dia masih kanak-kanak, dan dia menyelesaikan kuliah teologia lalu melayani di gereja dan sekarang menjadi seorang pendeta.

Pada tanggal 17 April 1993, ada Konser Musik Kristen di Aula Hwaetbool (Torch), untuk anak-anak yang menjadi kepala keluarga, dan kelompok musik kami, Orkestra Nissi diundang untuk bermain di sana. Dalam tahun yang sama, Orkestra Nissi diundang juga bersama dengan *'Art Mission Team'* dan kelompok puji-pujian yang lain. Mereka tampil dalam 'Kebaktian Penyembahan Khusus untuk Penginjilan Para Jaksa Penuntut,' yang diadakan di ruang konferensi dari Kantor Jaksa Penuntut Umum Pengadilan Tinggi. Pada tanggal 6 November 1993, *'Crystal Singers'* dari gereja kami ikut serta dalam 'Lomba Musik Rohani Nasional ke-4' yang diadakan oleh *Christian Broadcasting System*, dan memenangkan Medali Emas.

Bekerjasama Dalam Pelayanan Asosiasi Gereja

Masa Transisi dan Pertumbuhan 93-94

Karena anggota gereja kami menghadiri dan melakukan kerja sukarela dalam banyak kegiatan-kegiatan Kristiani, banyak organisasi yang ingin memberikan aku kedudukan tinggi. Tetapi, karena banyak pendeta adalah para seniorku, dan juga karena aku ingin membantu dari belakang layar saja, aku tidak mau menerima kedudukan yang mereka tawarkan. Banyak kali aku menolaknya, tetapi karena aku juga berpikir bahwa mungkin mereka merasa aku kasar dan sombong karena menolak sekian banyak tawaran mereka, maka aku kemudian meminta agar diberikan kedudukan yang lebih rendah dan aku menerima penawaran mereka. Dalam acara-acara di mana namaku tercantum sesuai dengan jabatan, aku harus hadir dan duduk di tempat yang disediakan; tetapi bila tidak ada tempat khusus yang disediakan aku biasanya akan mengambil tempat duduk di

Di Kebaktian Kebangunan Rohani (KKR) World Holy Spirit Explosion '

Di KKR Gabungan Penginjilan Daegu

KKR Penginjilan Jaksa Penuntut Umum

Konser di Ibadah Edifikasi dan Penginjilan Narapidana

Berkhotbah di Ibadah Doa Puasa untuk Bangsa dan Rakyat

KKR Gabungan Halleluyah Seoul (di Gereja Pusat Manmin)

KKR Peringatan 50 tahun untuk Penggabungan Kembali Korea Selatan dan Utara 1995 (di Yoido)

ujung sekali. Aku merasa malu untuk duduk di tengah sementara di tempat lain masih banyak pendeta yang merupakan seniorku. Aku merasa paling nyaman duduk di ujung sekali dari baris yang disediakan. Selain itu, aku masih harus memikirkan dan berkonsentrasi pada firman Allah dan doa daripada kegiatan-kegiatan lain di luaran. Maka, dalam banyak acara, para pendeta muda asistenku atau para penatua gerejalah yang hadir dalam berbagai acara mewakili aku. Karena aku tidak terlalu banyak bersosialisasi, dan juga tidak banyak menghadiri pertemuan-pertemuan, dan aku jarang beramah-tamah dengan para pendeta lain, kemungkinan pihak-pihak luar yang tidak mengenal aku merasa bahwa aku seorang yang angkuh. Namun, setiap kali ada permintaan untuk ikut ambil bagian dalam kegiatan asosiasi gereja, aku berusaha sekuat tenaga membantu membuat acara tersebut sukses.

Pada tanggal 21 Juni 1993, aku melakukan doa khusus untuk 'Kampanye Bersepeda di Seluruh Negeri dan Kebaktian Besar Imjingak untuk Persatuan Bangsa'. Orkestra Nissi, kelompok paduan suara dan para pekerja sukarela kami ikut ambil bagian. Pada tanggal 18 hingga 21 Oktober pada tahun yang sama, 'Penginjilan Pemenangan Jiwa untuk Area Seoul dalam persiapan Great Crusade Persatuan Bangsa' diadakan di gereja kami. Pembicaranya adalah empat orang pendeta sangat ternama di Korea, dan mereka sangat menekankan bahwa kita menyatukan negara yang terpecah ini dengan penginjilan. Pada tanggal 24 November tahun itu, aku diundang menjadi pembicara untuk 'Persekutuan Doa bagi Persatuan Bangsa' yang diadakan di Bukit Doa Haneolsan. Aku berkotbah dan berdoa bagi mereka yang hadir, dan banyak kesembuhan terjadi di tempat itu.

Aku juga tertarik pada Misi Pemulihan bagi mereka yang di penjara dan mereka yang baru saja dibebaskan. Pada tanggal 28

Febuari 1994, Kebaktian Kristen Komite Pemulihan Nasional - Departemen Kehakiman (*Ministry of Justice National Edification Committee Korean Christian Crusade*) yang kedua diadakan di Gereja Presbiterian Myun Sung, oleh Asosiasi Komite Pemulihan Nasional Kristen, dengan judul, "Firman, Kasih dan Pemulihan." Aku adalah salah satu presiden bersama dari Asosiasi tersebut, dan aku yang membacakan kutipan Injil. Tim pujian gereja kami, bersama dengan Orkestra Nissi dan tim penari tampil pada acara tersebut untuk kemuliaan Allah. Pada tanggal 24 Maret tahun yang sama, untuk memperingati 40 tahun Christian Broadcasting System (CBS), 'Festival Paduan Suara Misi ke-11' diadakan di gedung utama Sejong Center. Paduan Suara gereja kami bersama Orkestra Nissi tampil dalam festival ini. Pada tanggl 20 Juni 1994, 'Kebaktian Besar Imjingak untuk Persatuan Bangsa' diadakan oleh *World Evangelization Central Council [Dewan Pusat Penginjilan Dunia]*, dengan presidennya saat itu adalah Pendeta Hyeon Gyoon Shin, dan akulah yang melakukan doa syafaat.

Pendeta Hyeon Gyoon Shin, sebagai presiden, berkhotbah dengan judul 'Jalan untuk Persatuan Bangsa melalui Injil' mendesak semua gereja bersatu tanpa melihat denominasi masing-masing. Ratusan anggota gereja kami secara sukarela ikut dalam paduan suara, orkestra, menjadi pemandu dan mengatur lalu lintas. Dari tanggal 20 sampai 22 Juni, *World Evangelization Central Council's Seoul Area Great Crusade for Nation's Re-Unification* diadakan di gereja kami dengan pembicaranya Pendeta Homun Lee.

Pada tanggal 14 Juli *'1994 Seoul Holy Spirit Great Crusade'* dengan Pendeta Jongjin Pee sebagai perwakilan presiden diadakan di Gedung Olimpiade. Reinhard Bonke menyampaikan pengajaran Injil dan aku melakukan Doa Syukur.

Pada bulan September tanggal 5 di tahun yang sama, aku ikut ambil bagian dalam *'Christian Women Leaders' Crusade'* yang diadakan di Gedung Olimpiade, oleh *Nation's Re-Unification Jubilee Crusade Committe*, dan aku membuat laporan tentang sejarah dari organisasi ini.

Kunjungan ke Istana Presiden Cheong Wa Dae dan KKR Perayaan 50 Tahun Kemerdekaan *(Jubilee Crusade)*

Pada tanggal 29 Juli 1995, sebagai presiden tetap dari Asosiasi Gerakan Penginjilan dan Persatuan Bangsa, aku melakukan doa khusus dalam 'Doa Puasa Bagi Negara dan Bangsa-bangsa.' Selain itu, pada tanggal 12 Agustus 1995, 10 pendeta yang adalah para pemimpin dari *'Peaceful Re-Unification Jubilee Crusade'* dalam rangka memperingati 50 tahun Kemerdekaan Korea, diundang ke istana kepresidenan Cheong Wa Dae. Aku diberi tahu bahwa kami akan mempunyai waktu 1 jam untuk berbincang-bincang dengan presiden dan mengajukan usul/pendapat. Sehari sebelumnya, aku berdoa kepada Allah memohon kepada-Nya apa yang harus aku katakan kepada presiden keesokan hari. Tetapi aku tidak mendapat jawaban. Aku juga berdoa untuk pertemuan ini tetapi aku tidak mendapatkan sepatah katapun dari Roh Kudus. Sungguh aneh sekali tidak ada suara Roh Kudus diberikan kepadaku.

Pada tanggal 12 Agustus, jam sebelas siang kami mengadakan pertemuan di Cheong Wa Dae, dan aku menjadi sadar mengapa aku sama sekali tidak mendapat jawaban atas doa-doaku untuk pertemuan ini. Kami menghadiri pertemuan dengan presiden Youngsam Kim, tetapi kami tidak diberi kesempatan untuk berbicara sedikitpun apalagi membuat usulan. Presiden terus berbicara tanpa henti dan akhirnya pertemuan itu usai. Kami diminta untuk berdoa dan kembali lagi.

Kami pergi ke Lapangan Yoido untuk menghadiri *'Peaceful Re-Unification Jubilee Crusade'* yang dimulai jam dua siang. Aku dapat melihat anggota jemaatku melakukan pekerjaan sukarela sebagai pengatur lalu lintas dan parkir, menjadi pengantar tamu di panggung dan yang lain bermain dalam Orkestra Nissi.

Apa Rahasia Pertumbuhan Gereja?

Harapan dan Visi dari Pendeta Hyeon Gyoon Shin

Pada tanggal 5 Desember 1994, aku diundang ke 'Pusat Pelatihan Para Pekerja Kebangunan Rohani (*Revivalist*)' dari Asosiasi Gerakan Penginjilan Nasional dan aku menyampaikan satu pengajaran, dan pada tanggal 8 Desember siaran khusus terbuka yang ke-4500 dari program CBS 'Perbaharuilah Kami' sebagai peringatan akan hari jadi CBS ke-40, diadakan di gereja kami. Aku menyampaikan satu pengajaran dengan judul '*True Voice* [Suara Yang Benar]' menghimbau stasiun penyiaran untuk memenuhi panggilan tugas sebagai seorang nabi menegakkan keadilan dan perdamaian melalui pengajaran-pengajaran yang disiarkan. Pendeta Hyen Gyoon Shin mencintai gereja kami. Sekarang ia telah meninggal, namun Pendeta Hyeon Gyoon Shin telah dianggap sebagai Bapa Kebangunan Rohani Korea, sebuah bintang besar dalam perkembangan agama Kristen di Korea selama lebih dari 40 tahun. Dia sangat menyukai aku dan gereja kami. Ia memperlihatkan harapan dan visi bagi gereja-gereja Korea melalui pengajaran-pengajarannya dengan penekanan pada Roh Kudus, dan persatuan Korea, dan disampaikan dengan rasa humor yang tinggi. Ia sangat dicintai banyak orang tanpa memandang denominasi. Karena dia tahu bahwa aku adalah korban dari penyalahgunaan kekuasaan dalam denominasi, dia berkunjung ke gereja kami pada kebaktian hari ulang tahun gereja bulan Oktober 1992, dan dia melakukan Benediktus [Pengucapan Syukur]. Sejak saat itu, dia datang ke berbagai acara dan pertemuan, dan dia menyemangati kami dengan pengajaran-pengajarannya yang penuh kuasa.

Apa Rahasia Pertumbuhan Gereja?

Banyak pendeta dan gembala, bukan saja dari Korea tetapi juga dari negara-negara lain sangat terkesan dan tersentuh oleh wajah para anggota jemaat kami yang tampak cerah dan penuh syukur, dan mereka biasanya bertanya kepadaku tentang rahasia pertumbuhan gereja. Aku seringkali mendapat pertanyaan, "Pak Pendeta, kami tidak melihat adanya suatu organisasi atau pelatihan khusus di gereja anda, apa sebenarnya rahasia berkembangnya gereja ini? Bagaimana mereka dapat dengan penuh syukur melakukan pekerjaan-pekerjaan sukarela?" Sebenarnya aku tidak mengajarkan mereka sesuatu hal khusus. Mereka melakukan segalanya sendiri karena rahmat Allah.

Ada banyak pendapat mengenai pertumbuhan gereja. Beberapa pendeta mengatakan, "Allah hanya memberikan kepada kita anggota jemaat dengan jumlah sekian," atau "Jumlah ini sudah cukup untuk gerejaku." Alkitab mengatakan bahwa gereja mula-mula, yang kepadanya Allah berkenan, mengalami pertambahan jumlah orang yang diselamatkan setiap harinya. Karena Allah berkehendak agar semua orang memperoleh keselamatan (1Timotius 2:4), gereja mula-mula yang melakukan kehendak Allah mengalami pertambahan orang-orang percaya setiap hari (Kisah Para Rasul 2:47). Jika aku mendengar gereja mana saja bertumbuh, aku merasa sangat senang. Karena setiap gereja didirikan dengan darah Tuhan, aku berdoa untuk gereja tersebut dan pendetanya.

Pada tanggal 23 Febuari 1995, *Korean Pastors' Prayer Fellowship* [Persekutuan Doa Para Pendeta Korea] mengadakan Konferensi Nasional para Pendeta ke-14 di gereja kami. Ada sekitar seribu pendeta hadir. Aku menyampaikan pengajaran mengenai Rahasia Pertumbuhan Gereja. Dan pada tahun 1996, di Konferensi Para Pendeta Hawaii dan Konferensi Para Pendeta Argentina, aku menyampaikan pengajaran mengenai beberapa hal-hal pokok untuk pertumbuhan gereja.

Pertama, pendeta dan gerejanya harus menerima kasih Allah.

Amsal 8:17 mengatakan, *"Aku mengasihi orang yang mengasihi aku, dan orang yang tekun mencari aku akan mendapatkan aku."* Mengasihi Allah adalah seperti dikatakan 1 Yohanes 5:3, *"bahwa kita menuruti perintah-perintah-Nya."* Yesus juga mengatakan, *"Dia yang melaksanakan perintahKu dan menyimpannya, adalah dia yang mengasihi Aku. Dan dia yang mengasihi Aku akan dikasihi oleh Bapa dan Aku akan mengasihi dia dan menyatakan Diriku kepadanya."* (Yohanes 14:21).

Kedua, kita harus berdoa.

Untuk berhasil dalam melakukan pelayanan, kita harus menyalurkan kuasa Allah melalui doa. Para Bapa gereja, mereka yang melakukan kehendak Allah adalah para pendoa setia, para pendekar doa. Para rasul dalam gereja mula-mula mengatakan, "tetapi kami akan terus menerus tekun dalam doa dan dalam pelayanan firman." Mereka menyerahkan semua pekerjaan administrasi gereja kepada para diaken, dan mereka konsentrasi hanya pada Firman Allah dan doa. Saat kita berdoa, kita harus berseru-seru dengan segala kekuatan dan kehendak kita (Yeremia 33:3). Dalam Kitab Kejadian 3:17, Allah berkata kepada Adam, manusia pertama yang baru saja jatuh dalam dosa, *"dengan susah payah engkau akan mencari rejekimu dari tanah seumur hidupmu."* Seperti manusia dapat memetik hasil panen hanya bila mereka bersusah payah dan bekerja keras, bahkan dalam roh, kita dapat menerima jawaban hanya bila kita berdoa dengan segenap hati dan segenap jiwa. Sekarang ini, ribuan jemaat kami datang ke gereja dan berdoa setiap malam. Demikian juga halnya, mereka bertambah banyak yang datang ke tempat-tempat doa setempat, ke gereja-gereja di cabang dan di rumah-rumah pribadi di seluruh dunia.

Ketiga, kita harus mempunyai iman rohani.

Iman yang dimaksud disini adalah iman yang berasal dari Allah, yang dapat kita rasakan dan percaya dengan segenap hati. Dengan imanlah kita bisa melakukan sesuatu dari yang tidak ada, dan dengan iman juga tidak ada hal yang mustahil. Iman demikian tidak dapat dimiliki hanya dengan mengetahui Alkitab sebagai sumber pengetahuan, atau hanya dengan sekedar menjadi orang Kristen untuk jangka waktu lama. Iman ini diperoleh dari Allah dan diberikan hanya kepada mereka yang melakukan Firman Allah. Alkitab mengatakan, iman tanpa perbuatan adalah mati. Hanya bila kita berdoa dengan iman rohani seperti inilah maka kita akan dapat memperoleh jawaban atas doa-doa kita, seperti dikatakan dalam Matius 21:22, *"Dan apa saja yang kamu minta dalam doa dengan penuh kepercayaan, kamu akan menerimanya."* Maka kitapun akan menerima jawaban serupa atas pertumbuhan gereja.

Keempat, kita harus mendengarkan suara Roh Kudus dan menerima bimbingan-Nya.

Roh Kudus tinggal dalam hati setiap anak Allah yang telah diselamatkan, dan Roh Kudus membimbing kita menuju kehendak Allah. Jika kita mendengar suara dan menerima bimbingan Roh Kudus dengan jelas, kita akan mampu melihat dengan jelas bagaimana gereja akan bertumbuh. Untuk dapat mendengar suara Roh Kudus, yang terpenting adalah, pendetanya sendiri harus melawan dosa sampai menitikkan darah dan sungguh-sungguh membuang semua kecenderungan jahat dari dalam hatinya. Beginilah caranya dia harus mematahkan semua pikiran kedagingan dan kerangka mental yang berlawanan dan bermusuhan dengan Allah. Walaupun firman Allah tidak sesuai dengan apa yang kita pikirkan dan percaya, kita tetap harus mampu untuk taat firman Allah.

Kelima, kita harus meneladani gereja mula-mula

Dalam Kisah Para Rasul, gereja mula-mula memberikan kesaksian mengenai pesan salib. Mereka melaksanakan firman dan melakukan banyak tanda dan keajaiban. Karena begitu banyak karya-karya Allah yang terjadi melalui para rasul, banyak orang datang dan menerima Injil setelah melihat semua mukjizat tersebut, dan gereja pun berkembang sangat cepat.

Misi Dalam dan Luar Negeri Dalam Skala Penuh

Awal Pelayanan Misi di Afrika

Pada bulan Januari 1994, Pendeta Charles Macom dari Gereja Pantekosta Tanzania mengunjungi gereja kami. Dia sangat tersentuh dengan pengajaran yang disampaikan, dan ketika dia kembali ke negaranya, dia bercerita tentang diriku. Pada tanggal 4 sampai 6 Juli 1994, aku menjadi pembicara dalam Konferensi Pimpinan Gereja Afrika yang diadakan oleh Asosiasi Gereja Pentakosta Tanzania, di Dar Es Salaam, ibu kota Tanzania. Hatiku sedih dan hancur melihat begitu banyak orang di Afrika yang menderita kemiskinan dan juga berbagai macam penyakit termasuk AIDS, karena sesungguhnya aku tahu bahwa setiap orang dapat dibebaskan dari semua jenis kutuk dan hidup sehat baik jasmani maupun rohani jika ia hidup dalam firman Allah.

Selama konferensi ini, Allah menunjukkan banyak keajaiban. Pada waktu rombongan kami tiba di Tanzania, para pendeta setempat mengatakan, "Pak Pendeta, keadaan ini sangat aneh. Pada waktu-waktu ini, biasanya tidak pernah ada hujan, tetapi hujan turun sebelum anda tiba, dan sekarang cuaca menjadi cerah dan tidak ada debu. Kami juga melihat Allah mengatur cuaca, juga." Sejak hari tiba di Bandar udara hingga kami meninggalkan negeri tersebut, kemana pun kami pergi, Allah melindungi kami dengan awan-awan di siang hari yang panas, dan Allah memberi kami hujan dimalam hari sehingga kami mendapatkan cuaca yang nyaman. Supaya para pimpinan gereja dapat memperoleh iman sejati, aku menyampaikan pengajaran mengenai "Pesan Salib." Mereka mengerti firman Allah dan mereka merasakan adanya kehidupan dalam firman tersebut, dan mereka menanggapinya dengan cara mereka yang unik, menyanyi, bertepuk tangan dan menari. Aku dapat melihat dan merasakan sikap mereka yang polos seperti anak-anak. Banyak dari mereka mengakui bahwa iman mereka diperbaharui, dan mereka mendapatkan percaya diri dan iman yang teguh sebagai pendeta.

Setelah konferensi, kami mengunjungi suku Masai di Tanzania. Kepala suku dan rakyatnya menyambut kami. Mereka

Di desa suku Masai

menghidangkan darah sapi jika mereka kedatangan tamu-tamu khusus. Tetapi karena mereka mengerti bahwa Allah melarang minum darah, dan kami tidak meminumnya, maka sebagai gantinya mereka menghidangkan cola untuk kami.

Untuk menanamkan iman pada mereka, aku memberikan kesaksian diriku bertemu dengan Allah. Kesaksianku itu diterjemahkan ke dalam bahasa Inggris, Swahili dan Masai. Pdt. Dr. Myongho Cheong menerjemahkannya ke dalam bahasa Inggris. Sebelum terjun ke pelayanan, beliau adalah seorang dosen dalam bidang Kesusasteraan Inggeris di Universitas Hoseo. Dalam pelayanannya, beliau mempunyai keinginan mendalam akan sebuah misi di Afrika, dan kemudian beliau mendirikan pusat misi di Nairobi, Kenya. Sekarang, Pdt. Dr. Myongho Cheong memberikan pengajaran mengenai Lima Bagian Injil Kekudusan (*Five-fold Holiness Gospel*) ke 54 negara-negara Afrika untuk membangkitkan jiwa-jiwa di benua itu.

Jepang, Tanah Tandus yang Tidak Mengenal Injil

Pada waktu yang bersamaan, gerbang penginjilan di Jepang mulai terbuka. Dari tanggal 5 hingga 8 November, 'Goshien Revival Mission Rally, diadakan di Stadion Baseball Goshien, stadion baseball terbesar di Jepang, dan 'Tim Misi Kesenian' gereja kami mengadakan pertunjukkan dengan sangat indah untuk menyentuh hati orang-orang Jepang keturunan Korea yang hadir. Tim Misi Kesenian ini diundang oleh Pendeta Hyeon Gyoon Shin untuk tampil pada *'China Crusade & Baekdu Mountain Re-Unification Prayer Meeting'* pada bulan Juli di tahun yang sama.

Menjelang bulan Juli 1994, pendeta Seung Gil Ryu diutus ke

Jepang sebagai seorang misionaris, dan inilah awal dari misi kami di Jepang. Dari tanggal 22 sampai 23 November 1994, kami mengadakan kampanye di Ganae Cultural Center Ida, Jepang dengan dihadiri sekitar seribu orang, dengan tema 'Tercurahlah Api Roh Kudus.' Acara ini diadakan oleh Gereja Ida (dilayani oleh Yoshikawa Noboru) dan didukung oleh beberapa gereja di Ida. Aku menyampaikan pengajaran dengan tema 'Saksi Sejarah akan Kebangkitan,' dan mendesak mereka yang hadir agar yakin dan percaya akan kebangkita Yesus, dan agar mereka menjalani kehidupan Kristen dengan harapan akan kebangkitan. Pada hari kedua aku berkhotbah tentang bagaimana bertemu dengan Allah yang hidup. Setelah khotbah, aku mendoakan orang-orang sakit, dan banyak tanda-tanda terjadi dalam karya-karya yang penuh api Roh Kudus. Aku hanya dapat mengucap syukur kepada Allah. Pendeta Yoshikawa Noboru yang memimpin seluruh kampanye ini berkata, "Ada banyak orang Jepang yang percaya merasa tersentuh dengan pengajaran rohani yang mendalam dari Pdt. Dr. Jaerock Lee, dan hal ini tidak lazim terjadi di Jepang. Banyak orang Jepang yang percaya berpendapat bahwa kesembuhan hanya terjadi pada zaman Yesus. Karena mendengarkan khotbah dan pengajaran Pdt. Dr. Jaerock Lee yang penuh autoritas ilahi, banyak di antara mereka yang disembuhkan dan mereka bertemu dengan Allah."

Aku ingat akan satu pasien yang disembuhkan dalam kampanye ini. Namanya Yoshizawa Motohisa. Dia harus menjalani operasi di punggungnya pada saat dia masih bekerja sebagai press engineer. Tetapi karena akibat setelahnya, dia mengalami kesulitan berjalan, dan dia hadir di kampanye ini dengan merasakan sakit yang amat sangat. Pada hari pertama, ia memperoleh iman setelah mendengarkan pengajaran yang disampaikan. Hari berikutnya, dia datang ke hotelku untuk didoakan. Aku berdoa untuk dia dengan sepenuh hati, dan ketika dia pulang setelah didoakan, rasa sakit yang dideritanya hilang dan punggungnya yang bungkuk menjadi lurus.

Pasangan yang Tidak Subur Mendapatkan Jawaban Akan Doa Mereka

Pada bulan Febuari 1991, kami mengadakan kebangunan rohani memperingati kepindahan kami ke gereja baru, dengan tema 'Saat Jiwaku Damai Sejahtera.' Aku menyampaikan lima belas pengajaran dalam dua minggu, dan aku juga memimpin pertemuan-pertemuan khusus untuk orang sakit.

Kami mulai mengadakan Dua Minggu Kebangunan Rohani Khusus pada tahun 1993. Dua-minggu Kebangunan Rohani Khusus pertama kami adakan pada bulan Mei dengan tema 'Dosa, Kebenaran dan Penghakiman' (Yohanes 16:8). Karena mendengarkan pengajaran dua kali sehari, satu di pagi hari dan satu lagi di malam hari, tentang apa sebenarnya dosa, kebenaran dan penghakiman, mereka yang hadir menyadari tembok-tembok dosa apa yang ada pada mereka di hadapan Allah. Mereka memeriksa diri dan bertobat, mereka menangis dengan airmata bercucuran di pipi mereka. Mereka mengoyakkan tembok dosa di hadapan Allah dan mengalami karya penyembuhan berlimpah.

Mereka bahkan tidak tahu apa yang dimaksud dengan iman, tetapi saat mereka mendengarkan setiap pengajaran, mereka mulai mengalami Roh Kudus dan mengerti firman, dan berdoa, dan berusaha hidup dalam firman Allah. Banyak orang yang hadir berasal dari banyak gereja di seluruh negeri tanpa memandang denominasi. Orang-orang percaya yang menerima rahmat dan disembuhkan dalam kebangunan rohani tersebut datang dan dipenuhi Roh Kudus dan mereka melayani gereja mereka masing-masing dengan lebih giat dan rajin. Mereka ada yang disembuhkan dari kanker saluran kencing dan kanker perut oleh Api Roh Kudus. Ada banyak kesaksian termasuk mereka yang disembuhkan pendengarannya dan membuang alat bantu dengar mereka, mereka yang sembuh penglihatannya membuang kaca mata mereka, dan mereka yang tidak subur menjadi hamil dan mempunyai anak.

Ada banyak pasangan yang belum mempunyai anak setelah menikah lebih dari lima tahun, dan banyak dari mereka menerima berkat dan menjadi hamil. Karena banyak pasangan tidak subur secara bersama meminta aku mendoakan mereka, maka pada sesi malam di Kebangunan Rohani tanggal 5 Mei 1993, sewaktu aku sedang mendoakan orang sakit, aku berdoa supaya, 'mereka yang tidak subur, mendapatkan rahmat untuk menjadi hamil.' Setelah kebangunan rohani berakhir, aku mendengar banyak pasangan yang mendapatkan anak setahun kemudian. Saat ini, ada banyak anak-anak yang dilahirkan pada waktu itu dan mereka lulus dari Taman Kanak-kanak Manmin dalam tahun yang sama.

Menjalani Kehidupan Dengan Tantangan Fisik

Kami mengadakan Dua-Minggu Kebangunan Rohani yang kedua pada bulan Mei 1994, dengan tema *"Aku Akan Melakukannya"* (Yohanes 14:13). Pekerjaan Roh Kudus begitu kuat terjadi pada kebangunan rohani ini, juga. Banyak dari mereka yang hadir mengalami kesembuhan ilahi. Aku ingin menceritakan tentang Joanna Park, yang saat itu sedang di rumah

Joanna Park harus hidup lumpuh selama sisa hidupnya
Joanna Park disembuhkan total dan dapat berjalan pada kebaktian penyembuhan dengan
  Pdt. Jaerock Lee
Joanna Park sekarang melayani dengan tubuh yang sehat sebagai seorang misionari

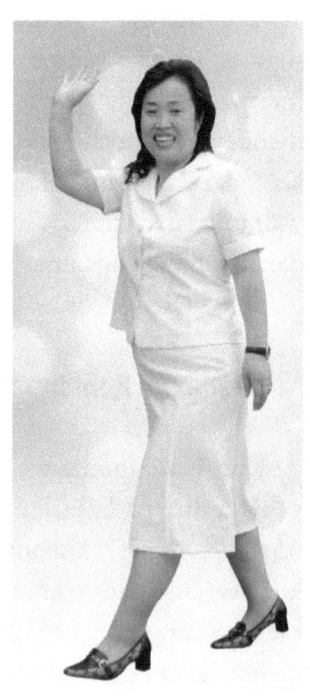

sakit karena kecelakaan lalu lintas parah.

Joanna Park mengalami kecelakaan tabrakan beruntun, empat kendaraan, saat dia dalam perjalanan pulang kerja pada tanggal 27 Mei 1993. Dia koma dan dibawa ke rumah sakit. Rahangnya retak, dan sendi dagunya patah. Pencernaannya rusak. Dia terlihat penuh luka di sekujur tubuhnya. Karena terjadi dislokasi tulang paha, sendi panggul dan pinggulnya menjadi remuk dan bengkak. Kaki kanannya juga mati rasa, dan dia tidak dapat menggerakkan jari kaki maupun pergelangan kakinya. Karena kelumpuhan saraf betis, salah satu kaki menjadi lebih pendek 5 cm dari yang lainnya. Para dokter mengatakan bahwa dia harus hidup seperti itu untuk selanjutnya sepanjang hidupnya.

Pada tanggal 10 Mei 1994 Joanna Park mendapatkan persetujuan dari rumah sakit untuk hadir di acara Dua Minggu Kebangunan Rohani Khusus. Dia datang dengan penyangga, tetapi pada waktu aku berdoa dari altar untuk semua kongregasi, karya penyembuhan terjadi. Kakinya yang bengkok menjadi lurus kembali. Semula dia tidak bisa membuka mulut dan menguap, namun sekarang berkali-kali ia menguap tanpa merasa sakit. Pada saat aku mendoakan dia pribadi, dia merasakan api Roh Kudus, dan dia mampu berjalan sendiri tanpa penyangga. Jemaat yang menyaksikan mukjizat ini terjadi, merasa sangat bersukacita dan mereka memberi kemuliaan bagi Allah dengan tepuk tangan meriah. Dua minggu kemudian dia didiagnosa di Rumah Sakit Universitas Hanyang. Kaki kanannya menjadi lebih panjang 5 cm, dan kedua kaki tersebut sekarang kembali sama panjang.

Sekali waktu, seorang bayi yang tampaknya tidak ada kemungkinan hidup, secara ajaib memperoleh kembali kehidupannya. Diaken Soonim Kim melahirkan bayi prematur, dan berat badan bayi itu hanya 1,2 kg. Bayi itu dimasukkan ke inkubator, tetapi pembuluh vena dekat jantungnya pecah dan dia mengalami pendarahan otak dan kehilangan penglihatannya. Para dokter mengatakan pendarahan otak pada bayi tidak dapat disembuhkan. Tanpa operasi, dia akan kehilangan seluruh penglihatannya, menjadi buta; namun dengan operasipun dia hanya akan memperoleh sepertiga dari penglihatan orang normal.

Pada tanggal 7 Mei 1994, para dokter meminta orangtua bayi itu untuk membawanya pulang karena sudah tidak ada lagi yang dapat dilakukan. Untungnya, saat itu sedang ada Kebangunan Rohani. Diaken Soonim Kim membawa bayi itu ke gereja. Kondisi bayi itu sangat serius. Setelah mengalami penderitaan karena berbagai macam pengobatan dan suntikan, berat badannya bahkan tidak mencapai satu kilogram. Tampaknya tidak ada harapan untuk hidup. Ayahnya sudah putus asa akan keadaan bayi ini.

Pada tanggal 8 Mei, sewaktu aku dengan sungguh-sungguh berdoa untuk bayi tersebut, Allah mulai bekerja. Pupil matanya yang selama ini tidak jelas mulai terlihat menjadi hitam, dan diapun mendapatkan penglihatan normal. Dia bahkan juga mendapatkan kekuatan untuk menghisap botol susu. Sejak saat itu, bayi tersebut mulai sedikit demi sedikit bisa makan dan dia bertumbuh dengan sehat. Namanya 'Hanna', dan sekarang dia sudah duduk di Sekolah Dasar dan ia bertumbuh sangat indah dalam Tuhan.

Seseorang Dengan Penyakit Gangguan Otak

Pada tahun 1995, Dua Minggu Kebangunan Rohani Khusus ketiga diadakan dengan tema "Orang Benar akan Hidup Oleh Iman." Pada hari terakhir kebangunan rohani itu, di saat doa khusus untuk orang sakit sedang berlangsung, ada kegaduhan di pintu masuk gereja dan ada seseorang diusung dengan tandu. Tampaknya dia baru saja dibawa dengan ambulans. Dia dalam kondisi kritis. Kemudian baru aku tahu bahwa dia adalah

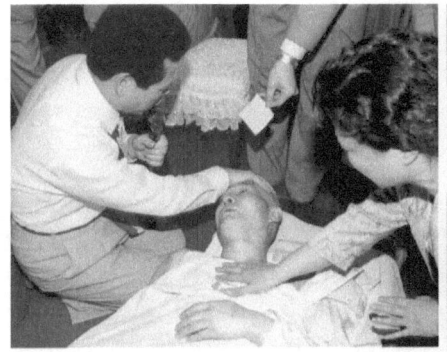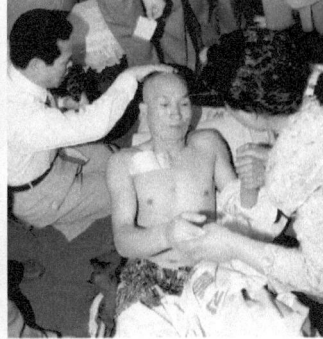

Seorang pasien dengan serebral apopleksi berdiri setelah berdoa

Penatua Moonki Kim, yang terkena serangan infeksi otak. Sebuah pembuluh darah otaknya pecah.

Istrinya adalah seorang pendeta. Dia menggembalakan sebuah gereja yang baru buka dan sebelumnya dia selalu datang ke gereja kami dari waktu ke waktu mendengarkan firman Allah. Sewaktu orang ini dibawa ke rumah sakit, para dokter mengatakan hanya ada sedikit harapan hidup baginya. Karena pendeta itu mengetahui bahwa kebangunan rohani ini sedang berlangsung di gereja kami, dia membawa suaminya ke gereja dengan ambulans untuk mendapatkan kesembuhan dengan iman.

Aku mendoakan pasien ini yang tidak sadarkan diri, dan segera sesudah doa selesai, dia duduk tegak. Seperti film saja layaknya. Semua yang melihat kejadian ini bertepuk tangan memberi kemuliaan bagi Allah.

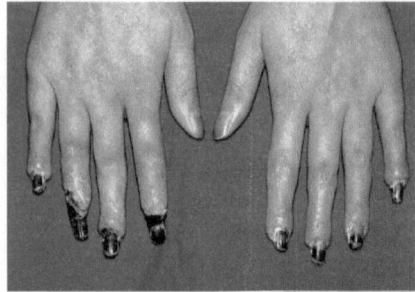

Sang-yi Lee disembuhkan dari
penyakit yang membusukkan jari-
jarinya

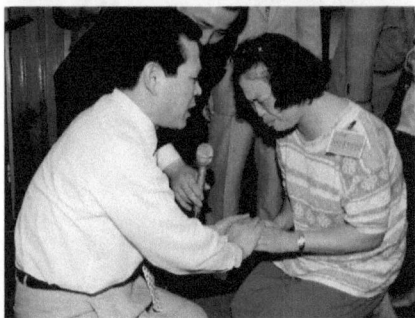

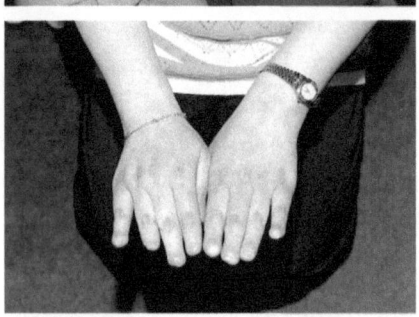

Menerima Kesembuhan Tepat Sebelum Tangannya Diamputasi

Dalam kebangunan rohani kali ini, hadir diaken Sang-yi Lee yang delapan jarinya membusuk, tetapi dia menerima kesembuhan dan jari-jarinya menjadi normal kembali setelah didoakan. Dalam musim dingin 1985, dia mengalami radang dingin (frostbite). Dia menjalani berbagai macam terapi termasuk juga terapi tusuk jarum, akupunktur. Semuanya tidak membuahkan hasil. Dia juga menderita rematik artritis di seluruh tubuhnya. Pada tahun 1990, pada waktu di Seoul, dia dibimbing menuju ke gereja kami, dan dia hadir beberapa saat, tapi kemudian dia kembali ke kota asalnya. Setelah dia kembali ke kota asalnya, dia menjauh dari Allah dan menjadi malas dalam imannya.

Pada tahun 1993 badannya mulai menjadi kecil dan lehernya menjadi kaku. Dia didiagnosa menderita rematik artritis di seluruh tubuhnya, dan gejala-gejalanya mulai timbul bersamaan dengan keadaan yang semakin buruk. Dia masuk ke Rumah Sakit Guro Universitas Korea, tetapi dua bulan kemudian ke delapan jarinya mulai membusuk, kecuali jari-jari jempolnya. Tangannya menjadi hitam sampai pergelangan tangan. Bukan hanya kukunya, tetapi juga tulang jari jemarinya mulai membusuk. Dokter mengatakan bahwa tangannya harus diamputasi sampai di pergelangan tangan supaya pembusukan tidak menjalar sampai lengan, dan tanggal operasipun ditetapkan. Karena sakit yang luar biasa, diaken Sang-yi Lee harus minum obat penahan rasa sakit dalam jumlah banyak. Pada bulan Mei 1994, tepat sehari sebelum tanggal operasi, dia hadir di Kebangunan Rohani Khusus tsb. Akhirnya aku mendoakan dia, dan dia mengakui bahwa saat itu kedua tangannya menjadi panas, dan rasa sakitnya yang tak tertahankan itu pun hilang. Sejak saat itu, keadaannya menjadi bertambah baik, dan dokter pun mengatakan bahwa dia tidak perlu lagi dioperasi, dan dia boleh pulang.

Pembusukan yang terjadi pada jari-jarinya berhenti, dan bagian-bagian yang sudah membusuk dan kering bagaikan kulit pohon mengelupas dan rontok, dan kulit baru mulai tumbuh. Kuku-kukunyapun tumbuh baru. Tahun berikutnya, pada bulan Mei 1995, dia kembali menghadiri Kebangunan Rohani Khusus Dua-Mingguan. Pada hari kedua, dalam acara persekutuan doa khusus untuk orang sakit, dia mendapat kesempatan untuk aku doakan lagi. Setelah doa selesai, dia merasa tubuhnya menjadi sangat ringan dan rasa sakit karena rematik artritis juga hilang. Badannya menjadi bersih dan utuh kembali, bukan saja jari-jarinya yang sebelumnya sudah membusuk, tetapi seluruh tubuhnya terbebaskan dari sakit dan penyakit.

Rubuhnya Sampoong Department Store

Terlindungi dari Runtuhnya Toserba Sampoong

Di gereja kami, ada sebuah organisasi misi yang disebut 'Misi Terang dan Garam (*Light and Salt Mission*)' diperuntukkan bagi mereka yang bekerja di rumah makan, dan di bidang usaha distribusi. Sejak didirikan pada bulan Oktober 1985, kelompok ini sudah mengadakan kebaktian penyembahan dan persekutuan-persekutuan di berbagai tempat dan daerah. Mereka berkarya untuk penginjilan dalam bidang usaha rumah makan dan distribusi. Karena para anggota 'Misi Terang dan Garam' bekerja pada hari Minggu, maka mereka mengadiri kebaktian sepulang mereka dari kerja, pada jam sembilan dan jam sebelas malam hari Minggu.

Pada tanggal 29 Juni 1995, sekitar pukul enam sore, terjadi

suatu bencana besar. Gedung Toserba Sampoong runtuh. Ada sekitar sepuluh orang anggota jemaat kami yang bekerja di sana, dan Allah sungguh memberikan mereka jalan keluar yang istimewa. Dalam keadaan yang parah ini, kami masih mampu mengalami mukjizat bahwa mereka semua selamat.

Saudari Jinsook Hong, pekerja di Toserba Sampoong, terperangkap oleh tumpukan beton di lantai dasar tiga bersama rekan-rekan kerjanya, dan secara ajaib terselamatkan. Dia sedang bekerja di kantin karyawan di lantai dasar tiga. Setelah jam kerjanya usai, dia pergi ke klinik untuk istirahat sebentar. Bangunan itu runtuh saat dia sedang berada di sana, dan dia terperangkap bersama perawat di dalam klinik. Sewaktu bangunan itu runtuh, kepala perawat itu terluka dan tulang kakinya patah. Karena mereka tidak bisa melihat apa-apa dalam kegelapan total, mereka tidak bisa mencari jalan keluar. Kadang-kadang mereka mendengar suara teriakan orang meminta tolong dari kejauhan.

"Jinsook, aku mengalami pendarahan di kepala. Sewaktu kamu mengajarkan injil kepadaku, aku tidak menyukainya dan aku menghindar dari kamu. Maafkan aku. Ya Allah! Ampuni aku, aku akan percaya kepada-Mu sekarang!" Perawat itu menangis dan berteriak. Saudari Jinsook Hong berdoa bagi dia sambil memegang kedua tangannya, menghiburnya dengan firman Allah. Debu semen beterbangan di udara dan masuk ke tenggorokannya. Saudari Hong berdoa, "Ya Allah, utuslah kepada kami regu penyelamat, bukan hanya untuk aku tetapi juga untuk semua orang di sini, jangan biarkan gedung ini terus runtuh, berikan kami udara segar juga."

Allah menjawab doa ini. Tiga jam setelah mereka terkurung, sekitar pukul sembilan malam mereka dapat melihat sinar lampu dan ada seseorang berkata, "Ada orangkah di situ?" Mereka berteriak, "Di sini!" dan dua orang regu penyelamat datang setelah mendengar teriakan mereka. Toko obat ini terletak dekat pintu keluar darurat, dan untungnya pintu dan tangga darurat belum semuanya runtuh. Ketika para penyelamat tiba melalui tangga, mereka mendengar suara doa dan puji-pujian. Perawat tersebut dibawa ke rumah sakit dengan ambulans, tetapi Saudari Jinsook Hong tidak terluka sama sekali. Kejadian ini dilaporkan oleh koran-koran harian besar keesokan harinya, dikatakan bahwa para penyelamat mendengar suara orang menyanyi dan akhirnya mereka menemukan orang-orang yang terkurung di situ.

Siapakah yang akan bernyanyi dalam situasi yang mencekam dan mengancam kehidupan seperti itu? Suara itu adalah suara doa dan pujian akan Allah, dan Allah menggerakkan hati para penyelamat untuk pergi ke tempat di mana umat-Nya terperangkap. Jinsook Hong selalu hadir dalam kebaktian Minggu pada malam hari dan dia memberikan perpuluhannya dengan baik. Jika kita menguduskan Hari Tuhan dan memberikan perpuluhan, Allah melindungi kita dari marabahaya dan penyakit.

L. A. 1995

Gereja Sebelum Perpecahan

Sebelum Kampanye Misi diadakan, dari tanggal 27 sampai 29 April, ada serangkaian kampanye terpadu dari gabungan empat puluh gereja di berbagai daerah, dan aku mengadakan satu kampanye di Gereja Presbiterian [H] milik Pendeta [O], yang adalah ketua panitia pelaksana. Sebelum aku berangkat ke Los Angeles, anggota gereja kami memberikan aku sejumlah uang untuk dipakai dalam perjalanan misi. Sebelum aku berangkat, aku berkata kepada beberapa pekerja gereja kami, "Kali ini Allah memberikan aku persembahan untuk misi dalam jumlah besar, dan aku percaya ini sangat dibutuhkan untuk berbagai keperluan." Gereja Presbiterian yang kusebutkan sebelumnya di mana aku mengadakan kampanye selama tiga hari adalah sebuah gereja kecil. Pendetanya yang sudah berumur enam puluh tahun lebih bekerja keras sendiri tanpa ada orang yang membantu

Memberi ucapan terima kasih di Dewan Kota LA

Menerima anugerah Warga Kehormatan dari LA

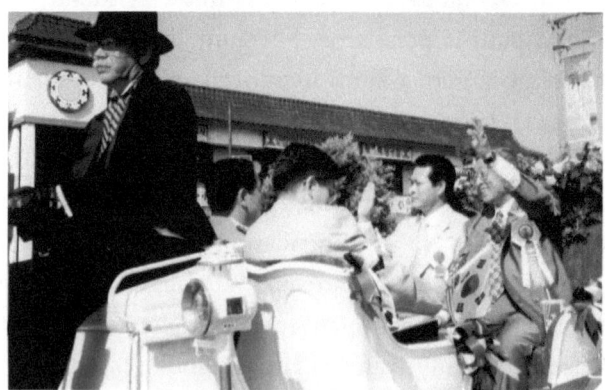

Di Parade pada "Hari Korea" di LA

dia. Persekutuan itu tidak besar, hanya sekitar seratus orang yang hadir selama tiga hari, namun aku tetap melakukan yang terbaik saat aku berkhotbah dan menyampaikan pengajaran. Banyak pastor yang menggembalakan gereja-gereja lebih besar menginginkan aku sebagai pembicara, dan mereka sangat menyesal bahwa mereka tidak bertemu aku. Aku percaya bahwa ada rencana Allah bagiku untuk mengadakan kampanye di gereja tersebut selama tiga hari.

Pada tanggal 29 April, dalam pertemuan terakhir, pendeta dari gereja tersebut sedang berdoa untuk gerejanya, dan dia menangis selama berdoa, sambil berkata, "Ya Allah, tolong selesaikan masalah keuangan gereja kami, gereja ini akan diserahkan pada dunia." Aku sudah mengalami banyak keadaan dan situasi yang tidak menyenangkan, walaupun sebagai seorang pembicara saat itu, tetapi saat mendengar doa itu, hatiku menjadi lebih ingin tahu lagi. Allah menggerakkan hatiku saat itu.

"Bantulah gereja ini. Bukankah jumlah yang luar biasa dari persembahan misi pada kesempatan seperti ini diperuntukkan bagi keadaan seperti ini? Bantulah gereja ini."

Pada waktu aku mendengar suara ini, aku katakan dalam khotbahku, "Saya tidak tahu berapa besar hutang gereja ini, tetapi gereja Tuhan tidak boleh menderita karena orang-orang dunia ini. Saya akan memberikan sedikit bantuan, karena itu marilah, semua anggota, mari kita berpartisipasi bersama," dan berjanji memberikan 20 ribu dolar sebagai persembahan.

Aku dapat mengerti bahwa Allah mengutus aku ke gereja itu karena aku mampu menerima dan melebur dalam situasi yang tidak nyaman. Aku tidak ingin dilayani sebagai pembicara, tetapi hatiku dipenuhi oleh keinginan untuk membantu pendeta ini dan memberikan dia ketenangan dalam hatinya. Aku berusaha lakukan yang terbaik, sehingga pendeta itu tidak merasa sungkan dan tidak nyaman, dan waktunya tidak akan terbuang karena aku. Selama kampanye berlangsung, tim pujian dari gerejaku memimpin puji-pujian. Mereka juga berusaha memberikan rahmat dan kepenuhan Roh Kudus kepada para anggota di sana.

Hari berikutnya, Minggu 30 April, pendeta itu datang kepadaku dengan wajah sedih dan berkata, "Pendeta, hingga kemarin, anggota gereja lain yang kenal anda datang ke persekutuan ini, tetapi hari ini, saya yakin semua sudah pergi. Anda tidak perlu pergi ke gereja untuk melihatnya." Aku sangat terkejut mendengar apa yang dikatakannya dan aku bertanya apa yang terjadi. Dia menceritakan bahwa pendeta muda gereja tersebut telah gagal ujian pentahbisan pendeta, dan dia protes kepada pendetanya. Dia telah mengundurkan diri dari gereja, dan ada beberapa penatua dari gereja itu yang juga menentang pendeta dan mereka juga terpecah. Gereja dalam keadaan kacau. Lebih jauh lagi, gereja mempunyai masalah keuangan karena hutang, dan jemaat gereja kehilangan kekuatan untuk bangkit kembali.

Tetapi pada waktu aku pergi ke gereja, kami menemukan jemaat tidak meninggalkan gereja, bahkan sebaliknya gereja penuh sesak. Bahkan kursi paduan suarapun penuh, dan wajah mereka bersinar. Allah mengetahui situasi gereja ini, dan untuk menyelamatkannya, Allah mengutus aku untuk menyampaikan pengajaran injil dan membantu pendeta itu secara finansial.

Kampanye Misi LA tahun 1995

Pada tanggal 30 April 1995, Kampanye Misi Dunia LA tahun

Diundang sebagai Ketua Kehormatan pada Hari Korea LA yang ke-22 dan berpartisipasi di Pusat Kebudayaan

1995 diadakan di Convention Center oleh Komite Penginjilan Dunia dan Komite Gerakan Rohani Kristen Korea-Amerika. 'Kampanye Misi Dunia' berlangsung dengan sukses karena rahmat Allah. Dua hari kemudian, sewaktu aku membaca Surat Kabar American Christian. Katanya,

"Pada tanggal 30 April, sekitar 50 pekerja kebangunan rohani dan lebih dari delapan ribu orang percaya berkumpul bersama dan mengadakan kebangunan rohani untuk persatuan bangsa-bangsa. Pdt. Jaerock Lee, pembicara utama menyampaikan pengajaran dengan tema, 'Marilah Kita Bersatu,' dan mengajak semua yang hadir mengatakan, 'Kita semua saudara seiman, tanpa membedakan tempat asal, suku bangsa dan budaya, dan dengan kesatuan iman marilah kita membangun dasar penginjilan dunia.' Suara dari sekian banyak orang meneriakan moto kampanye ini, 'Kabarkanlah injil ke ujung-ujung dunia; jadikan kota ini kota para malaikat; milik kitalah kemenangan!' bergema memenuhi gedung pertemuan."

Aku juga hadir pada doa pagi di mana ada sekitar tiga ratus pemimpin dari daerah metropolitan Los Angeles juga hadir. Mereka menghargai pertunjukkan dari tim pujian dan tarian gereja kami, dan beberapa dari mereka berurai airmata karena tersentuh oleh pertunjukan dari team kami

Hari Festival Korea

Pada bulan September 1995, aku menghadiri Hari Festival Korea ke-22 dari Koreatown Los Angeles, sebagai ketua kehormatan. Aku menyampaikan doa pembukaan untuk pemasangan pondasi sebuah monumen, dan aku juga memberikan doa pembukaan pada acara *'Korean Night.'* Aku juga ikut ambil bagian dalam acara puncak dari seluruh acara ini, Festival Parade Bunga, aku ikut dalam kereta hias. Ada empat kuda untuk satu kereta hias khusus, dan kereta ini diperuntukkan bagi tamu khusus. Aku tidak merasa nyaman untuk tampil di hadapan sekian banyak orang, namun dengan keyakinan kuat dalam hati, aku diminta untuk mengendarai kendaraan hias khusus ini. Kendaraan lain dan kendaraan hias lain mengikuti di belakang kendaraan khusus ini dalam parade tersebut.

Terjadi beberapa gangguan dan kekacauan yang disengaja untuk menggagalkan kehadiranku dalam acara ini sebagai ketua kehormatan. Asosiasi Korea Los Angeles mengadakan pertemuan mengenai kejadian ini dan mengeluarkan pernyataan keberatan terhadap gangguan ini, isinya mengatakan jika ada seseorang yang menyebarkan kabar bohong tentang diriku, ketua kehormatan, mereka akan mengambil tindakan hukum terhadap orang-orang ini. Pekerjaan setan dikalahkan oleh orang yang berkenan kepada Allah dan dipersiapkan oleh Allah di tempat yang tidak terduga.

- Akhir dari Buku 1. -
Dilanjutkan pada Buku kedua.

Penulis
Dr. Jaerock Lee

Dr. Jaerock Lee dilahirkan di Muan, Propinsi Jeonnam, Republik Korea, pada tahun 1943. Pada umur dua puluhan, Dr. Lee menderita berbagai penyakit yang tidak tersembuhkan selama tujuh tahun dan menunggu kematian tanpa ada harapan untuk pulih. Pada suatu hari di musim semi tahun 1974, ia dibawa ke gereja oleh saudara perempuannya dan saat ia berlutut untuk berdoa, Allah yang Hidup menyembuhkannya dari semua penyakit.

Mulai saat itu Dr. Lee bertemu dengan Allah yang Hidup melalui pengalaman yang menakjubkan itu, ia telah mengasihi Allah dengan segenap hati dan ketulusan, dan pada tahun 1978 ia dipanggil untuk menjadi pelayan Allah. Ia berdoa dengan sangat sehingga ia dapat memahami kehendak Allah dan melakukannya dengan sepenuhnya, dan menaati semua Firman Allah tersebut. Pada tahun 1982, ia mendirikan Gereja Pusat Manmin di Seoul, Korea, dan tidak terhitung pekerjaan Allah, termasuk mukjizat dan penyembuhan ajaib, telah terjadi di gerejanya.

Pada tahun 1986, Dr. Lee ditahbiskan sebagai pendeta pada Pertemuan Tahunan dari Gereja Jesus' Sungkyul di Korea, dan empat tahun kemudian yaitu pada tahun 1990, khotbahnya mulai disiarkan ke Australia, Rusia, Filipina, dan banyak negara lain melalui *Far East Broadcasting Company, Asia Broadcast Station,* dan Washington Christian Radio System.

Tiga tahun kemudian yaitu pada tahun 1993, Gereja Pusat Manmin dipilih sebagai satu dari "50 Gereja Terkemuka Dunia" oleh majalah *Christian World* (AS) dan ia menerima Doktor Kehormatan Teologia dari Christian Faith College, Florida, AS, dan pada tahun 1996 sebuah gelar Ph.D dalam Pelayanan dari Kingsway Theological Seminary, Iowa, AS.

Sejak tahun 1993, Dr. Lee telah memimpin misi dunia melalui banyak Kebaktian Kebangunan Rohani (KKR) luar negeri di AS, Tanzania,

Uganda, Jepang, Pakistan, Kenya, Filipina, Honduras, India, Rusia, Jerman, dan Peru. Pada tahun 2002, ia disebut "pendeta seluruh dunia" oleh koran-koran Kristen utama di Korea untuk pekerjaannya dalam berbagai KKR Gabungan Akbar di luar negeri

Pada bulan Jumi 2011, Gereja Manmin Pusat memiliki kongregasi dengan jumlah jemaat lebih dari 120.000 orang. Ada 9.000 gereja cabang domestik dan luar negeri di seluruh dunia, dan sejauh ini telah mengirimkan 137 misionaris ke 23 negara, termasuk Amerika Serikat, Rusia, Jerman, Kanada, Jepang, Cina, Prancis, India, Kenya, dan banyak lagi.

Hingga tanggal penerbitan buku ini, Dr. Lee telah menulis 62 buku, termasuk buku laris *Tasting Eternal Life before Death* (Merasakan Kehidupan Kekal Sebelum Kematian), *My Life My Faith I & II* (Hidupku, Imanku I & II), *The Message of The Cross* (Pesan Salib), *The Measure of Faith* (Ukuran Iman), *Heaven I & II* (Surga I & II), *Hell* (Neraka), dan *The Power of God* (Kuasa Allah). Tulisan-tulisannya telah diterjemahkan ke dalam lebih dari 62 bahasa.

Kolom-kolom Kristennya muncul di *The Hankook Ilbo*, *The JoongAng Daily*, *The Dong-A Ilbo*, *The Munhwa Ilbo*, *The Seoul Shinmun*, *The Kyunghyang Shinmun*, *The Hankyoreh Shinmun*, *The Korea Economic Daily*, *The Korea Herald*, *The Shisa News*, dan *The Christian Press*.

Saat ini Dr. Lee adalah pemimpin dari banyak organisasi dan asosiasi misi: termasuk Komisaris dari *The United Holiness Church of Jesus Christ*, Presiden dari *Manmin World Mission;* Presiden Tetap dari *The World Christianity Revival Mission Association;* Pendiri dari Manmin TV, Pendiri dan Ketua Dewan dari *Global Christian Network* (GCN), Pendiri dan Ketua Dewan dari *The World Christian Doctors Network* (WCDN), serta Pendiri dan Ketua Dewan dari *Manmin International Seminary* (MIS).

Sorga I & II

Sketsa mendetil tentang indahnya lingkungan hidup yang dinikmati oleh warga sorga pada tingkat kelima kerajaan sorga.

Pesan Salib

Pesan kebangunan penuh kuasa bagi semua orang yang tertidur secara rohani Di dalam buku ini Anda akan menemukan kasih sejati Allah dan mengapa Yesus menjadi satu-satunya Juru Selamat.

Neraka

Sebuah pesan yang sungguh-sungguh kepada seluruh umat manusia dari Allah yang tidak ingin satu jiwa pun jatuh ke kedalaman neraka! Anda akan menemukan penjelasan yang belum pernah terungkap sebelumnya mengenai kenyataan kejam tentang Hades dan neraka.

Roh, Jiwa, dan Tubuh I & II

Sebuah buku panduan yang memberi kita pengertian rohani tentang roh, jiwa, dan tubuh dan membantu kita mencaritahu 'diri' seperti apa yang telah kita buat supaya kita dapat memperoleh kuasa untuk mengalahkan kegelapan dan menjadi manusia rohani.

Ukuran Iman

Tempat tinggal seperti apakah, serta mahkota dan upah yang bagaimana yang disediakan bagi Anda di surga? Buku ini memberikan dengan hikmat dan bimbingan bagi Anda untuk mengukur iman Anda dan menanam iman yang terbaik dan paling dewasa.

Bangunlah, Israel!

Mengapa Allah menujukan mata-Nya kepada Israel mulai sejak permulaan dunia sampai hari ini? Apa saja jenis pemeliharaan-Nya yang telah disiapkan untuk Israel di hari-hari terakhir tersebut, yang menantikan akan Mesias?

Hidupku, Imanku II

Sebuah catatan iman sejati yang menyentuh untuk mengalahkan segala jenis pencobaaan dan pekerjaan-pekerjaan Roh Kudus yang luar biasa yang ditampilkan di gereja dalam iman yang sejati

---

Kuasa Allah

Sebuah bacaan wajib yang menjadi panduan penting tentang bagaimana seseorang dapat memiliki iman sejati dan mengalami kuasa Allah yang ajaib.
